まえがき

本書を手にとっていただきありがとうございます。この本を執筆している私Bartは34歳のサラリーマンです。しかも証券会社や金融とはまったく無縁の、ある半導体製造装置関連企業に勤めています。

おかげさまで前著『私も絶対サラリーマン投資家になる！』を上梓でき、幸いにもご好評をいただきました。

前著に対して寄せられたご意見の中で「もっと詳しく解説してほしい」というご意見がありましたので、今回、実践編として前著で述べた「シリコンサイクル」を深く掘り下げて、半導体関連銘柄をはじめとするハイテク株について執筆させていただくこととなりました。

幸いにも私は半導体製造設備関連の企業に長年勤めており、ハイテク株銘柄についてある程度は理解できるので、そのぶん、皆さんにも生きたお話ができるのではないかと自負しております。

簡単に私の投資歴をご紹介します。2001年から独学で株式投資を始め、紆余曲折を経ながらいろいろな投資法を試し、“負けない投資”を重視した現物株投資のみで株式資産を年間平均15%、コンスタントに増やせるようになりました。おっと、本を閉じないでください。15%では少ないと感じられるかもしれませんが、手前味噌ながら、2003年以前の下げ相場を経験しながら毎年コンスタントに年間平均15%増やせたのです。この成績は、あの有名な「さわかみファンド」といい勝負といえるのではないでしょうか。

このように、私は今までコンスタントかつ確実に利益を得ることを重視した「負けない投資」を行ってきました。リスクを抑えるためにあえてハイリターンのチャンスを捨てるような投資法です。

信用取引もほとんど使わず、損失を抑えるため投資先を分散し、主に長期投資で臨んできました。いわゆるデイトレードと言われるような投資法とはかなり対照的な投資法といってよいでしょう。

ちまたには「デイトレードで、数年で数億稼いだ」といった本が氾濫しています。でも、本当なのでしょうか。ふたを開けてみると、実際にデイトレードで成功する人はごく数%と聞きます。ひょっとするともっと少ないかもしれません。デイトレードを始めたはいいものの、資産を大きく損ない、株式市場から退場している。これが、実情ではないでしょうか。

デイトレードに代表される短期売買での資産形成を試みる前に、僭越ながら確実かつ着実に資産を形成してきた私のような者の話を聞くのも損ではないと思います。今回は私の投資手法の中から、少しリスクは高いですがハイテク株投資についてお話ししていこうと思います。
さて、少し古い話になりますが、読者の中で2000年のITバブル崩壊で損失を被った方は、こう思われて投資をしたのではないのでしょうか。

「ハイテク株は成長株」
「だから株価はまだまだずっと上がる」
「たとえ少しぐらい含み損が出ても、株というものは長期で持つものだから気にしてはいけない」

こういった考えはITバブル崩壊で損失を被った方だけでなく、株式投資を始めようとするほとんどの方が持っているのではないでしょうか。

しかし、残念ながらこれらの考え方はハイテク株に関しては誤りです。半導体銘柄をはじめとするハイテク関連銘柄の株価は「シリコンサイクル」と呼ばれる半導体需給の波に沿って規則的に上下するのです。この波を知らずして投資すれば損失を出すのは必至です。逆をいえば、この波を見極めさえすれば投資で成功するチャンスが飛躍的に増えるわけです。

波の振幅の激しさと同じく株価は上下に激しく動きます。何よりも、波の周期はだいたい2年周期と読みやすく、売買のタイミングを測るのにちょうどよいのです（タイミングがわかりやすいので、信用取引も仕掛けやすいです）。

かの有名なカリスマ投資家、ジム・ロジャース氏はこうおっしゃっています。

「株式投資で成功したいなら、1年で2倍になる銘柄を探せ」

シリコンサイクルによって株価が動く、値動きの激しいハイテク株ならそういう銘柄を探すことは十分可能です。

本書ではこのシリコンサイクルのグラフの作り方、活用方法、売買技術を余すところなくお伝えします。

また、シリコンサイクルで株価が動く銘柄すべてのチャートも網羅しています。実際に銘柄を選ぶ際にはそれらの中から「格付速報」と「CD-ROM版会社四季報」を用いて皆さんのお眼鏡にかなった銘柄を選定していただければと思います。

どうぞITバブルで損失を被った方、本書を通じてその損失を取り戻してください。いや、それを上回る利益を上げてください。

そして株式投資初心者の方、本書を通じて銘柄の選別方法と売買タイミングの見極め方を学び、投資家としてさらなる高みを目指してはいかがでしょうか。

それではハッピーリーディング！！

本書の使い方

本書では、公表データの数字をもとにさまざまなグラフを作ることで「シリコンサイクル」と呼ばれるグラフを作り、天底を確認する（＝売買タイミングを探る）という手法を紹介しています。

グラフは、エクセルで作ることになります。ただ、読者の中にはエクセルをうまく使えないという方もいらっしゃると思います。そこで、グラフを作るに当たって必要なエクセルのフォーマットをダウンロードできるようにしました。ダウンロードしたエクセルデータに数字を当てはめるだけで、誰にでも本書で紹介するグラフが作成できると思います。ぜひ、ご活用ください。

◆ダウンロード用のURL
http://www.panrolling.com/books/gr/hightech.html

また、本書の第２章にて説明する「銘柄選び」に必要な条件式についても、細かな式を自分で打ち込む必要のないように、スクリーニング条件式（ワードデータ）をダウンロードできるようにしてあります。ワードデータに記載されている条件式をコピーして貼り付けてください。なお、このデータも上記のURLからダウンロードできます。

※ダウンロードするエクセルデータに入っているフォーマット
シリコンサイクル（出荷在庫）フォーマット（第１章第３節～５節で使用可能な数字の入っていない基本フォーマット）／シリコンサイクル（生産）フォーマット（82～85ページで使用可能な数字の入っていない基本フォーマット）／電子部品デバイス工業（第１章　第３節）／集積回路（第１章第３節）／半導体素子（第１章第３節）／電子部品（第１章第４節）／US Comp & Elec（第１章第５節）／BBRatio国内（第１章第６節）／BB Ratio北米（第１章第７節）／集積回路生産（82～85ページ）／電子部品デバイス工業生産（82～85ページ）／鉱工業在庫循環（付録２）／鉄鋼在庫循環（付録２）／ガラス在庫循環（付録２）

第1章

シリコンサイクル

はじめに

シリコンサイクル。聞きなれない言葉だと思いますが、これはハイテク株の株価を占うのに重要な指標なのです。

この章ではシリコンサイクルとは何かについてと、その情報の入手の仕方をご紹介したいと思います。情報の入手の仕方といっても難しいものではありません。国が公表するデータ、業界団体から公表されるデータをインターネット経由で手に入れて加工するだけの話です。言ってみれば、税金を取り返すチャンスでもあると思います。税金を取り返しながら株式投資に有効な情報を得るのですから、こんな愉快なことはないでしょう。皆さん、ぜひトライしてみてください。

第1節
シリコンサイクルとは何か

シリコンサイクルとは、ひとことで表現すると「半導体電子部品の需給の波」になります。

パソコンに使われるCPUやメモリに始まる半導体電子部品は大量生産されます。ですから、需要が少なくなったとしても、(「車は急に止まれない」ではありませんが)在庫の増大に急な歯止めはかけられません。結果、さらなる需給の悪化が生じてしまい、ハイテク株の株価もそれに呼応するかのように落ち込むことになるのです。

しかし、やがて時が経ち、生産活動が縮小され在庫量がピークを過ぎるとだんだん需給が引き締まってきます。結果、再び生産活動が増大し、合わせてハイテク株の株価も再び上昇してくるというわけです。

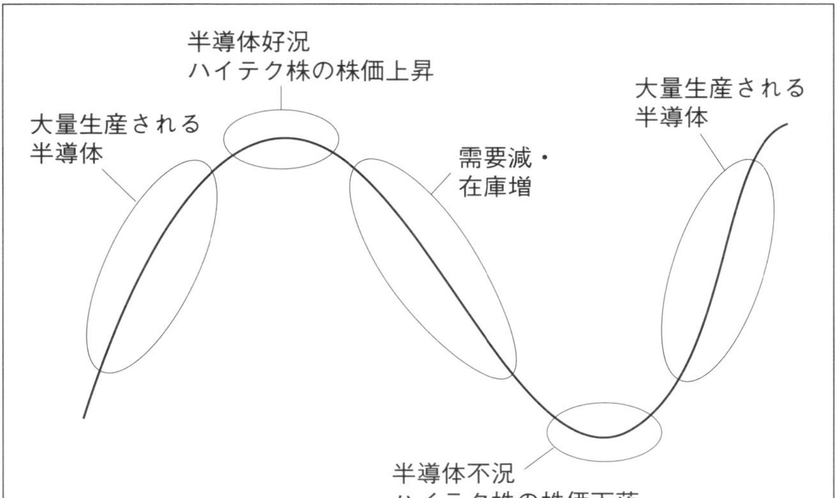

このように、ハイテク株には振幅の激しい需給の波が生じていきます。しかも、約２年周期で起こります。これがシリコンサイクルです。

シリコンサイクルでは、ちょうど次のようなフローチャートが成り立つといえるでしょう。

大量生産される半導体→需要減・在庫増→半導体不況・ハイテク株の株価下落→在庫減・需要増→半導体好況・生産増→ハイテク株の株価上昇

言うまでもなく、半導体の需給の波に引きずられるように、半導体製品を作る設備の需要にも約２年の波が生じてきます。また単なる半導体製品の量的な需給だけでなく、この業界では「３年ひと昔」と呼ばれるほど技術革新のペースが速いため、半導体を作る新たな設備の需要も必然的に生まれます。39ページで後述する「BBレシオ」と呼ばれる設備の需給の波が生じてくるわけです。

ここで、大切なことを申し上げておきます。シリコンサイクルと呼ばれる約２年周期の需給の波、そこに投資チャンスがあるのです。サイクルが底のときに買って天井で売り抜けることができれば、サイクルの振幅ぶん、投資妙味が生じるわけです。

シリコンサイクルの良いところは「タイミングを読みやすい」点にあります。普通、株価はいつ上がるかわからないものですが、このシリコンサイクルは約２年周期で、ある程度規則正しく動くのです。タイミングが読みやすい＝信用取引も仕掛けやすいことを考えると、さらに儲かるチャンスが広がるとも言えるのではないでしょうか。

シリコンサイクルでITバブル崩壊は予測できた！！

次ページに示すグラフは国内集積回路在庫循環と日経平均株価を表しています（詳細は後述します）。ご覧のとおり約２年の周期を描いて上下しています。ちょうどITバブル崩壊時の株価チャートに似ていると思いませんか。

さらに、「シリコンサイクルが実際の日経平均の株価チャートに先行していること」が見てとれると思います。

（詳しくは後述しますが）毎月の末週に経済産業省より実質２ヵ月前のシリコンサイクルグラフの元となるデータが発表されます。もし、このグラフにしたがって株式投資を行っていたらどうでしょう。次ページグラフの2000年４月ごろを見てください。

日経平均暴落の２ヵ月前にはシリコンサイクルが大きく反落し始めていることがわかると思います。

つまり、シリコンサイクルを参考にITバブル崩壊の予測ができていれば、この時期を「投資から手を引くときだ」と判断して、利食いや撤退ができていたのではないかと思うのです。今さら「たら、れば」を語っても仕方ないかもしれませんが、多くの投資家が損失を最小限に抑えることができただけでなく、暴落を逆に利用した空売りを仕掛けて、儲けのチャンスに変えられたのではないでしょうか。

ある大手証券会社の旗艦ファンドも暴落に巻き込まれて、その時価総額を大幅に失ってしまったと聞きます。プロと呼ばれる方でさえこのような失態を見せてしまうのは何とも残念なことです。

国内集積回路在庫循環グラフ十日経平均株価10年チャート

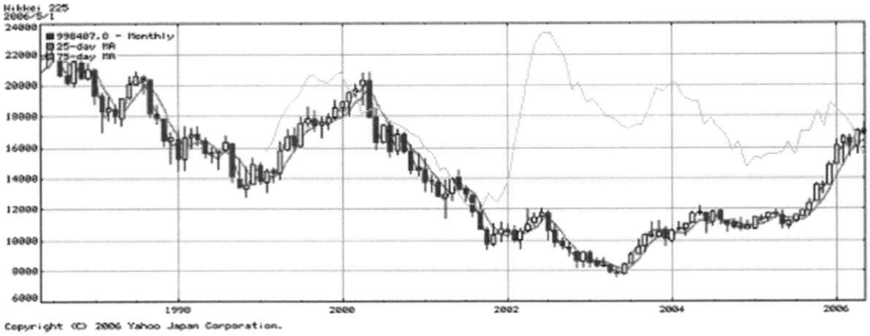

株価に先んじてピークアウト！！

第2節

シリコンサイクルには2つの顔がある

シリコンサイクルは、以下に示すように、大きく2つに分かれます。このことを「基本」として覚えておいてください。

① 半導体・電子部品在庫出荷に基づくサイクル

半導体・電子部品部品そのものを製造する企業の株価は主にこのサイクルに応じて上下します。本書では経済産業省などの公的機関から発表される半導体・電子部品の在庫と出荷の値をインターネット経由で入手し、これらの値をもとにグラフを描いていく方法を説明します(詳しくは後述)。

② 半導体製造装置の受注と出荷の割合に基づくサイクル

半導体製造装置(半導体部品を作る機械)の受注と出荷の割合に基づくサイクルです(BBレシオといいます)。半導体製造装置を作る企業、つまり半導体製造を助ける企業は主にこのサイクルに応じて株価を上下させます。本書ではBBレシオの値をインターネット経由で入手し、これらの値をもとにグラフを描いていく方法を説明します(詳しくは後述)。

シリコンサイクルを征するものが日経平均を征す！？

まず下のチャートを見てください。前のコラムでも掲げた国内集積回路在庫循環と日経平均株価のチャートです。

よく見ると上下の振幅はともかく、周期が似ていると思いませんか？　それもそのはず、日経平均採用銘柄のうちハイテク株は約15％。一番多くのシェアを占めているのです。加えて、ハイテク株は景気に連動し、かつ、値動きが激しいのです。この２つの相乗効果によってハイテク株は日経平均に影響を与えるのです。

さて、日経平均の動きがシリコンサイクルに似ている理由がわかりましたでしょうか。日経平均の動きの予測にシリコンサイクルが欠かせない理由もわかったかと思います。

これからの相場予測では、シリコンサイクルを考慮に入れることをお勧めします

国内集積回路在庫循環グラフ十日経平均株価10年チャート

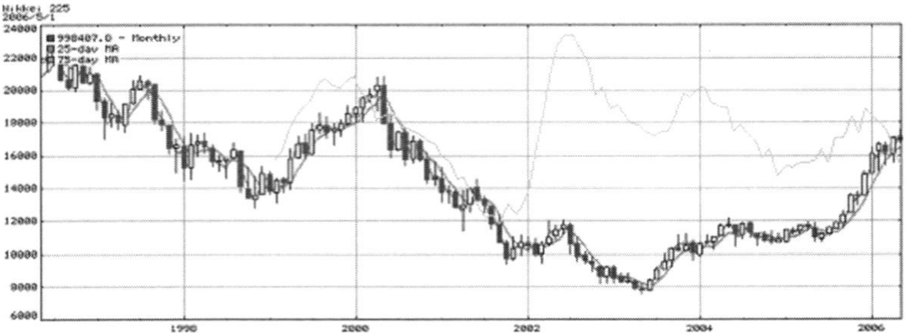

<日経平均採用銘柄リスト(06年5月2日現在)>	
業種	**構成銘柄**
水産	日水
鉱業	なし
建設	大成建、大林組、清水建、鹿島、熊谷組、日揮、大和、ハウス、積水ハウス、コムシスHD
食品	日本粉、日清粉G、明菓、明乳、サッポロHD、アサヒ、キリン、宝HD、日清オイリオ、キッコーマン、 味の素、ニチレイ、JT、日本ハム
繊維	東洋紡、ユニチカ、日清紡、帝人、東レ、三菱レ、クラレ、日東紡績、三井化学
紙・パルプ	王子製、三菱紙、北越紙、日本紙
化学	旭化成、昭和電工、住友化、日産化、日曹達、東ソー、東亜合成、三菱ケミカルH、電化、信越化、
	宇部興、日化薬、花王、富士写、コニカ・ミノルタ、資生堂、協和発酵
医薬品	武田、大日薬、塩野義、エーザイ、テルモ、アステラス薬、中外薬、第一三共
石油	新日本石油、昭和シェル、新日鉱H
ゴム	浜ゴム、ブリヂストン
窯業	旭硝子、板硝子、住友大阪、太平洋セメ、東海カ、TOTO、ガイシ
鉄鋼	新日鉄、住金、神戸鋼、JFE
非鉄、金属製品	日軽金、三井金、東邦鉛、三菱マ、住友鉱、同和鉱、古河機金、古河電、住友電、フジクラ、洋カン
機械	日製鋼、オークマ、コマツ、住友機、クボタ、荏原、日精工、NTN、光洋精、日立造、三菱重、ダイキ 千代田化工
電気機器	ミネベア、日立、東芝、三菱電、富士電、明電舎、NEC、富士通、沖電気、松下、シャープ、ソニー、 三洋電、ミツミ、アルプス、パイオニア、クラリオン、横河電、アドバンテスト、GSユアサ、カシオ、 ファナック、TDK、京セラ、太陽誘電、松下電工、キヤノン、デンソー
造船	三井造、川重、石川島
自動車	日産自、いすゞ、トヨタ、日野自、三菱自、マツダ、本田技、スズキ、富士重
輸送用機器	トピー
精密機器	ニコン、シチズン、オリンパス、リコー
その他製造	凸版、大日印、ヤマハ
商社	伊藤忠、丸紅、三井物、住友商、三菱商、双日HD、ソフトバンク、東京エレクトロン、豊田通商
小売業	高島屋、三越、丸井、セブンイレブン、ヨーカ堂、イオン、伊勢丹
銀行	三菱東京FG、みずほFG、三井住友FG、りそなHD、横浜銀、千葉銀、静岡銀、住友信託、みずほ信
	三井トラストH、新生銀
その他金融	日信販、クレディセゾン
証券	大和証券G、日興CG、野村HD、新光
保険	ミレアH、三井海、損保ジャパン、T&DH
不動産	三井不、菱地所、平和不、住友不
鉄道・バス	東武、東急、小田急、京王、京成、JR東日本、JR西日本
陸運	日通、ヤマト運輸
海運	郵船、商船三井、川崎汽
空運	全日空、JAL
倉庫	三菱倉
情報・通信	NTT、KDDI、ドコモ、NTTデータ、ヤフー、スカパー
電力	東電、中部電、関西電
ガス	東ガス、大ガス
サービス	東映、東京ドーム、セコム、トレンドマイクロ、CSK、電通、コナミ

ウォーレン・バフェットは
なぜハイテク株に投資しないのか

下のチャートをご覧ください。東証電機株指数のチャートです。

もし、ハイテク株が成長株であるなら右肩上がりのチャートを示すはずです。しかし、実際の姿はまったく違います。約２年の周期性を持っていることがわかると思います。つまり、ハイテク株は成長株などでは決してなく、半導体等の電子部品の需給の波によって株価が形成される循環株にすぎないのです。

東証電機株指数のチャート（http://www.opticast.co.jp/cgi-bin/tm/chart.cgi）

もうひとつ、ハイテク企業が成長産業でないと思われる資料を見せたいと思います。次に示す資料は日本銀行が公表している「国内企業物価指数」の中から1960年１月～2006年６月までの電子部品の価格を抜き出して時系列表にしたものです。

見てのとおり、1974年から1986年までのほぼ横ばいの時期を除いて電子部品の価格は下がり続けています。

技術革新のペースが速いせいか、せっかく新製品を出してもすぐに陳腐化して価格が下がり続けてしまうのでしょう。

また、技術革新のペースが速いぶん、市場拡大するとしても競争が激しくコンスタントに利益が出にくいため、特定の企業に成長株として長期投資しにくい業種といえるでしょう。

技術革新の速さに目を奪われて「ハイテク企業＝成長企業」と思いがちですが、意外な一面があることがこのグラフを通して理解していただけるかと思います。あのウォーレン・バフェット氏がハイテク企業に投資しない理由もわかる気がします。

電子部品物価指数（2000年平均=100）

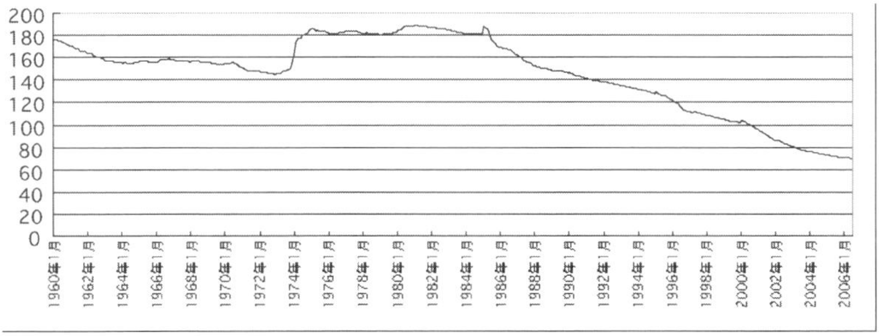

出典：日本銀行

くどいようですが、ハイテク株は必ずしも成長株ではないことをもうひとつの例で記したいと思います。

次ページに示すのはユニオンツールという、“電子部品を載せる基盤に穴を開けるドリルを製造する”会社のデータおよび株価チャートです。このドリルには同社独自のノウハウがぎっしり詰まっています。まさにハイテク企業といえ、業績も右肩上がりのピカピカの企業です。

しかし、不思議なことに株価は業績どおりに動いておらず、シリコンサイクルに応じた動きを示しています。

これは、「電子機器の需給に応じて業績も上下するだろう」との思惑が株式市場に働いた結果としての株価形成であるといえるでしょう。

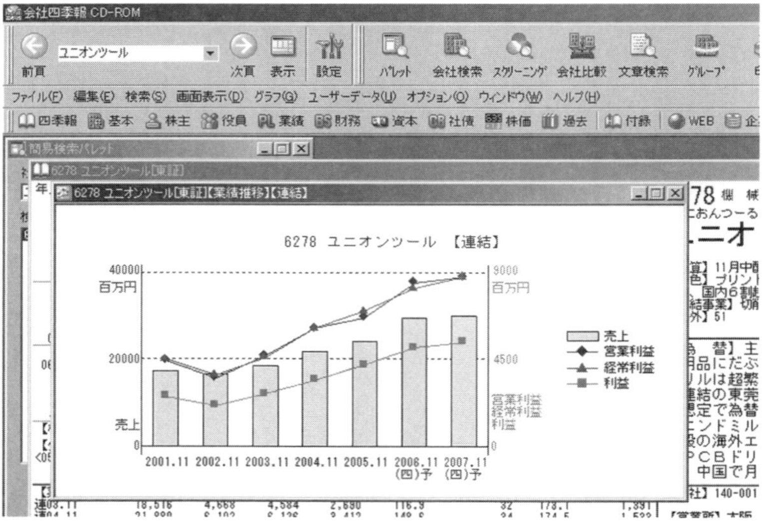

↑業績はこのとおり右肩上がり

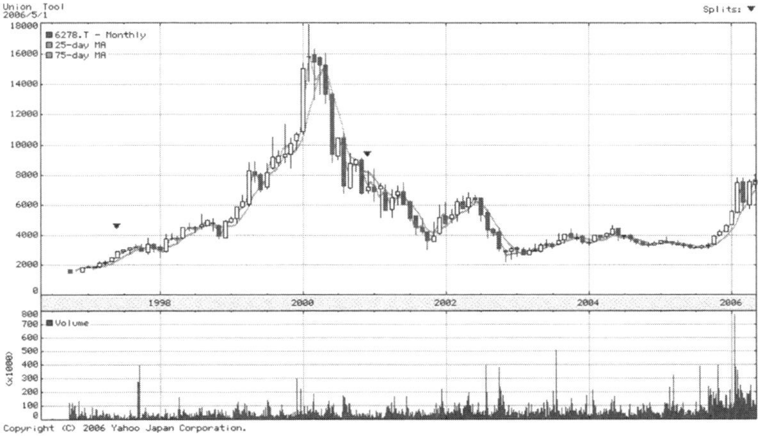

↑しかし、株価はご覧のとおり、右肩上がりには程遠い状態。

第３節
国内電子部品・デバイス工業在庫循環で読み解くシリコンサイクルの作り方

この節ではハイテク株の見極めの要となる電子・デバイス工業の需給を見るためのデータの取り方をご紹介したいと思います。

「半導体在庫出荷に基づくサイクル」とは便利なもので

●出荷の増大→景気（株価）にポジティブ、
●在庫の増大（作りすぎ）→景気（株価）にネガティブ

の両方のバランスが一目で見られる点で優れています。鉄鋼ガラスなどの素材セクターにも使える優れものです（後述）。ぜひ御活用ください。

① フォーマットを作ります（下記参照）。
② 出荷の前年同月比変化率の欄に“（今年のデータ－前年のデータ）÷前年のデータ×100”を計算させる式を入れます。
③ 在庫の前年同月比変化率の欄に“（今年のデータ－前年のデータ）÷前年のデータ×100”を計算させます。
④ 在庫循環の欄に“出荷前年同月比変化率―在庫の前年同月比変化率”を計算させる式を入れる

本章の第３節～第７節について。専用フォーマットを用意しました。下記までアクセスしてフォーマット（エクセルデータ）をダウンロードしてください。なお、本節で使用するデータの名称は「電子部品・デバイス工業」です。

http://www.panrolling.com/books/gr/hightech.html

フォーマット見本

98-06		1998												1999											
		Jan	Feb	Mar	Apr	May	Jun	Jul	Aug	Sep	Oct	Nov	Dec	Jan	Feb	Mar	Apr	May	Jun	Jul	Aug	Sep	Oct	Nov	Dec
Shipments	Original Shipments %Change from Last Month													#####	#####	#####	#####	#####	#####	#####	#####	#####	#####	#####	#####
	Original Index																								
Inventory	Original Inventory %Change from Last Month													#####	#####	#####	#####	#####	#####	#####	#####	#####	#####	#####	#####
	Original Index																								
Inventory Circulation Momentum	Original Inventory Momentum													#####	#####	#####	#####	#####	#####	#####	#####	#####	#####	#####	#####

⑤ 以下のURLのホームページを開いてください。経済産業省のHPにたどり着きます。統計指標のページです。

http://www.meti.go.jp/statistics/data/h2afdldj.html#data

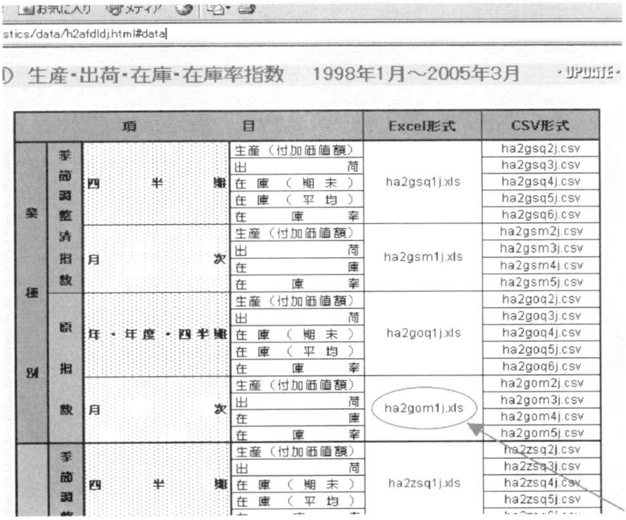

項目				Excel形式	CSV形式
業種別	季節調整済指数	四半期	生産（付加価値額）	ha2gsq1j.xls	ha2gsq2j.csv
			出荷		ha2gsq3j.csv
			在庫（期末）		ha2gsq4j.csv
			在庫（平均）		ha2gsq5j.csv
			在庫率		ha2gsq6j.csv
		月次	生産（付加価値額）	ha2gsm1j.xls	ha2gsm2j.csv
			出荷		ha2gsm3j.csv
			在庫		ha2gsm4j.csv
			在庫率		ha2gsm5j.csv
	原指数	年・年度・四半期	生産（付加価値額）	ha2goq1j.xls	ha2goq2j.csv
			出荷		ha2goq3j.csv
			在庫（期末）		ha2goq4j.csv
			在庫（平均）		ha2goq5j.csv
			在庫率		ha2goq6j.csv
		月次	生産（付加価値額）	ha2gom1j.xls	ha2gom2j.csv
			出荷		ha2gom3j.csv
			在庫		ha2gom4j.csv
			在庫率		ha2gom5j.csv
	季節調整	四半期	生産（付加価値額）	ha2zsq1j.xls	ha2zsq2j.csv
			出荷		ha2zsq3j.csv
			在庫（期末）		ha2zsq4j.csv
			在庫（平均）		ha2zsq5j.csv

⑥

⑥ このファイルをダウンロードして開きます。すると、以下のような画像が出てきます。

⑦「⑥」をダウンロードした後の画像

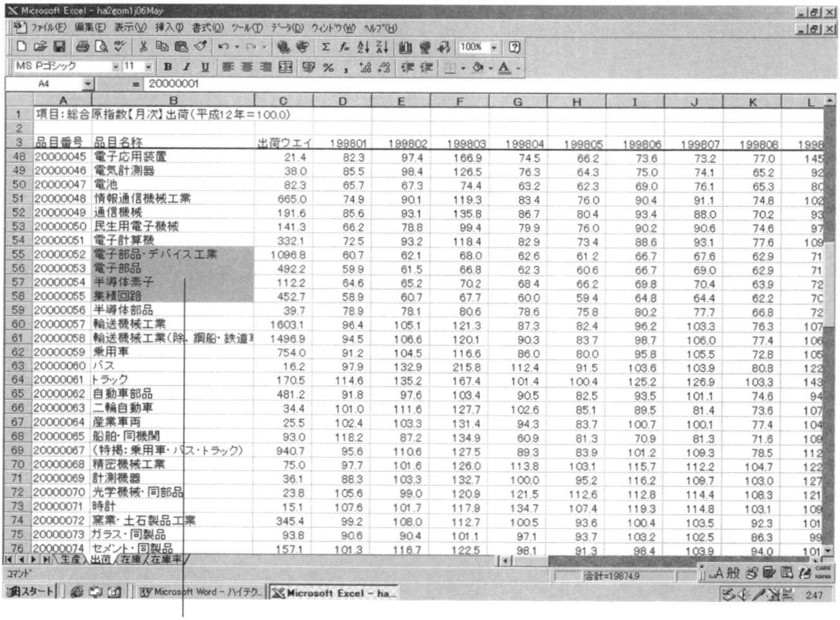

	A	B	C	D	E	F	G	H	I	J	K	L
1	項目：総合原指数【月次】出荷（平成12年＝100.0）											
2												
3	品目番号	品目名称	出荷ウエイ	199801	199802	199803	199804	199805	199806	199807	199808	1998
48	20000045	電子応用装置	21.4	82.3	97.4	166.9	74.5	66.2	73.6	73.2	77.0	145
49	20000046	電気計測器	38.0	85.5	98.4	126.5	76.3	64.3	75.0	74.1	65.2	92
50	20000047	電池	82.3	65.7	67.3	74.4	63.2	62.3	69.0	76.1	65.3	80
51	20000048	情報通信機械工業	665.0	74.9	90.1	119.3	83.4	76.0	90.4	91.1	74.8	102
52	20000049	通信機械	191.6	85.6	93.1	135.8	86.7	80.4	93.4	88.0	70.2	93
53	20000050	民生用電子機械	141.3	66.2	78.8	99.4	79.9	76.0	90.2	90.6	74.6	97
54	20000051	電子計算機	332.1	72.5	93.2	118.4	82.9	73.4	88.6	93.1	77.6	109
55	20000052	電子部品･デバイス工業	1096.8	60.7	62.1	68.0	62.6	61.2	66.7	67.6	62.9	71
56	20000053	電子部品	492.2	59.9	61.5	66.8	62.3	60.6	66.7	69.0	62.9	71
57	20000054	半導体素子	112.2	64.6	65.2	70.2	68.4	66.2	69.8	70.4	63.9	72
58	20000055	集積回路	452.7	58.9	60.7	67.7	60.0	59.4	64.8	64.4	62.2	70
59	20000056	半導体部品	39.7	78.9	78.1	80.6	78.6	75.8	80.2	77.7	66.8	72
60	20000057	輸送機械工業	1603.1	96.4	105.1	121.3	87.3	82.4	96.2	103.3	76.3	107
61	20000058	輸送機械工業（除．鋼船･鉄道車	1496.9	94.5	106.6	120.1	90.3	83.7	98.7	106.0	77.4	106
62	20000059	乗用車	754.0	91.2	104.5	116.6	86.0	80.0	95.8	105.5	72.8	105
63	20000060	バス	16.2	97.9	132.9	215.8	112.4	91.5	103.6	103.9	80.8	122
64	20000061	トラック	170.5	114.6	135.2	167.4	101.4	100.4	125.2	126.9	103.3	143
65	20000062	自動車部品	481.2	91.8	97.6	103.4	90.5	82.5	93.5	101.1	74.6	94
66	20000063	二輪自動車	34.4	101.0	111.6	127.7	102.6	85.1	89.5	81.4	73.6	107
67	20000064	産業車両	25.5	102.4	103.3	131.4	94.3	83.7	100.7	100.1	77.4	104
68	20000065	船舶･同機関	93.0	118.2	87.2	134.9	60.9	81.3	70.9	81.3	71.6	109
69	20000067	（特掲：乗用車･バス･トラック）	940.7	95.6	110.6	127.5	89.3	83.9	101.2	109.3	78.5	112
70	20000068	精密機械工業	75.0	97.7	101.6	126.0	113.8	103.1	115.7	112.2	104.7	122
71	20000069	計測機器	36.1	88.3	103.3	132.7	100.0	95.2	116.2	109.7	103.0	127
72	20000070	光学機械･同部品	23.8	105.6	99.0	120.9	121.5	112.6	112.8	114.4	108.3	121
73	20000071	時計	15.1	107.6	101.7	117.9	134.7	107.4	119.3	114.8	103.1	109
74	20000072	窯業･土石製品工業	345.4	99.2	108.0	112.7	100.5	93.6	100.4	103.5	92.3	101
75	20000073	ガラス･同製品	93.8	90.6	90.4	101.1	97.1	93.7	103.2	102.5	86.3	99
76	20000074	セメント･同製品	157.1	101.3	116.7	122.5	98.1	91.3	98.4	103.9	94.0	101

・電子部品・デバイス工業
・電子部品
・半導体素子
・集積回路

以上の4項目がシリコンサイクルに合致します。電子部品・デバイス工業が代表的な項目です。

※集積回路の下にある“半導体部品”は在庫のデータがないので分析には使えません。

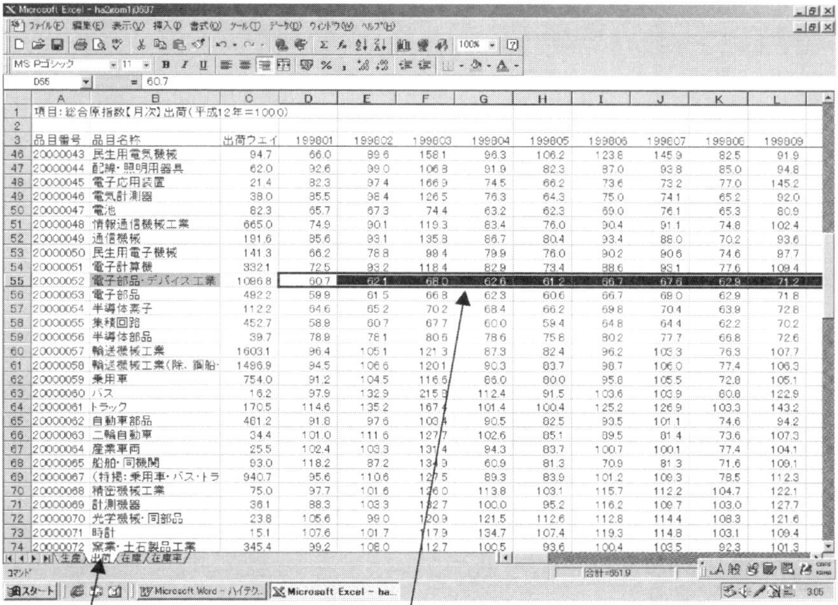

	A	B	C	D	E	F	G	H	I	J	K	L
1	項目：総合原指数【月次】出荷（平成12年＝100.0）											
2												
3	品目番号	品目名称	出荷ウエイ	199801	199802	199803	199804	199805	199806	199807	199808	199809
46	20000043	民生用電気機械	94.7	66.0	89.6	158.1	96.3	106.2	123.8	145.9	82.5	91.9
47	20000044	配線・照明用器具	62.0	92.6	99.0	106.8	91.9	82.3	87.0	93.8	85.0	94.8
48	20000045	電子応用装置	21.4	82.3	97.4	166.9	74.5	66.2	73.6	73.2	77.0	145.2
49	20000046	電気計測器	38.0	85.5	98.4	126.5	76.3	64.3	75.0	74.1	65.2	92.0
50	20000047	電池	82.3	65.7	67.3	74.4	63.2	62.3	69.0	76.1	65.3	80.9
51	20000048	情報通信機械工業	665.0	74.9	90.1	119.3	83.4	76.0	90.4	91.1	74.8	102.4
52	20000049	通信機械	191.6	85.6	93.1	135.8	86.7	80.4	93.4	88.0	70.2	93.6
53	20000050	民生用電子機械	141.3	66.2	78.8	98.4	79.9	76.0	90.2	90.6	74.6	87.7
54	20000051	電子計算機	332.1	72.5	93.2	118.4	82.9	73.4	88.6	93.1	77.6	109.4
55	20000052	電子部品・デバイス工業	1086.8	60.7	62.1	68.0	62.6	61.2	66.7	67.6	62.9	71.2
56	20000053	電子部品	492.2	59.9	61.5	66.8	62.3	60.6	66.7	68.0	62.9	71.8
57	20000054	半導体素子	112.2	64.6	65.2	70.2	68.4	66.2	69.8	70.4	63.9	72.8
58	20000055	集積回路	452.7	58.9	60.7	67.7	60.0	59.4	64.8	64.4	62.2	70.2
59	20000056	半導体部品	39.7	78.9	78.1	80.6	78.6	75.8	80.2	77.7	66.8	72.6
60	20000057	輸送機械工業	1603.1	96.4	105.1	121.3	87.3	82.4	96.2	103.3	76.3	107.7
61	20000058	輸送機械工業（除、鋼船・	1496.9	94.5	106.6	120.1	90.3	83.7	98.7	106.0	77.4	106.3
62	20000059	乗用車	754.0	91.2	104.5	116.6	86.0	80.0	95.8	105.5	72.8	105.1
63	20000060	バス	16.2	97.9	132.9	215.8	112.4	91.5	103.6	103.9	80.8	122.9
64	20000061	トラック	170.5	114.6	135.2	167.4	101.4	100.4	125.2	126.9	103.3	143.2
65	20000062	自動車部品	481.2	91.8	97.6	103.4	90.5	82.5	93.5	101.1	74.6	94.2
66	20000063	二輪自動車	34.4	101.0	111.6	127.7	102.6	85.1	89.5	81.4	73.6	107.3
67	20000064	産業車両	25.5	102.4	103.3	131.4	94.3	83.7	100.7	100.1	77.4	104.1
68	20000065	船舶・同機関	93.0	118.2	87.2	134.9	60.9	81.3	70.9	81.3	71.6	109.1
69	20000067	（特掲：乗用車・バス・トラ	940.7	95.6	110.6	127.5	89.3	83.9	101.2	109.3	78.5	112.3
70	20000068	精密機械工業	75.0	97.7	101.6	126.0	113.8	103.1	115.7	112.2	104.7	122.1
71	20000069	計測機器	36.1	88.3	103.3	132.7	100.0	95.2	116.2	109.7	103.0	127.7
72	20000070	光学機械・同部品	23.8	105.6	99.0	120.9	121.5	112.6	112.8	114.4	108.3	121.6
73	20000071	時計	15.1	107.6	101.7	117.9	134.7	107.4	119.3	114.8	103.1	109.4
74	20000072	窯業・土石製品工業	345.4	99.2	108.0	112.7	100.5	93.6	100.4	103.5	92.3	101.3

⑧　　　　　　　　⑨

⑧ダウンロードしたファイルを開いて「出荷」のタブをクリックします。たくさんの数字が並びますが「⑨」で紹介する数字だけを相手にするので気にしないように。

⑨「電子部品・デバイス工業」の月ごとの数字をコピーして「①」で紹介したフォーマットの「出荷原指数」に貼り付けます。

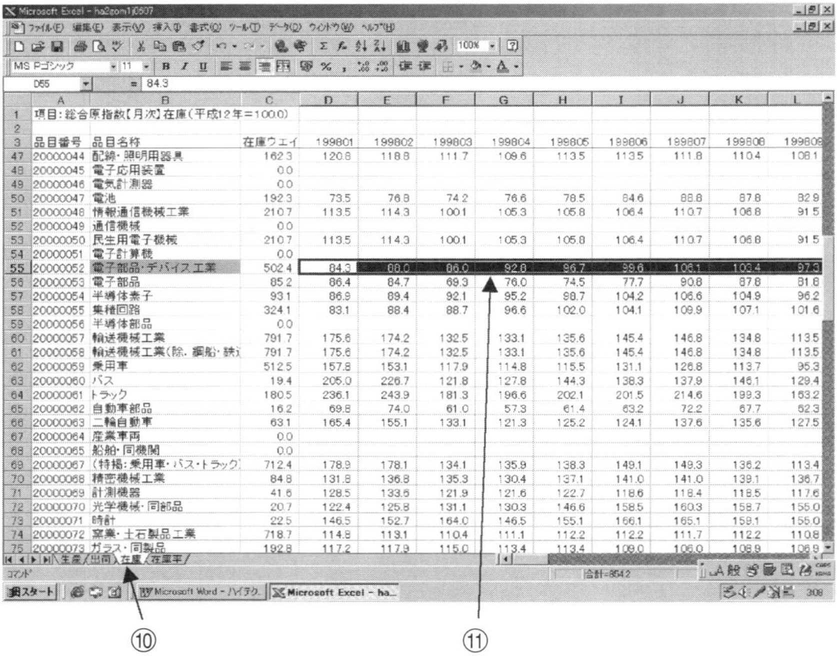

	A	B	C	D	E	F	G	H	I	J	K	L
1	項目:総合原指数【月次】在庫(平成12年=100.0)											
2												
3	品目番号	品目名称	在庫ウエイ	199801	199802	199803	199804	199805	199806	199807	199808	199809
47	20000044	配線・照明用器具	162.3	120.8	118.8	111.7	109.6	113.5	113.5	111.8	110.4	108.1
48	20000045	電子応用装置	0.0									
49	20000046	電気計測器	0.0									
50	20000047	電池	192.3	73.5	76.8	74.2	76.6	78.5	84.6	88.8	87.8	82.9
51	20000048	情報通信機械工業	210.7	113.5	114.3	100.1	105.3	105.8	106.4	110.7	106.8	91.5
52	20000049	通信機械	0.0									
53	20000050	民生用電子機械	210.7	113.5	114.3	100.1	105.3	105.8	106.4	110.7	106.8	91.5
54	20000051	電子計算機	0.0									
55	20000052	電子部品・デバイス工業	502.4	84.3	88.0	86.0	92.8	96.7	99.6	106.1	103.4	97.3
56	20000053	電子部品	85.2	86.4	84.7	69.3	76.0	74.5	77.7	90.8	87.8	81.8
57	20000054	半導体素子	93.1	86.9	89.4	92.1	95.2	98.7	104.2	106.6	104.9	96.2
58	20000055	集積回路	324.1	83.1	88.4	88.7	96.6	102.0	104.1	109.9	107.1	101.6
59	20000056	半導体部品	0.0									
60	20000057	輸送機械工業	791.7	175.6	174.2	132.5	133.1	135.6	145.4	146.8	134.8	113.5
61	20000058	輸送機械工業(除．鋼船・鉄i	791.7	175.6	174.2	132.5	133.1	135.6	145.4	146.8	134.8	113.5
62	20000059	乗用車	512.5	157.8	153.1	117.9	114.8	115.5	131.1	126.8	113.7	95.3
63	20000060	バス	19.4	205.0	226.7	121.8	127.8	144.3	138.3	137.9	146.1	129.4
64	20000061	トラック	180.5	236.1	243.9	181.3	196.6	202.1	201.5	214.6	199.3	163.2
65	20000062	自動車部品	16.2	69.8	74.0	61.0	57.3	61.4	63.2	72.2	67.7	62.3
66	20000063	二輪自動車	63.1	165.4	155.1	133.1	121.3	125.2	124.1	137.6	135.6	127.5
67	20000064	産業車両	0.0									
68	20000065	船舶・同機関	0.0									
69	20000067	(特掲:乗用車・バス・トラック)	712.4	178.9	178.1	134.1	135.9	138.3	149.1	149.3	136.2	113.4
70	20000068	精密機械工業	84.8	131.8	136.8	135.3	130.4	137.1	141.0	141.0	139.1	136.7
71	20000069	計測機器	41.6	128.5	133.6	121.9	121.6	122.7	118.6	118.4	118.5	117.6
72	20000070	光学機械・同部品	20.7	122.4	125.8	131.1	130.3	146.6	158.5	160.3	158.7	155.0
73	20000071	時計	22.5	146.5	152.7	164.0	146.5	155.1	166.1	165.1	159.1	155.0
74	20000072	窯業・土石製品工業	718.7	114.8	113.1	110.4	111.1	112.2	112.2	111.7	112.2	110.8
75	20000073	ガラス・同製品	192.8	117.2	117.9	115.0	113.4	113.4	109.0	106.0	108.9	106.9

⑩在庫のタブをクリックします。

⑪「電子部品・デバイス工業」の月ごとの数字をコピーして「① 」で紹介したフォーマットの「在庫原指数」に貼り付けます。

⑫ 在庫循環のグラフを作成します。

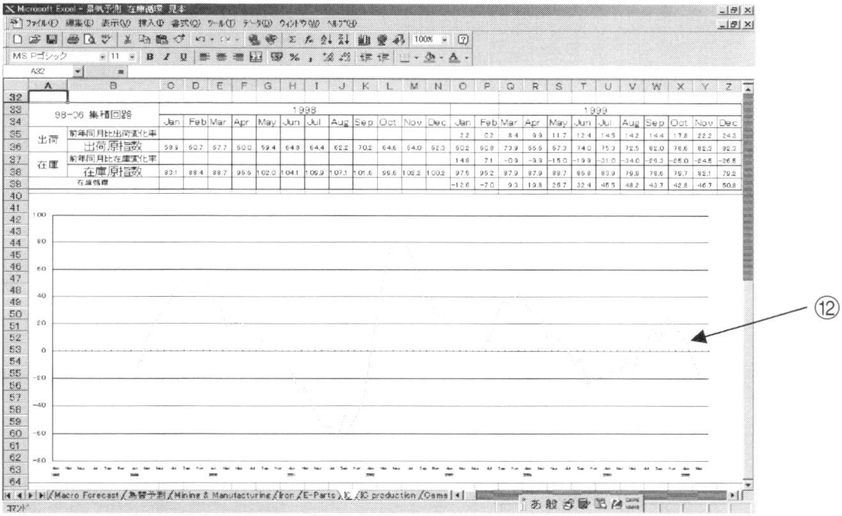

第４節
国内電子部品在庫循環で読み解くシリコンサイクルの作り方

この節では、第３節の「電子部品・デバイス工業」と同じく重要な内容として、電子部品在庫循環で読み解くシリコンサイクルを紹介します。半導体を使っていない電子部品を製造販売する企業の株価はこの在庫循環に沿って上下します。その意味で、この在庫循環もチェックすべきでしょう。

基本的に、シリコンサイクルグラフの作り方は第３節と同じです。なお、本節で使用するエクセルデータの名称は「電子部品」です。

①～⑧第３節と同じです。
⑨「電子デバイス工業の」のひとつ下にある「電子部品」の月ごとの数字をコピーして第３節で紹介したフォーマットの「出荷原指数」に貼り付けます。
⑩第３節と同じです。
⑪「電子デバイス工業の」のひとつ下にある「電子部品」の月ごとの数字をコピーして第３節で紹介したフォーマットの「在庫原指数」に貼り付けます。
⑫第３節と同じです。

電子部品在庫循環グラフ

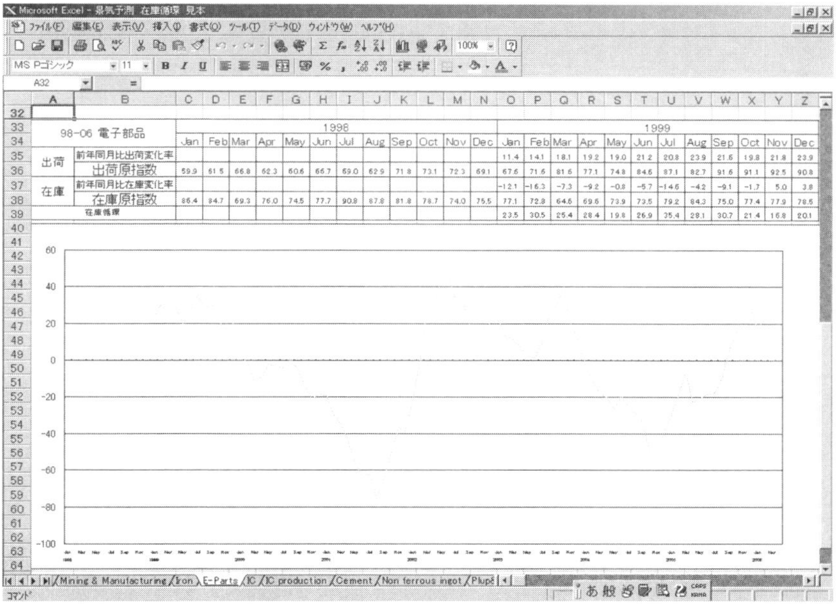

98-06 電子部品		1998 Jan	Feb	Mar	Apr	May	Jun	Jul	Aug	Sep	Oct	Nov	Dec
出荷	前年同月比出荷変化率												
	出荷原指数	59.9	61.5	66.8	62.3	60.6	66.7	69.0	62.9	71.8	73.1	72.3	69.1
在庫	前年同月比在庫変化率												
	在庫原指数	86.4	84.7	69.3	76.0	74.5	77.7	90.8	87.8	81.8	78.7	74.0	75.5
在庫循環													

98-06 電子部品		1999 Jan	Feb	Mar	Apr	May	Jun	Jul	Aug	Sep	Oct	Nov	Dec
出荷	前年同月比出荷変化率	11.4	14.1	18.1	19.2	19.0	21.2	20.8	23.9	21.6	19.8	21.8	23.9
	出荷原指数	67.6	71.6	81.6	77.1	74.8	84.6	87.1	82.7	91.6	91.1	92.5	90.8
在庫	前年同月比在庫変化率	-12.1	-16.3	-7.3	-9.2	-0.8	-5.7	-14.6	-4.2	-9.1	-1.7	5.0	3.8
	在庫原指数	77.1	72.8	64.6	69.6	73.9	73.5	79.2	84.3	75.0	77.4	77.9	78.5
在庫循環		23.5	30.5	25.4	28.4	19.8	26.9	35.4	28.1	30.7	21.4	16.8	20.1

日銀も重視するシリコンサイクル

以下に紹介する新聞記事は、日銀が「電子部品・デバイス工業の在庫／出荷のバランス（本書ではシリコンサイクルと表現しています）の悪化により今後の景気動向に悪影響が及ぶ懸念がある」旨を記したものです。

この記事を読んで、私は「シリコンサイクルはあらためて実績のある指標だな」と感じました。経済の専門家でない私たちもシリコンサイクルを読み解けばプロに負けない景気判断、相場予測ができるかもしれません。

2006年（平成18年）7月24日（月曜日）

IT分野 在庫調整を注視

日銀 景気への影響警戒

半導体出荷に減速感

IT（情報技術）分野で今後、在庫調整圧力がかかる可能性が出てきた。東アジアで一時的にパソコンなどの生産が落ち、国内の電子部品などの在庫が増加。日銀は七月の金融経済月報で、IT分野の「在庫・出荷バランスを注意深くみていく必要がある」と指摘し、前月より判断を慎重にした。景気が堅調さを維持するなかで、IT分野の在庫調整が下振れリスクとして意識されつつある。

台湾で生産抑制

鉱工業生産統計によると、五月の電子部品・デバイスの在庫（季節調整済み）は一三三・八（二〇〇〇年平均＝一〇〇とした指数）で、前月に比べ六・三％増加。在庫水準は〇四年八月の前回ピーク（一三三・八）を超えている。出荷は一四三・九で前月比一・八％減少した。前年比でみると依然、出荷の伸びが在庫の伸びを上回り、在庫と出荷のバランスが崩れているわけではないが、やや不安な芽が出てきた。

日銀は七月の金融経済月報で「季節調整値でみると、在庫は増加している」と懸念を示した。出荷についても「増加基調」から「増勢一服」に変えた。四—五月の世界の半導体出荷額が一—三月期に比べ、二・四％減少したことなどが背景にある

とみられる。

ただ、日銀は……アを中心とす……でも一時的な……影響」と指摘……本格的な在庫……たとは判断し……日本で在庫が……たのは、台湾……コンやモニタ……抑制する動き……めとみられる……び力強さを取……在庫の増加は……どまり、生産……

子部品・デバイスの在庫と出荷
（季節調整値、2000年＝100）
出荷
在庫
00年 01 02 03 04 05 06

日銀の金融経済月報でのIT分野の表現

6月	7月
増加傾向をたどっている	パソコン向けや東アジア向けなどが弱めとなり、小幅減少
増加基調	増勢一服
在庫の前年比は幾分鈍化しており、在庫の積み上がりは引き続き回避されている	季節調整済み前期比で、在庫は増加。今後の在庫・出荷バランスは注意深くみていく必要がある

出荷在庫バランス
—鉱工業全体
--IT関連財
━非IT
00年 01 02 03 04 05 06

非ITは調整……

鉱工業生産全般に堅調

IT（情報……在庫調整圧力……しても、その……的とみられる……の分野の在庫……終了、IT……みを補う形……は全般的に……る可能性が……

出典：06年7月24日　日本経済新聞

第5節
米国ＩＴ在庫循環から読み解くシリコンサイクルの作り方

日本と同様、米国にも半導体･電子部品の在庫循環があります。「アメリカがくしゃみをすれば日本が風邪を引く」という言葉がありますように、これからの日本の景気動向、日本のハイテク株の株価動向を占う意味でもこの在庫循環をチェックしておきたいところです。基本的には、「米国の半導体･電子部品の在庫循環データ」の作り方は第3節と同じです。ただ、少し勝手の違うところもありますので、下記の説明をもとにして、皆さんもグラフを作ってみてください。なお、本節で使用するエクセルデータの名称は「US Comp & Elec」です。

①まず下のURLを開いてください。米国商務省センサス局のホームページ（http://www.census.gov/）にたどり着きます。

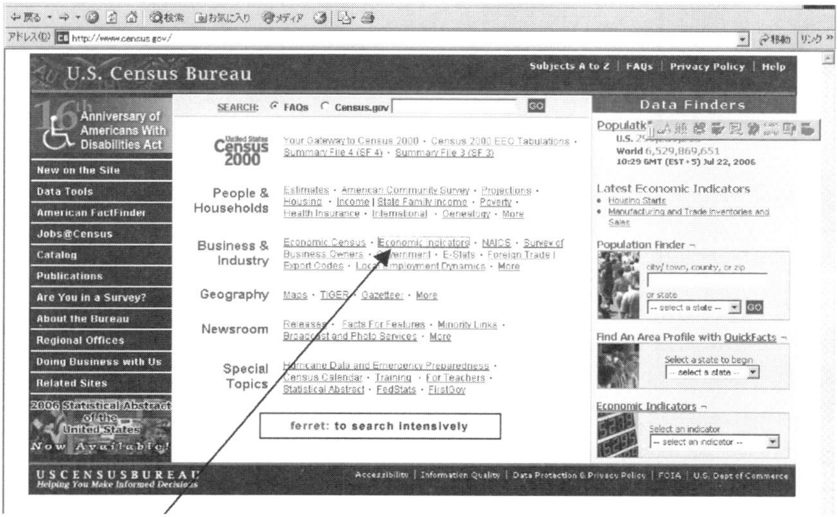

①

②「Economic Indicators」をクリックします。

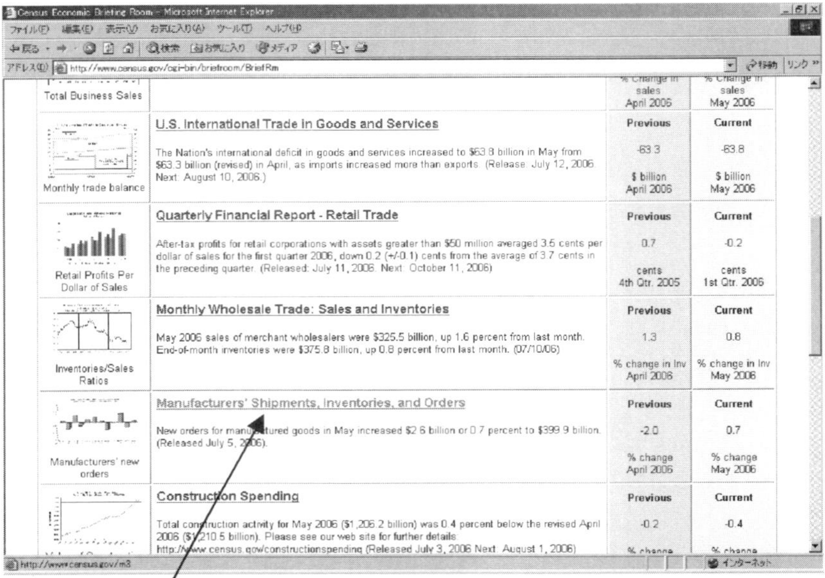
Census Economic Briefing Room - Microsoft Internet Explorer
http://www.census.gov/cgi-bin/briefroom/BriefRm
Total Business Sales
% Change in sales April 2006
% Change in sales May 2006
U.S. International Trade in Goods and Services
The Nation's international deficit in goods and services increased to $63.8 billion in May from $63.3 billion (revised) in April, as imports increased more than exports. (Release: July 12, 2006. Next: August 10, 2006.)
Monthly trade balance
Previous
-63.3
$ billion April 2006
Current
-63.8
$ billion May 2006
Quarterly Financial Report - Retail Trade
After-tax profits for retail corporations with assets greater than $50 million averaged 3.5 cents per dollar of sales for the first quarter 2006, down 0.2 (+/-0.1) cents from the average of 3.7 cents in the preceding quarter. (Released: July 11, 2006. Next: October 11, 2006)
Retail Profits Per Dollar of Sales
Previous
0.7
cents 4th Qtr. 2005
Current
-0.2
cents 1st Qtr. 2006
Monthly Wholesale Trade: Sales and Inventories
May 2006 sales of merchant wholesalers were $325.5 billion, up 1.6 percent from last month. End-of-month inventories were $375.8 billion, up 0.8 percent from last month. (07/10/06)
Inventories/Sales Ratios
Previous
1.3
% change in Inv April 2006
Current
0.8
% change in Inv May 2006
Manufacturers' Shipments, Inventories, and Orders
New orders for manufactured goods in May increased $2.6 billion or 0.7 percent to $399.9 billion. (Released July 5, 2006).
Manufacturers' new orders
Previous
-2.0
% change April 2006
Current
0.7
% change May 2006
Construction Spending
Total construction activity for May 2006 ($1,206.2 billion) was 0.4 percent below the revised April 2006 ($1,210.5 billion). Please see our web site for further details: http://www.census.gov/constructionspending (Released July 3, 2006 Next: August 1, 2006)
Previous
-0.2
Current
-0.4
http://www.census.gov/m3
インターネット

②

③「Manufacturers' Shipments,Inventories,and Orders」をクリックします。

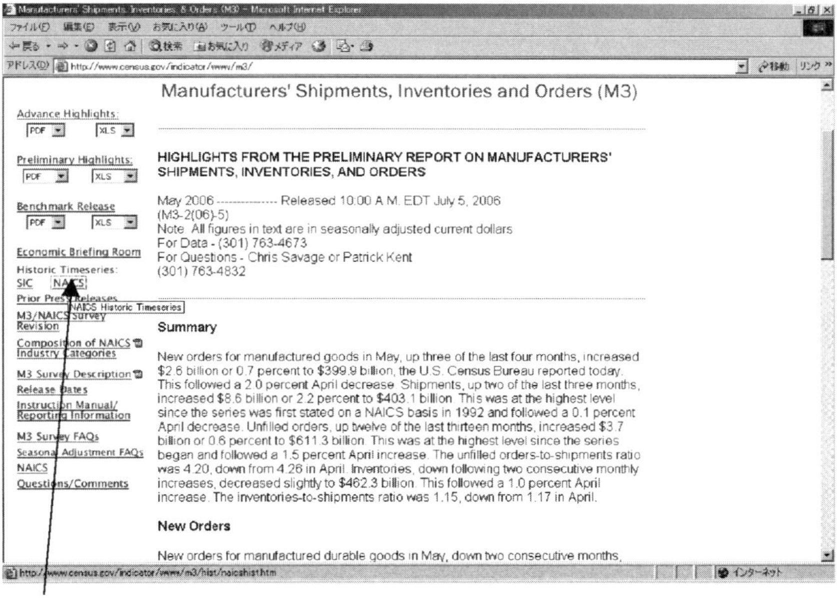
Manufacturers' Shipments, Inventories and Orders (M3)
Advance Highlights:
Preliminary Highlights:
Benchmark Release
Economic Briefing Room
Historic Timeseries:
SIC NAICS
NAICS Historic Timeseries
M3/NAICS Survey Revision
Composition of NAICS Industry Categories
M3 Survey Description
Release Dates
Instruction Manual/ Reporting Information
M3 Survey FAQs
Seasonal Adjustment FAQs
NAICS
Questions/Comments
HIGHLIGHTS FROM THE PRELIMINARY REPORT ON MANUFACTURERS' SHIPMENTS, INVENTORIES, AND ORDERS
May 2006 --------------- Released 10:00 A.M. EDT July 5, 2006
(M3-2(06)-5)
Note. All figures in text are in seasonally adjusted current dollars
For Data - (301) 763-4673
For Questions - Chris Savage or Patrick Kent
(301) 763-4832
Summary
New orders for manufactured goods in May, up three of the last four months, increased $2.6 billion or 0.7 percent to $399.9 billion, the U.S. Census Bureau reported today. This followed a 2.0 percent April decrease. Shipments, up two of the last three months, increased $8.6 billion or 2.2 percent to $403.1 billion. This was at the highest level since the series was first stated on a NAICS basis in 1992 and followed a 0.1 percent April decrease. Unfilled orders, up twelve of the last thirteen months, increased $3.7 billion or 0.6 percent to $611.3 billion. This was at the highest level since the series began and followed a 1.5 percent April increase. The unfilled orders-to-shipments ratio was 4.20, down from 4.26 in April. Inventories, down following two consecutive monthly increases, decreased slightly to $462.3 billion. This followed a 1.0 percent April increase. The inventories-to-shipments ratio was 1.15, down from 1.17 in April.
New Orders
New orders for manufactured durable goods in May, down two consecutive months,
http://www.census.gov/indicator/www/m3/hist/naicshist.htm

③

④"Historic Timeseries"下の"NAICS"をクリックします。

※ NAICS：North American Industrial Classification Systemの略。直訳すると北米工業分類システムです。日本でいえば、経済産業省のところで説明したような分類項目――具体的に言うと「電子部品・デバイス工業」「電子部品」「半導体素子」「集積回路」など――に当たるものと考えてよいでしょう。

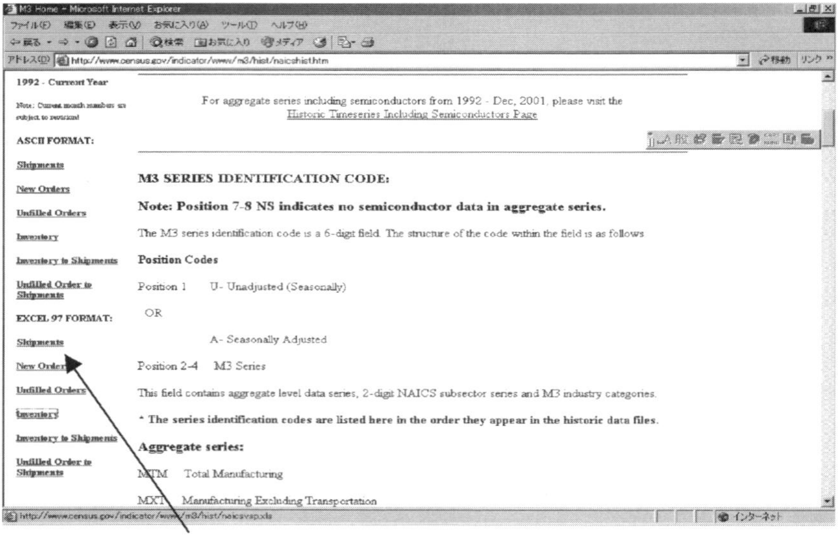

④

⑤エクセル形式のデータである「Shipments（出荷）」を開き、「A34SVS」と書かれた項の年度ごとのデータをコピー。

ちなみに当ホームページにも解説が載っていますが、「A34SVS」とは「Computers and electronic productsセクター（日本でいえば集積回路と電子部品・デバイス工業を一緒にしたようなものでしょうか）」を表します。その下には「Computers and related products」などの小分類化されたセクターがあります。

より詳細に調べたければこれら小分類化されたシリコンサイクルグラフを作成するのもよいでしょう。

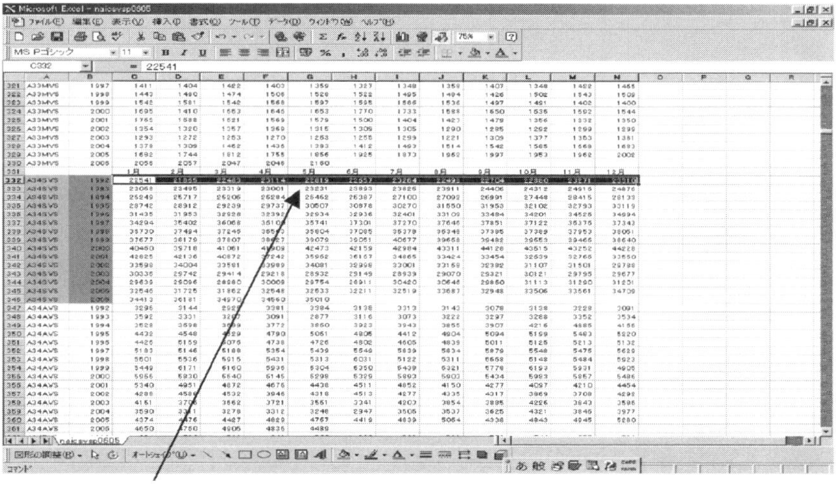

⑤

⑥「⑤」でコピーしたデータを、第３節の①で紹介したフォーマットの「出荷原指数」に貼り付けます。

⑦次に、「Inventory（在庫）」をクリックします。

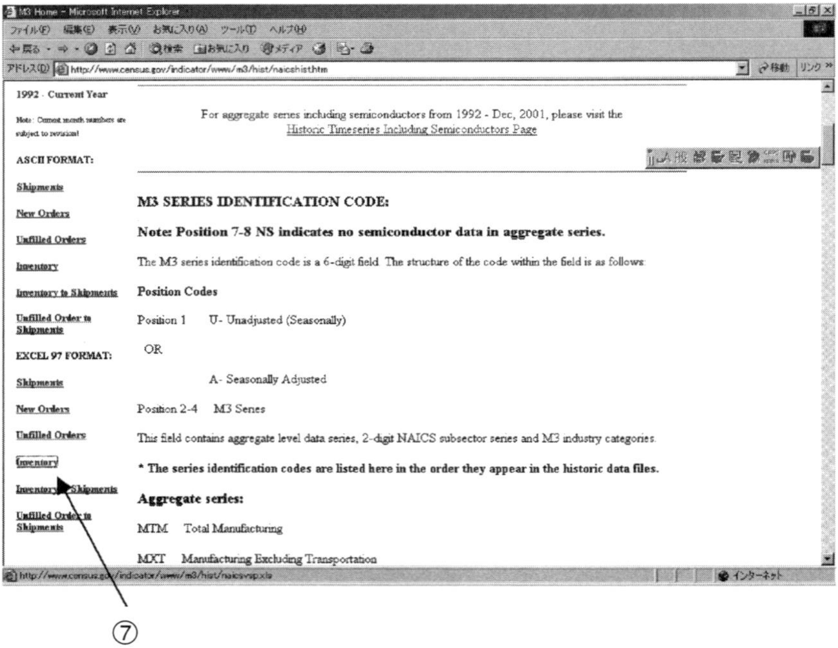

⑧エクセル形式のデータである「Inventory（在庫）」を開き、「A34STI」と書かれた項の年度ごとのデータをコピー。

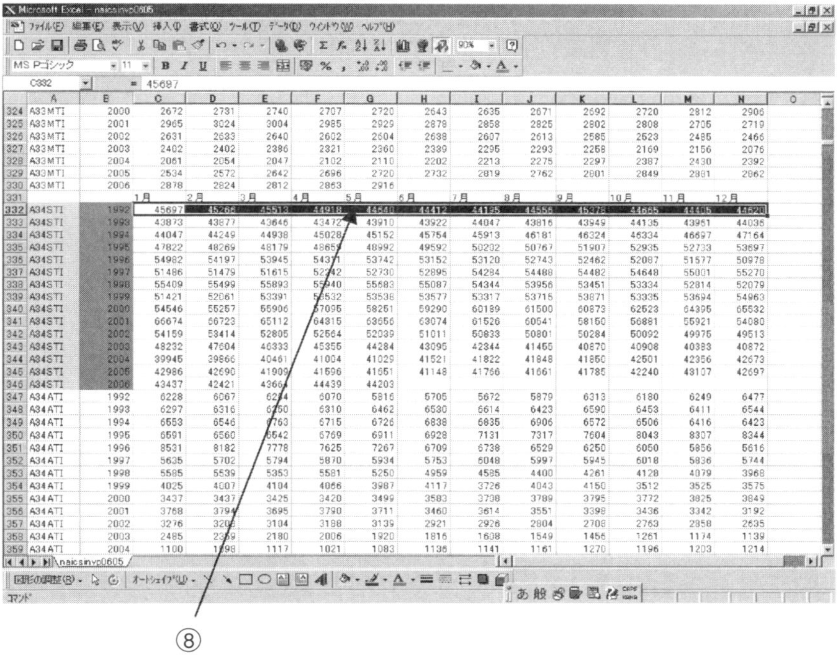

	A	B	C	D	E	F	G	H	I	J	K	L	M	N
324	A33MTI	2000	2672	2731	2740	2707	2720	2643	2635	2671	2692	2720	2812	2906
325	A33MTI	2001	2965	3024	3004	2985	2929	2878	2858	2825	2802	2808	2705	2719
326	A33MTI	2002	2631	2633	2640	2602	2604	2638	2607	2613	2585	2523	2485	2466
327	A33MTI	2003	2402	2402	2386	2321	2360	2339	2295	2293	2258	2169	2156	2076
328	A33MTI	2004	2061	2054	2047	2102	2110	2202	2213	2275	2297	2387	2430	2392
329	A33MTI	2005	2534	2572	2642	2696	2720	2732	2819	2762	2801	2849	2881	2862
330	A33MTI	2006	2878	2824	2812	2863	2916							
331			1月	2月	3月	4月	5月	6月	7月	8月	9月	10月	11月	12月
332	A34STI	1992	45697	45266	45513	44918	44540	44412	44135	44556	45378	44665	44405	44620
333	A34STI	1993	43873	43877	43646	43472	43910	43922	44047	43816	43949	44135	43961	44036
334	A34STI	1994	44047	44249	44938	45028	45152	45754	45913	46181	46324	46334	46697	47164
335	A34STI	1995	47822	48269	48179	48659	48992	49592	50202	50767	51907	52935	52733	53697
336	A34STI	1996	54982	54197	53945	54311	53742	53152	53120	52743	52462	52087	51577	50978
337	A34STI	1997	51486	51479	51615	52242	52730	52895	54284	54488	54482	54648	55001	55270
338	A34STI	1998	55409	55499	55893	55940	55683	55087	54344	53956	53451	53334	52814	52079
339	A34STI	1999	51421	52061	53391	58532	53538	53577	53317	53715	53871	53335	53694	54963
340	A34STI	2000	54546	55257	55906	57095	58251	59290	60189	61500	60873	62523	64395	65532
341	A34STI	2001	66674	66723	65112	64315	63656	63074	61526	60541	58150	56881	55921	54080
342	A34STI	2002	54159	53414	52805	52564	52039	51011	50833	50801	50284	50092	49975	49513
343	A34STI	2003	48232	47604	46333	45355	44284	43095	42344	41455	40870	40908	40383	40872
344	A34STI	2004	39945	39866	40461	41004	41029	41521	41822	41848	41850	42501	42356	42673
345	A34STI	2005	42986	42690	41909	41596	41651	41148	41766	41661	41785	42240	43107	42697
346	A34STI	2006	43437	42421	43664	44439	44203							
347	A34ATI	1992	6228	6067	6284	6070	5816	5705	5672	5879	6313	6180	6249	6477
348	A34ATI	1993	6297	6316	6250	6310	6462	6530	6614	6423	6590	6453	6411	6544
349	A34ATI	1994	6553	6546	6763	6715	6726	6838	6835	6906	6572	6506	6416	6423
350	A34ATI	1995	6591	6560	6542	6769	6911	6928	7131	7317	7604	8043	8307	8344
351	A34ATI	1996	8531	8182	7778	7625	7267	6709	6738	6529	6250	6050	5856	5616
352	A34ATI	1997	5635	5702	5794	5870	5934	5753	6048	5997	5945	6018	5836	5744
353	A34ATI	1998	5585	5539	5353	5581	5250	4959	4585	4400	4261	4128	4079	3968
354	A34ATI	1999	4025	4007	4104	4066	3987	4117	3726	4043	4150	3512	3525	3575
355	A34ATI	2000	3437	3437	3425	3420	3499	3583	3708	3789	3795	3772	3825	3849
356	A34ATI	2001	3768	3794	3695	3790	3711	3460	3614	3551	3398	3436	3342	3192
357	A34ATI	2002	3276	3208	3104	3188	3139	2921	2926	2804	2708	2763	2858	2635
358	A34ATI	2003	2485	2369	2180	2006	1920	1816	1608	1549	1456	1261	1174	1139
359	A34ATI	2004	1100	1198	1117	1021	1083	1136	1141	1161	1270	1196	1203	1214

⑨「⑧」でコピーしたデータを、第３節の①で紹介したフォーマットの「在庫原指数」に貼り付けます。

⑩グラフを表示させます。

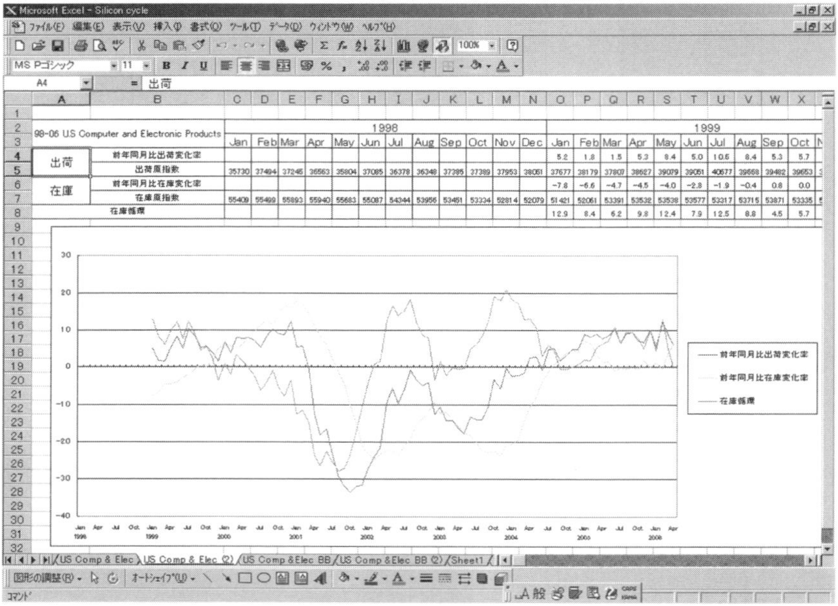

第６節
国内BBレシオで読み解くシリコンサイクルの作り方

これから作成するグラフは半導体製造装置の「受注高÷販売高（※）」の時系列値グラフです。この「受注高÷販売高」の時系列値グラフは一般的に半導体、電機株の株価の先行指標ともいわれています。
※ 受注高÷販売高：英訳すると「Book to Bill Ratio」で、略して「BBレシオ」と呼びます。なお、本節で使用するエクセルデータの名称は「BB Ratio 国内」です。

①このURL（http://www.seaj.or.jp/）のホームページを開いてください。社団法人日本半導体製造装置協会のホームページの統計資料にたどり着きます。

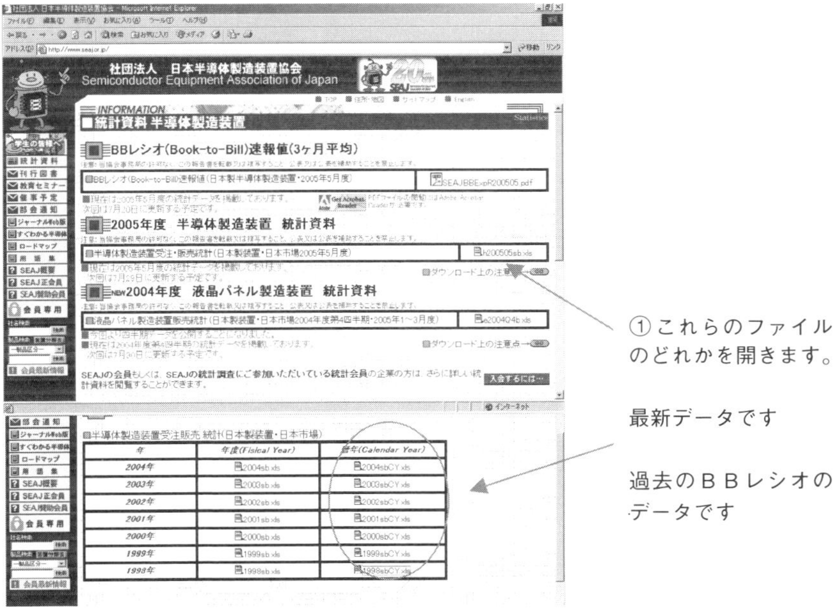

②ファイルを開き、図示数字の部分をコピーします。

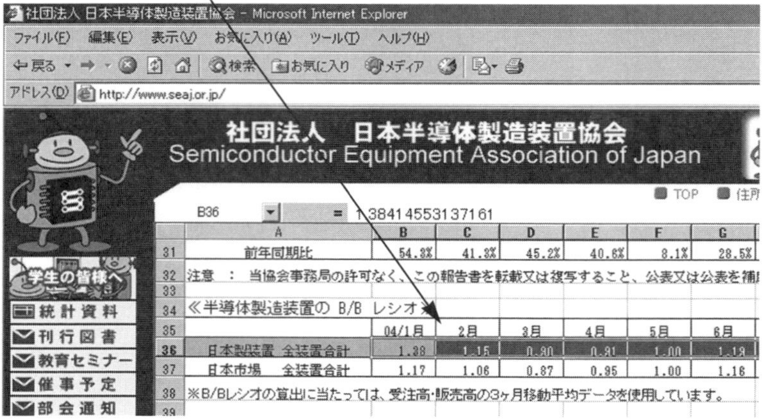

出典：社団法人日本半導体製造装置協会

③下の図のようにエクセルを用いて表とグラフを作成します。

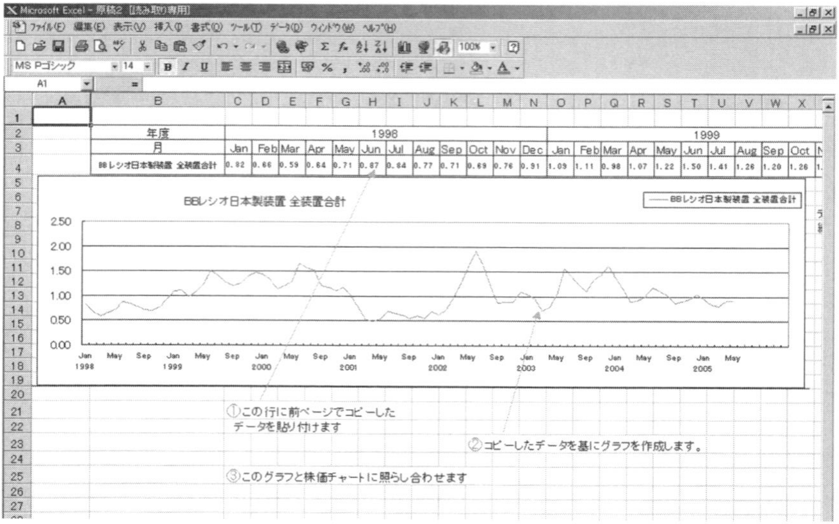

第７節
北米BBレシオで読み解くシリコンサイクルの作り方

これから作成するグラフは北米半導体製造装置の受注高÷出荷高の時系列値のグラフです。アメリカの話で関係ないと思われるかもしれません。しかし、アメリカに輸出している日本の半導体製造装置メーカーは多いことを考えると、この指標のチェックも欠かせないところです。なお、本節で使用するエクセルデータの名称は「BB Ratio 北米」です。

①以下のURLのホームページを開いてください。

http://wps2a.semi.org/wps/portal/_pagr/103/_pa.103/210

SEMIジャパンのホームページの“市場統計”をクリックします。

②“SEMI　B／Bレシオ”をクリックします。

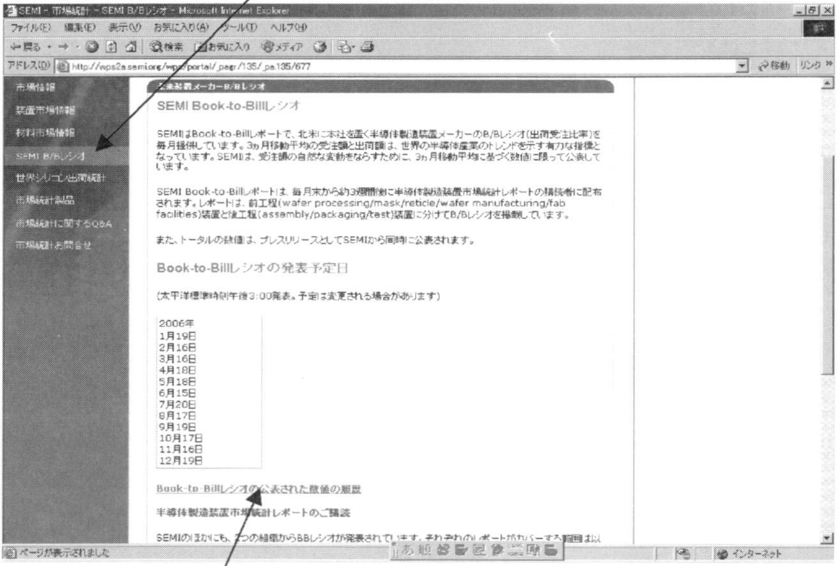

SEMI - 市場統計 - SEMI B/Bレシオ - Microsoft Internet Explorer
ファイル(F) 編集(E) 表示(V) お気に入り(A) ツール(T) ヘルプ(H)
戻る 検索 お気に入り メディア
アドレス(D) http://wps2a.semi.org/wps/portal/_pagr/135/_pa.135/677
移動 リンク
市場情報
装置市場情報
材料市場情報
SEMI B/Bレシオ
世界シリコン出荷統計
市場統計製品
市場統計に関するQ&A
市場統計お問合せ
SEMI Book-to-Billレシオ
SEMIはBook-to-Billレポートで、北米に本社を置く半導体製造装置メーカーのB/Bレシオ(出荷受注比率)を毎月提供しています。3ヵ月移動平均の受注額と出荷額は、世界の半導体産業のトレンドを示す有力な指標となっています。SEMIは、受注額の自然な変動をならすために、3ヵ月移動平均に基づく数値に限って公表しています。
SEMI Book-to-Billレポートは、毎月末から約3週間後に半導体製造装置市場統計レポートの購読者に配布されます。レポートは、前工程(wafer processing/mask/reticle/wafer manufacturing/fab facilities)装置と後工程(assembly/packaging/test)装置に分けてB/Bレシオを掲載しています。
また、トータルの数値は、プレスリリースとしてSEMIから同時に公表されます。
Book-to-Billレシオの発表予定日
(太平洋標準時刻午後3:00発表。予定は変更される場合があります)
2006年
1月19日
2月16日
3月16日
4月18日
5月18日
6月15日
7月20日
8月17日
9月19日
10月17日
11月16日
12月19日
Book-to-Billレシオの公表された数値の履歴
半導体製造装置市場統計レポートのご購読
ページが表示されました
インターネット

③“Book-to-Billレシオの公表された数値の履歴”をクリックします。

④ファイルを開き、まずはすべての数字の範囲でグラフを作成。

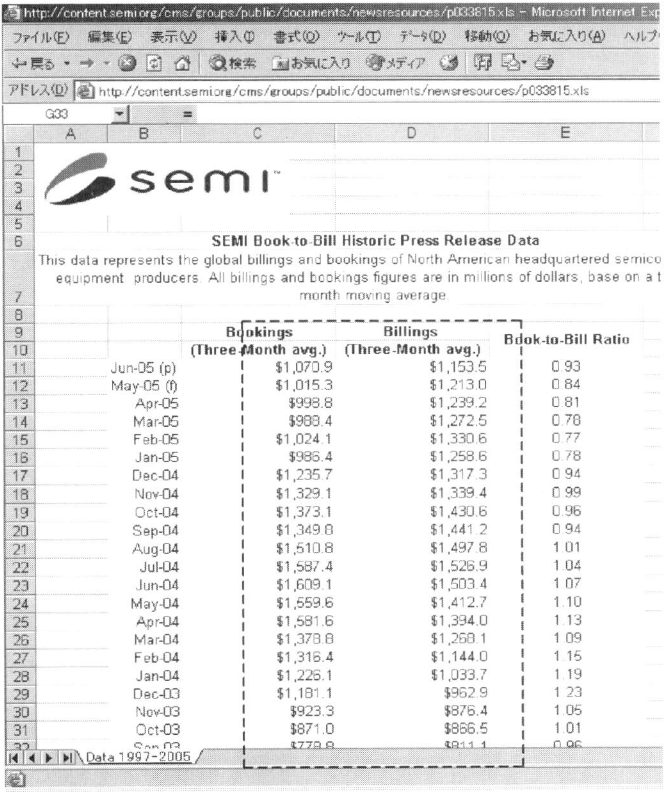

SEMI Book-to-Bill Historic Press Release Data

This data represents the global billings and bookings of North American headquartered semico equipment producers. All billings and bookings figures are in millions of dollars, base on a t month moving average.

	Bookings (Three-Month avg.)	Billings (Three-Month avg.)	Book-to-Bill Ratio
Jun-05 (p)	$1,070.9	$1,153.5	0.93
May-05 (f)	$1,015.3	$1,213.0	0.84
Apr-05	$998.8	$1,239.2	0.81
Mar-05	$988.4	$1,272.5	0.78
Feb-05	$1,024.1	$1,330.6	0.77
Jan-05	$986.4	$1,258.6	0.78
Dec-04	$1,235.7	$1,317.3	0.94
Nov-04	$1,329.1	$1,339.4	0.99
Oct-04	$1,373.1	$1,430.6	0.96
Sep-04	$1,349.8	$1,441.2	0.94
Aug-04	$1,510.8	$1,497.8	1.01
Jul-04	$1,587.4	$1,526.9	1.04
Jun-04	$1,609.1	$1,503.4	1.07
May-04	$1,559.6	$1,412.7	1.10
Apr-04	$1,581.6	$1,394.0	1.13
Mar-04	$1,378.8	$1,268.1	1.09
Feb-04	$1,316.4	$1,144.0	1.15
Jan-04	$1,226.1	$1,033.7	1.19
Dec-03	$1,181.1	$962.9	1.23
Nov-03	$923.3	$876.4	1.05
Oct-03	$871.0	$866.5	1.01

⑤破線部分の数字はグラフ作成時に削除し、Book-to-Billレシオのグラフのみ残します。

出典：SEMIジャパン

⑥北米ＢＢレシオグラフのできあがり。

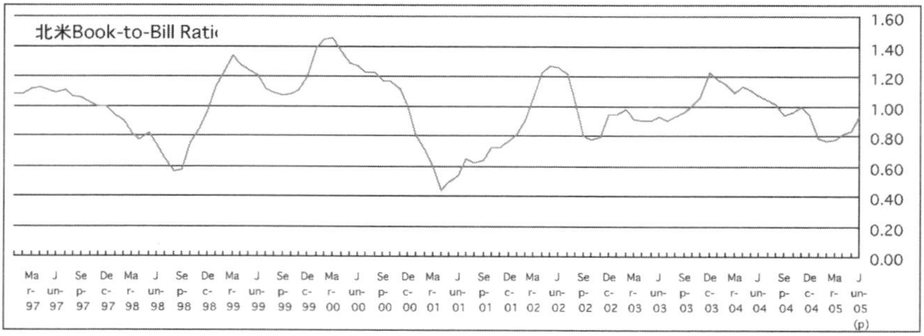

シリコンサイクルはボーダレス

第３節から第７節で作成したグラフをあらためて掲載しますので、ぜひ確認してください。

第３節 電子部品・デバイス工業在庫循環

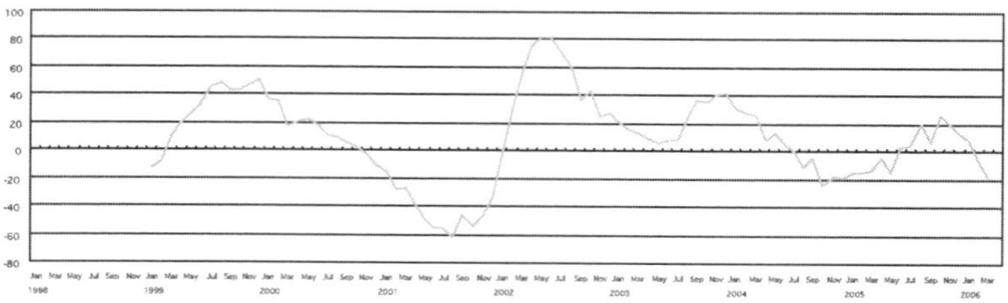

第４節 電子部品在庫循環

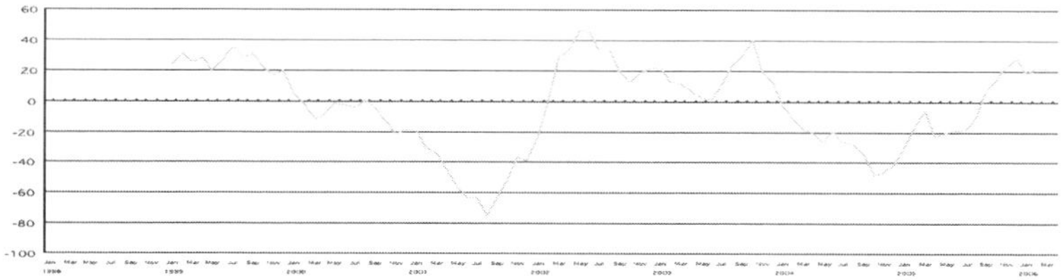

第５節　米国IT在庫循環

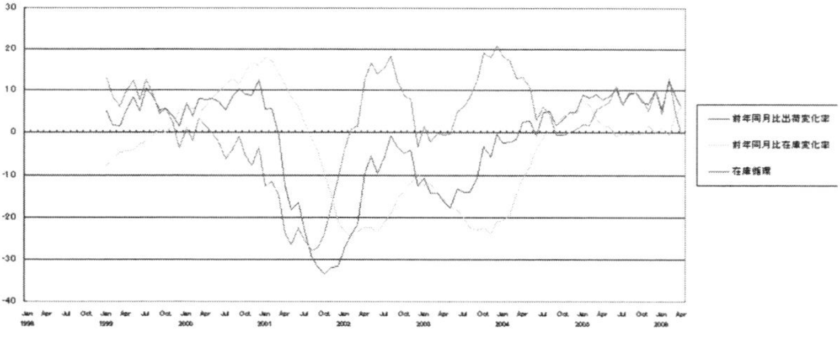

第６節　国内ＢＢレシオ

第7節北米ＢＢレシオ

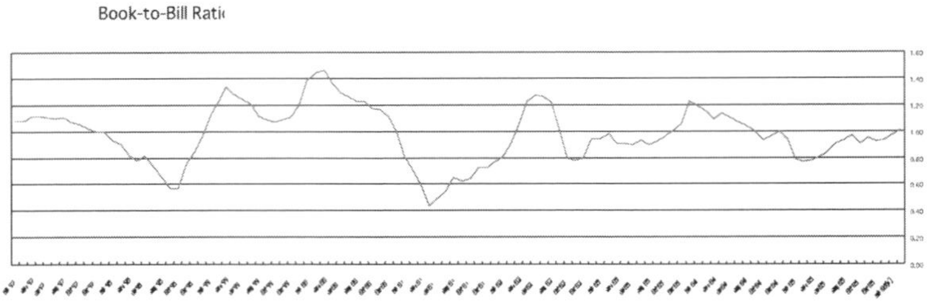

特に第3節のものと第5節のものはおおよそ似通った形だと思いませんか？　それもそのはず、半導体産業はボーダレスなのです。皆さんも深く調べてみるとわかるかと思いますが、例えばほんの一例として、パソコンのCPUを作っている米国のあのインテルは台湾にある台湾セミコンダクター（TSM）という企業や日本のUMCJ（6939）などの企業に製品製造の発注を出したりしているので、事実上世界全体が半導体の生産地であり、かつ消費地でもあるわけです。こうなってくると各国のシリコンサイクルも似たような形にならざるを得ないのです。

端的にいえば、日本で公表されているシリコンサイクルのデータで、遠く離れた米国のハイテク株の投資判断ができてしまうわけです。すごい世の中になったものです。

株価はシリコンサイクルと連動する　その1
～SOXX指数を見てみよう～

簡単に見られるシリコンサイクルをご紹介したいと思います。まず以下のURLのホームページを開いてみてください。

URL:http//finance.yahoo.com/

これは、アメリカのヤフーファイナンスです。

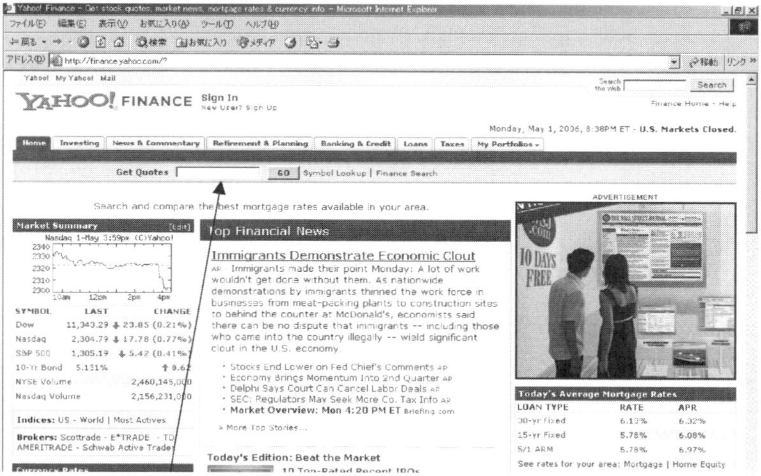

①この欄に「^SOXX」と打ち込んでください。

「SOXX指数」チャート

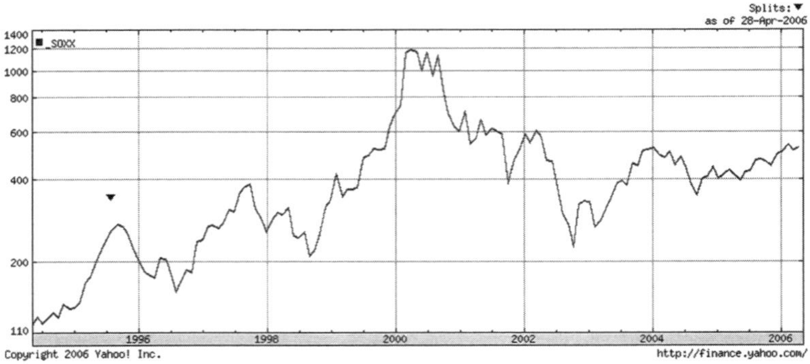

②すると、米国のハイテク企業の株価を集めた「SOXX指数（「ソックス指数」と読みます）」と呼ばれる株価指数が表示されます。先

にご紹介したシリコンサイクルグラフと比較してください。周期の面であまり変わらないことがわかると思います。これは、シリコンサイクルと株価が明らかに連動していることの裏づけともいえるでしょう。そして、シリコンサイクルは世界共通であることがあらためて理解できると思います。

先にご紹介したシリコンサイクルは公表が実質2ヵ月遅れになるのに対し、この指数はリアルタイムでのシリコンサイクルが推測できるので非常に重宝なツールといえるでしょう。

ただ、この「SOXX指数」をそのままシリコンサイクルとして信用しすぎるのも考え物です。というのも、「SOXX指数」はあくまでも株価からなる指数であって、シリコンサイクルとは別に株式相場全体の流れに応じて上下する可能性もあるためです。

また株価が上昇すると思いきや再び下がる、「ダマシ」と呼ばれる株価の変動もあるかと思います。

やはり、確実にシリコンサイクルをつかむ方法としては少なくとも第3節〜第7節のデータを合わせて見るのが確実だと思います。

株価はシリコンサイクルと連動する　その2
〜電機株指数を見てみよう〜

もうひとつ、簡単に見られるシリコンサイクルをご紹介したいと思います。以下は、ダイワ上場投信―東証電気機器株価指数（1610）です。

東証電気機器株価指数（1610）の5年チャート

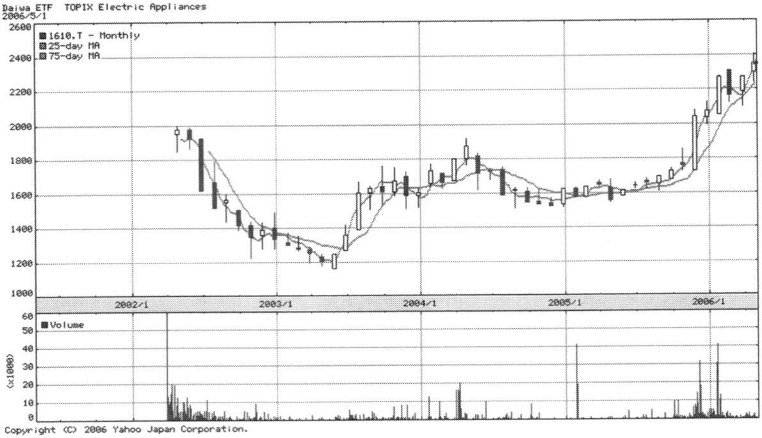

この指数は日本株の中から電機株を選択して組み込んだ株価指数です。

このチャートも、先にご紹介したシリコンサイクルグラフと比較してあまり変わらないことがわかると思います（先の「SOXX指数」とも大して変わりありません）。東証電気機器株価指数には「リアルタイムで現在のシリコンサイクルがわかる」という魅力もあります。これも非常に重宝なツールといえるでしょう。

また、東証電気機器株価指数は単なる株価指数であり、倒産リスクもなければ財務分析をする必要もありません。ですから、銘柄を選択する時間がない方はこの上場投資信託を買ってみるのも一案かと思います。

第8節
シリコンサイクルのもたらす驚くべきパフォーマンス！

下の電機株指数上場投信のチャートを見てください。１年あたりの平均上昇率が約30％と高く、また平均下落率も約30％と高いため、信用買いと空売りをうまく駆使することができれば資産を大きく増やすことも可能になります。

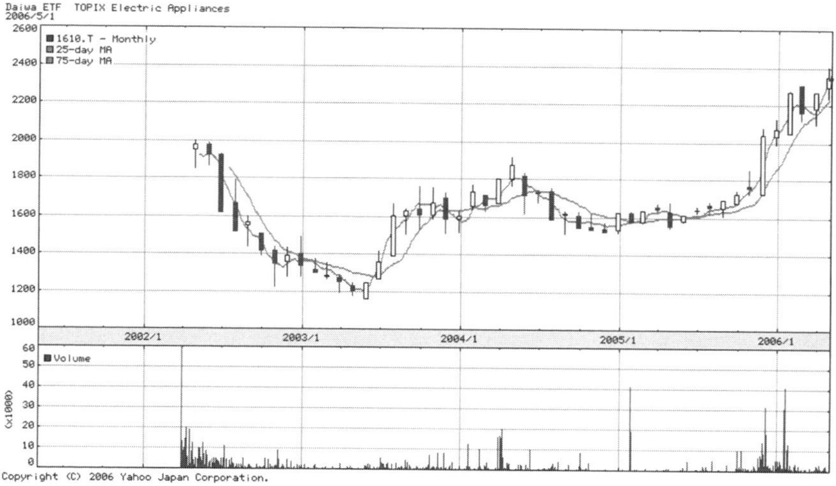

かのアインシュタインは「世界でもっとも強い力それは複利だ」と言っておりました。

資産＝元本×利回り（キャピタルゲイン）＾年数

年数による複利の効果はもちろん、その源泉である利回りの高さが高いことは資産形成において有利になります。これは間違いありません。

シリコンサイクルを用いる投資は上昇の激しいハイテク銘柄に対して適切なタイミングで投資できる方法です。ということは、短期間での高いキャピタルゲインが実現でき、かつ、効率の良い資産形成も可能になる、というわけです。しかも、シリコンサイクルの周期は割と一定しているので信用取引を仕掛けやすいですから、タイミングが良ければレバレッジ効果によってさらなる高いキャピタルゲインの実現も可能となります。

ただ､念のため申し上げておきますが。これは利益をすべて再投資にまわした場合の話です。

話は少しそれますが、株式投資で稼いでしまうとついつい、いろいろなもの（ときには余分なもの）を買ってしまいがちになりませんか。このとき、どうせ誘惑に負けるのであれば、一生モノと呼べるものを買ってみるのはいかがでしょう。

私の場合、儲けたお金であのゼロハリバートンのアタッシュケースを買いました。それまでは安物のアタッシュケースを使っていたのです。安物だからかどうかはわかりませんが、買ってからそれほど年数が経っていないにもかかわらず、ある日、突然取っ手が壊れてしまい使い物にならなくなってしまうことがありました。「安物買いの銭失い」とはよく言ったものです。これをきっかけにゼロハリバートンのアタッシュケースを購入した、というわけです。

無駄話をしていると言われそうですが、この話は株式投資に大いに関係があるのです。投資雑誌で「ただ安い株」と、「業績・財務がしっかりしているのに安い割安株」を混同している記事をよく見かけますが、言うまでもなく、この両者は雲泥の差があります。「ただ安い株」には業績･財務の伴ってない場合が多く、壊れたカバンではないですが、ある日突然、株価がさらに下落する可能性も大いにあるのです。

ゼロハリバートンのアタッシュケースは航空機部品の製造技術を使

っているだけあって軽くて頑丈で高いですが一生心地よく使えるという観点から考えると安いと言えます。いわば、中身のしっかりした割安株を買っているのと同じことなのです。

安物を買う誘惑に負けることなく、心を鬼にして、資産形成のため利益を再投資にまわしたいものです。

ハイテク株と為替の関係

株式市況のニュースなどで「円安によるハイテク関連銘柄株価がうんぬん」といった報道を聞いたことがあるかと思います。果たして、為替とハイテク株の株価に関連はあるのでしょうか。

ドル円チャートとハイテク銘柄の代表でもあるアドバンテストのチャートを比較して考察してみたいと思います。長期トレンドで見た場合、「相関性はあまりない」とわかるでしょう。

やはり為替との関連はあるとすればごく短期的に散発的に反応すると考えてよさそうですね。

＜ドル円チャートとアドバンテストのチャート＞

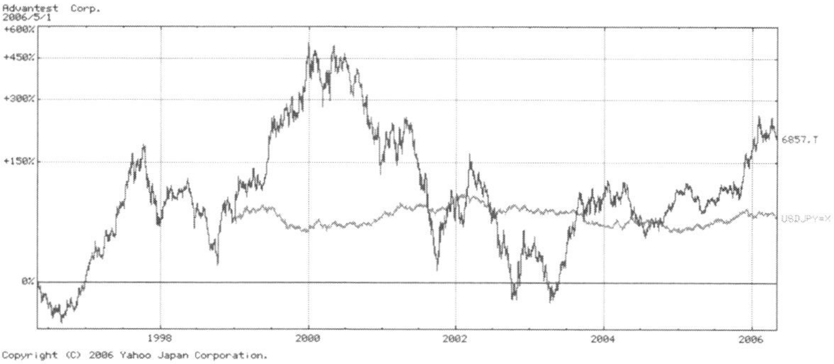

第9節

株価がシリコンサイクルどおりに動かない！　その時は

銘柄によっては、今までご紹介したシリコンサイクルどおりに株価が動かないケースがあります。疑ってみるべき要因のひとつにその企業が取り扱っている製品価格の上昇があります。

2004年ぐらいから原材料の需給逼迫により価格高騰が騒がれています。この高騰ぶんより多くの価格を製品に転化して業績が向上し株価が上向く場合があります。例として、半導体部品の材料となるシリコンウェハが挙げられます。

では、「製品価格の上昇」についてどのように調べるかをご紹介しましょう。まず以下のURL（※）を開いてください。日本銀行の統計ページの国内企業物価指数にたどり着きます。

※http://www.boj.or.jp/theme/research/stat/pi/cgpi/index.htm

最終更新日	データ内容	データ
2006年 9月12日	総平均、大類別、類別指数	CSV, (84KB)
2006年 9月12日	加工食品、繊維製品	CSV, (212KB)
2006年 9月12日	製材・木製品、パルプ・紙・同製品	CSV, (99KB)
2006年 9月12日	化学製品、プラスチック製品	CSV, (220KB)
2006年 9月12日	石油・石炭製品、窯業・土石製品	CSV, (94KB)
2006年 9月12日	鉄鋼、非鉄金属	CSV, (143KB)
2006年 9月12日	金属製品、一般機器	CSV, (187KB)
2006年 9月12日	電気機器、輸送用機器	CSV, (182KB)
2006年 9月12日	精密機器、その他工業製品	CSV, (156KB)
2006年 9月12日	農林水産物、鉱産物	CSV, (65KB)
2006年 9月12日	電力・都市ガス・水道、スクラップ類	CSV, (38KB)

② シリコンウェハのデータをコピー

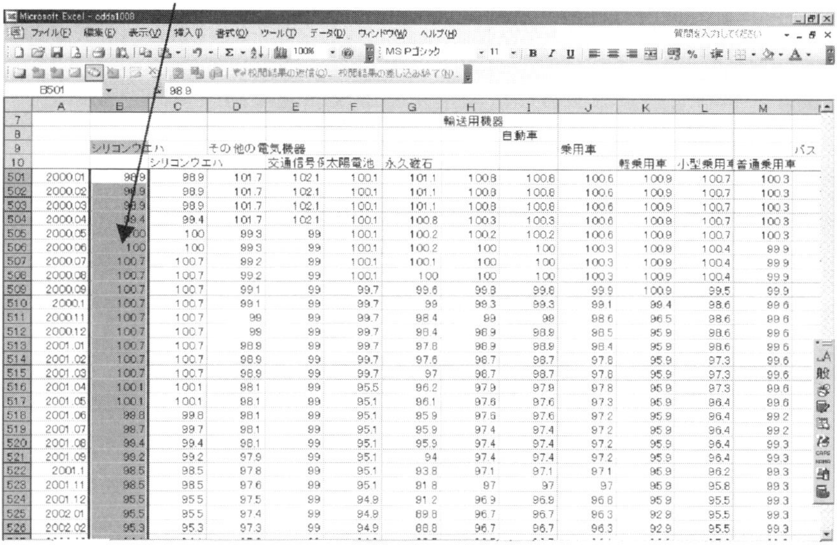

③あらかじめ作っておいたフォーマット（ダウンロードできるデータの「Production format」のフォーマット）にデータを貼り付けて、前年同月比のデータ加工＋グラフ作成

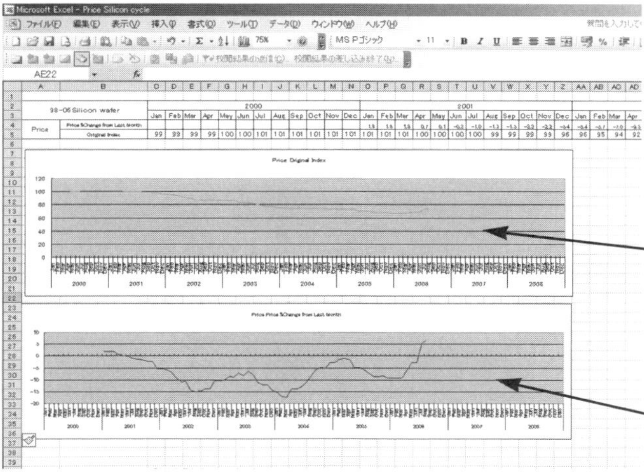

価格の急上昇が見られます。

前年同月比では顕著に！

株価と比較しても上昇の一致が見られます。

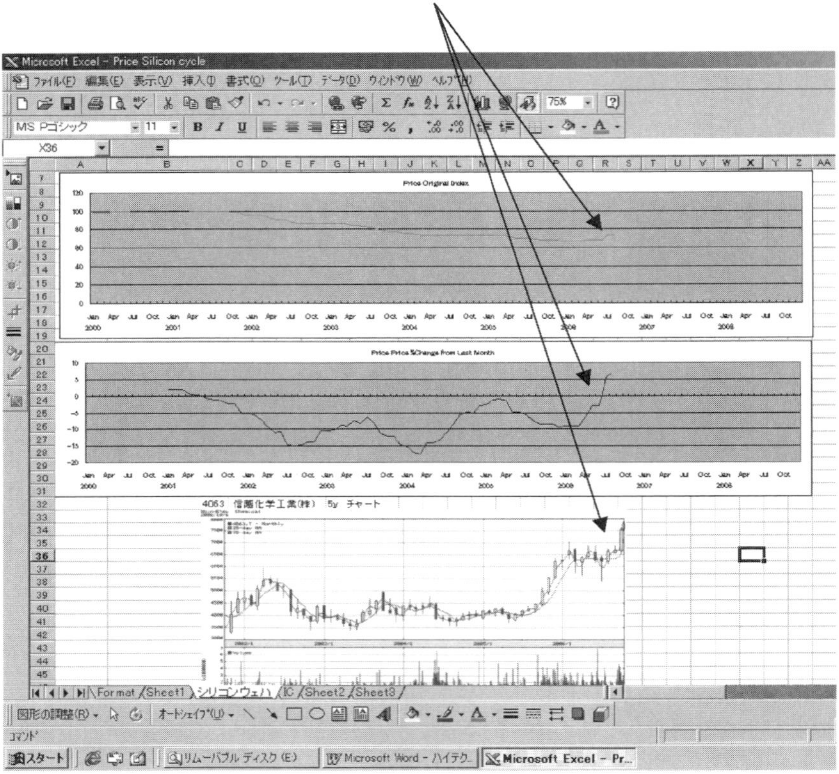

ここでとりあげた銘柄は信越化学工業（4063）です。同社はシリコンウェハを製造販売している世界有数のメーカーであり、経営者である金川社長の経営の腕もさることながらシリコンウェハ価格上昇の追い風に乗って業績（2006年10月現在）も好調な企業です。

国内企業物価指数のデータはシリコンウェハだけでなくさまざまな製品の価格の推移が載っています。気になる企業が取り扱っている製品価格の推移を見て業績予測（株価予測）ができるかもしれません。読者の皆さんもぜひトライしてみてください。

第10節
シリコンサイクルと株価チャート集

私の独断と偏見が入ってしまうかもしれませんが、皆さんの手間を省くべく、会社四季報の中から「シリコンサイクル」に連動して株価が動いていると思われる銘柄をすべてピックアップしてみました（みなさんもぜひチェックしてみてください。ほかにもいい銘柄が見つかるかもしれません）。やはり、電機株、半導体製造企業株、精密機器株、その他それらに関する銘柄が出てきました。

変わったところでは、なぜかトヨタ自動車が選ばれてしまいました。これは、私にも理由がわかりません（すみません）。これらの中から投資すべき銘柄を選んでみてはいかがでしょうか。

ただし、これらの銘柄にこだわる必要はありません。ここには掲載していない、ごく直近のシリコンサイクルの動きとともに株価が上下する銘柄を投資対象とするのも手ではないでしょうか。

※ 念のため申し上げておきますが、あくまでもこれらはチャートを見ただけで判断したものです。投資対象として考える場合、第２章以降を参考にしてください。

シリコンサイクル銘柄チャート集

ニッポン高度紙工業（3891）

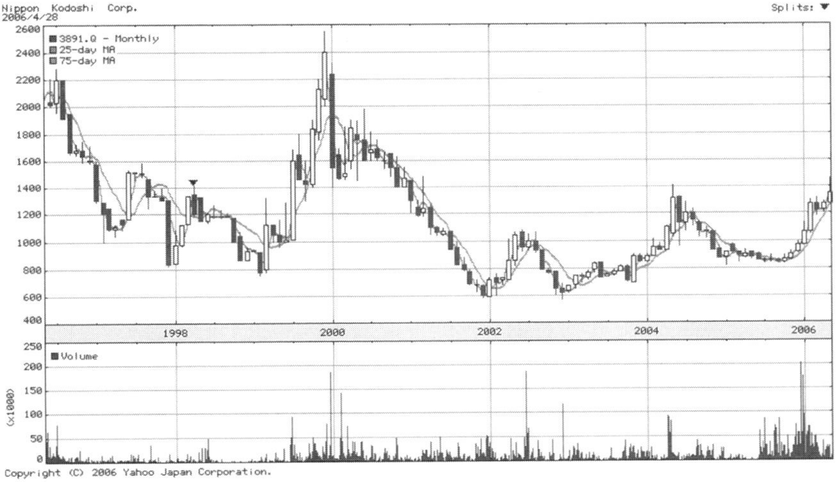

信越化学工業（4063）

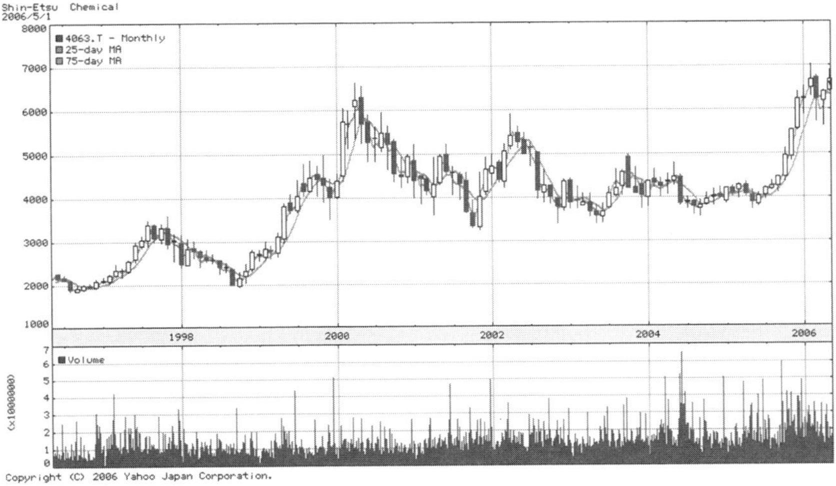

東芝セラミックス（5213）

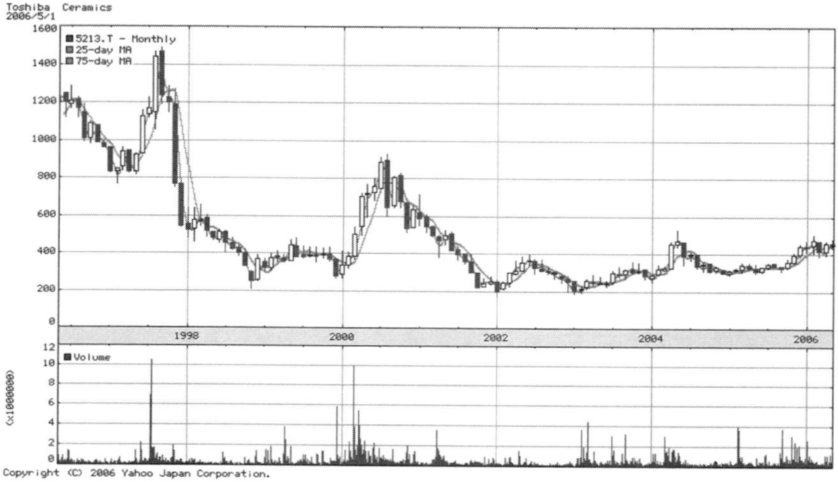

コマツ電子金属（5977）

東芝機械（6104）

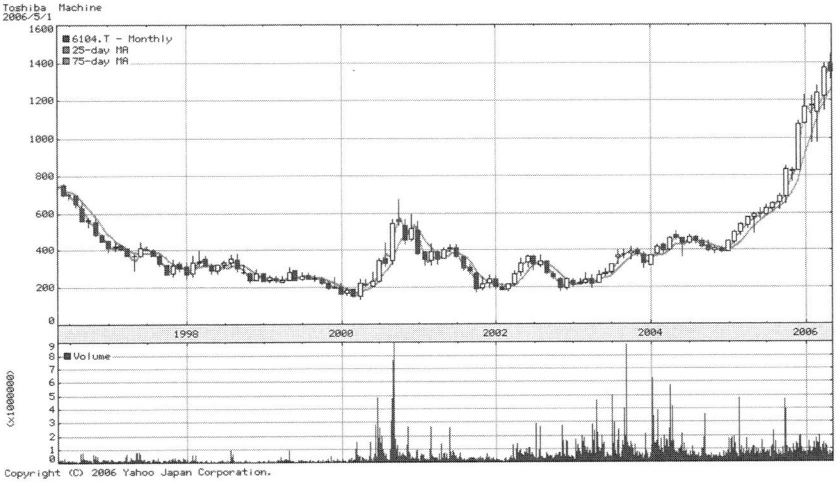

SMC（6273）

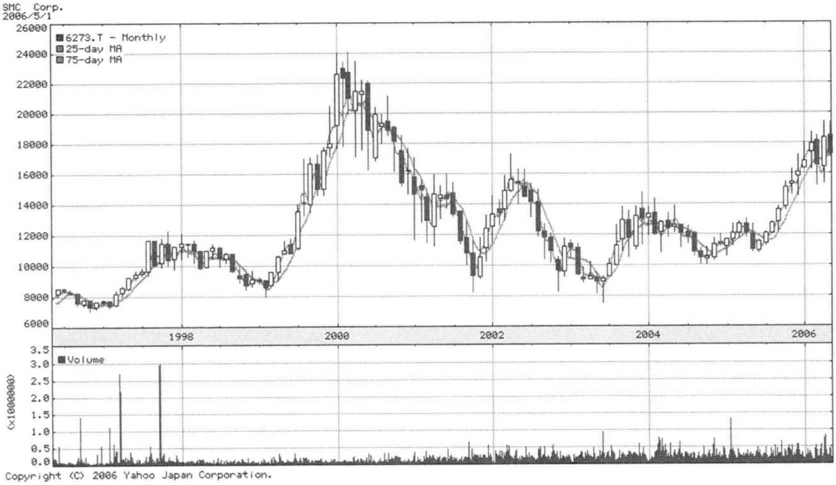

新川（6274）

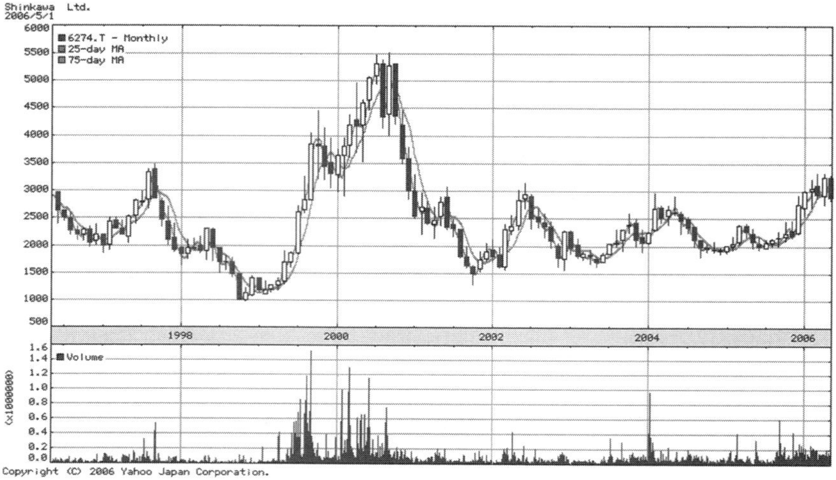

ユニオンツール（6278）

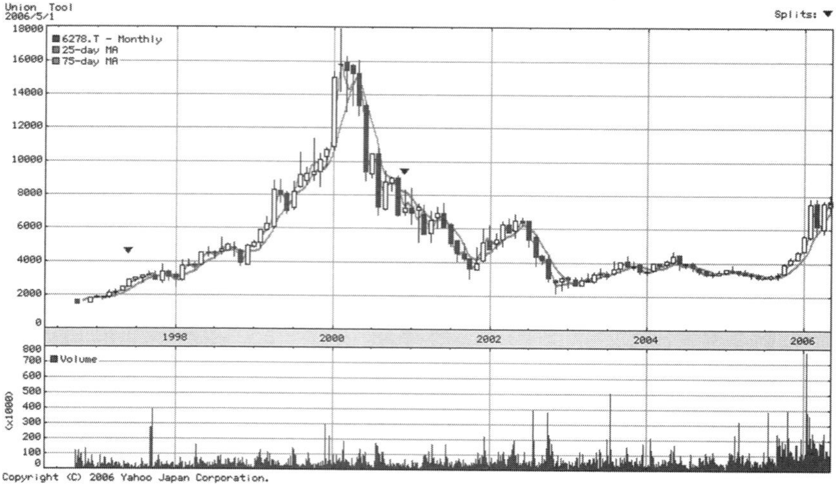

エス・イーエス（6290）

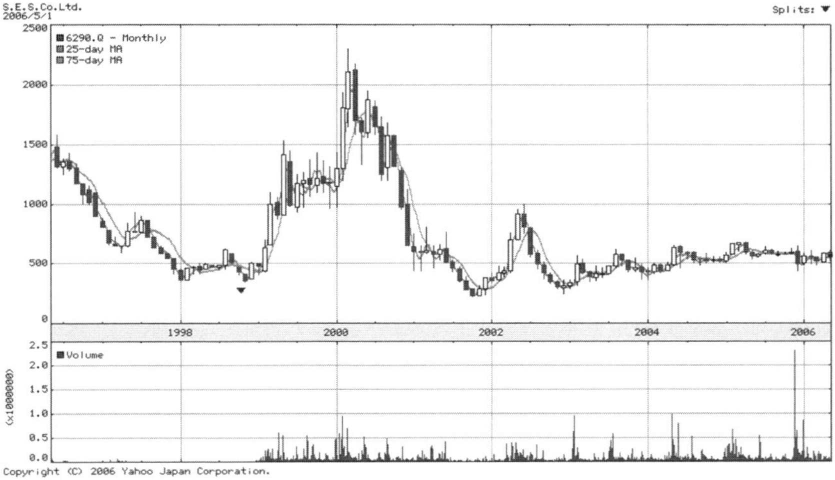

TOWA（6315）

ローツェ（6223）

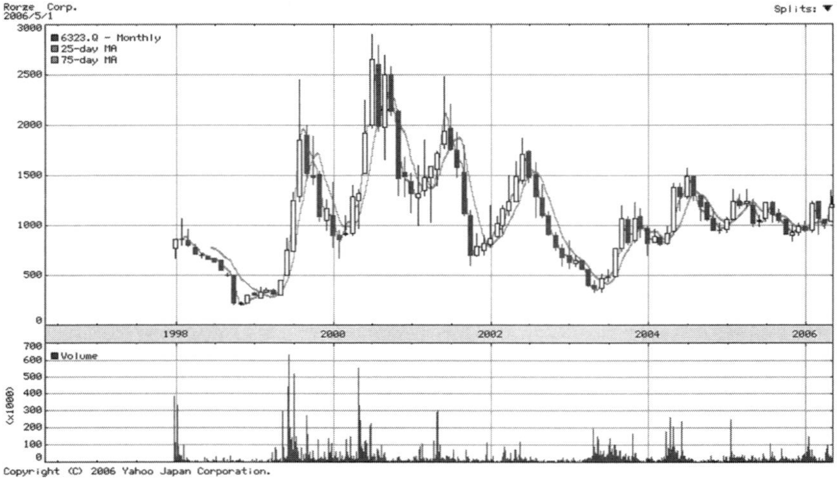

サムコ（6387）

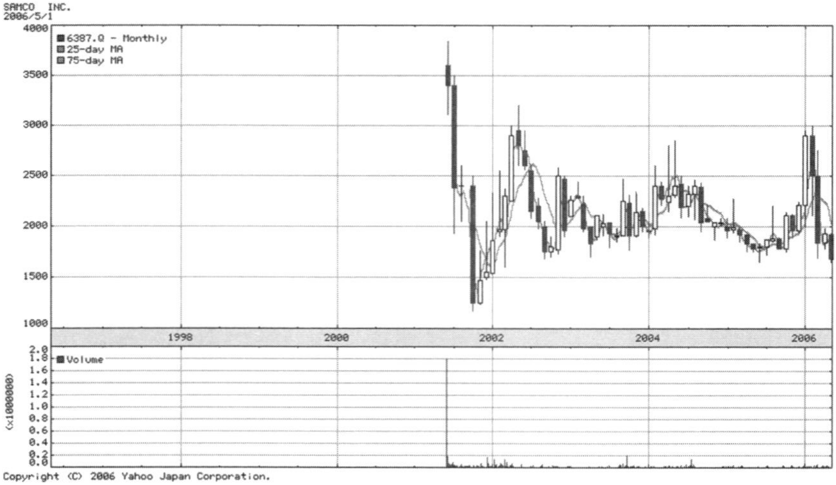

CKD（6407）

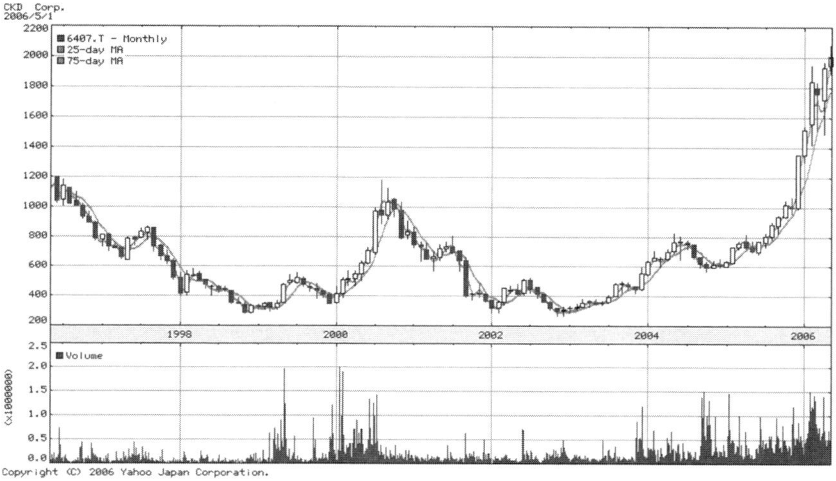

日本精工（6471）

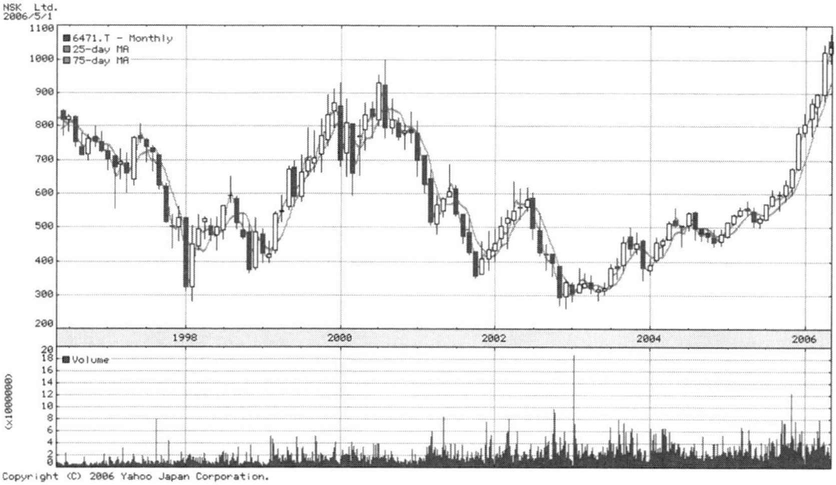

ミネベア（6479）

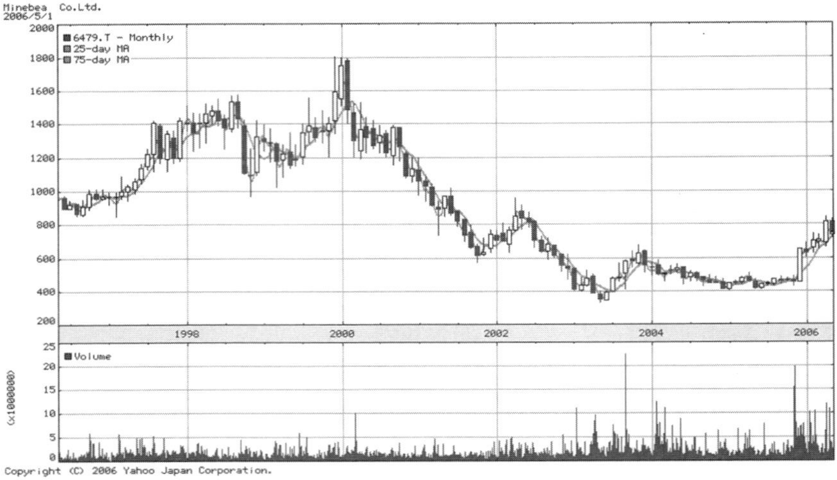

日本トムソン（6480）

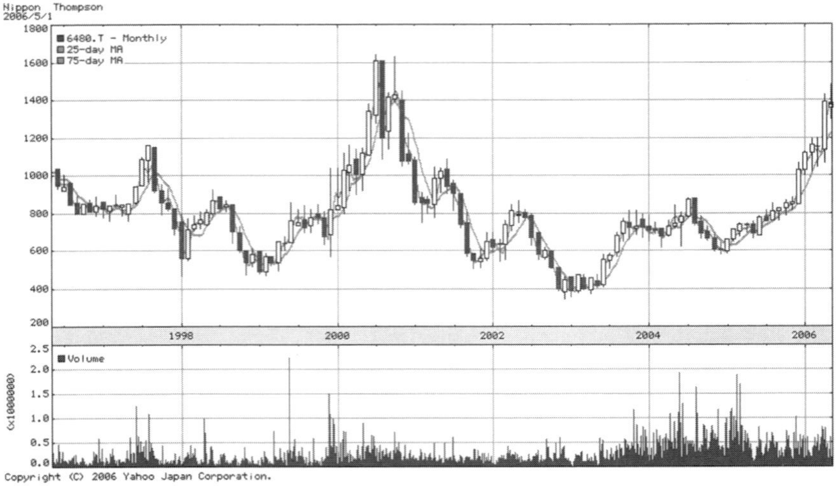

THK（6481）

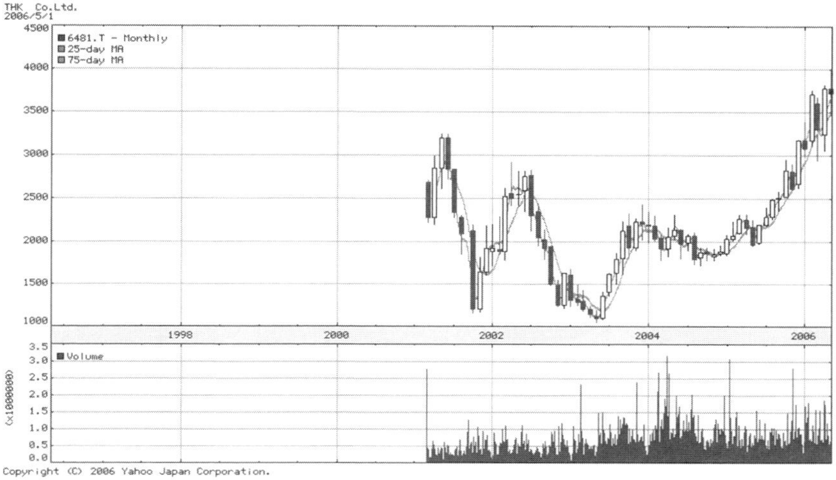

安川電機（6506）

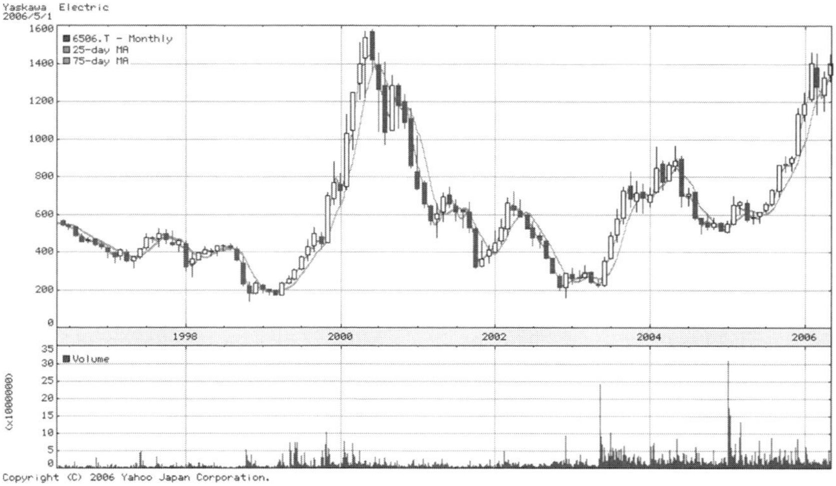

オムロン（6645）

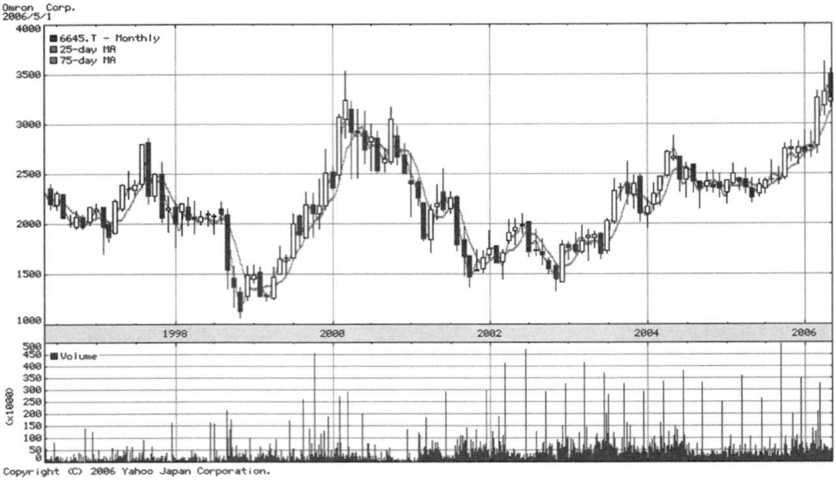

NECエレクトロニクス（6723）

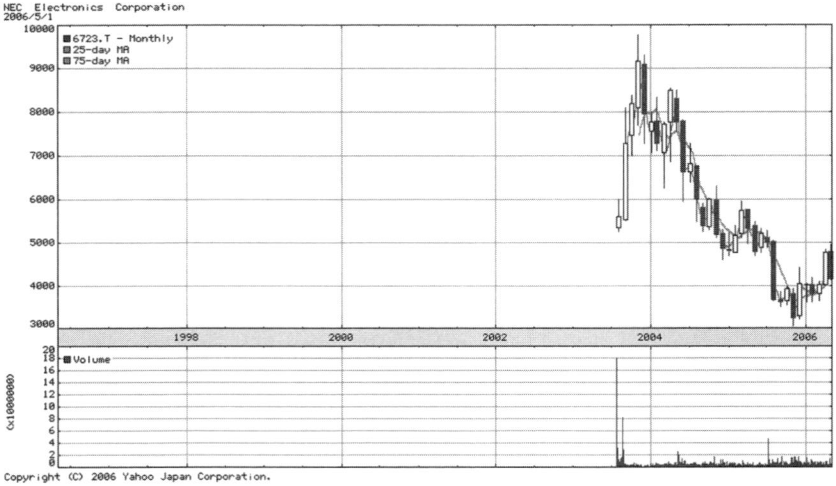

セイコーエプソン（6724）

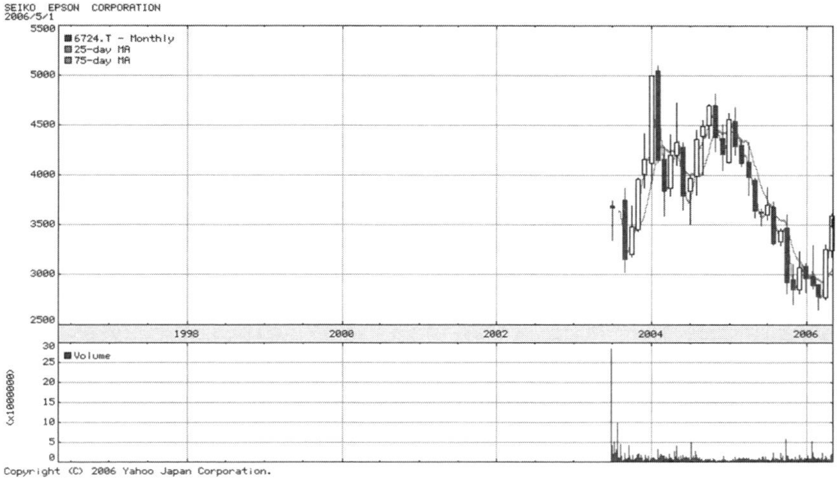

アルプス電気（6770）

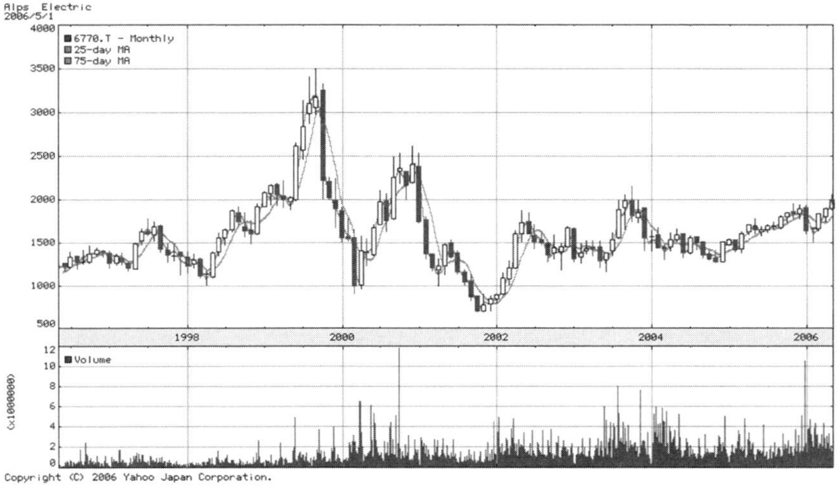

東光（6801）

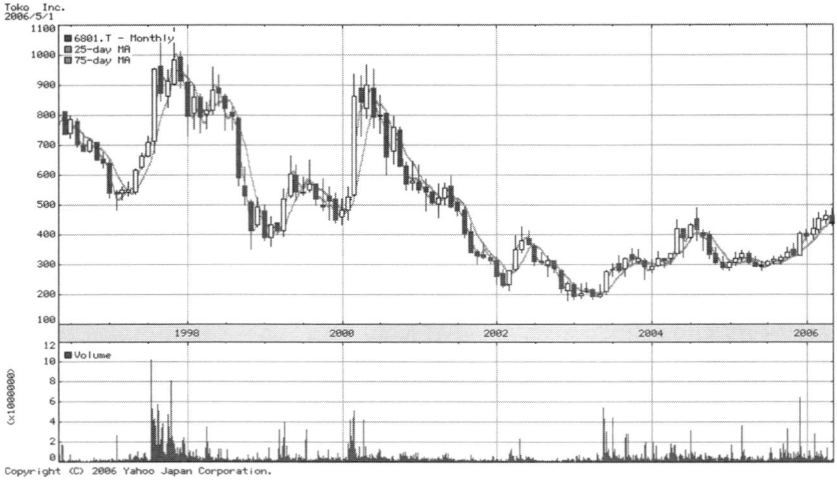

ヒロセ電機（6806）

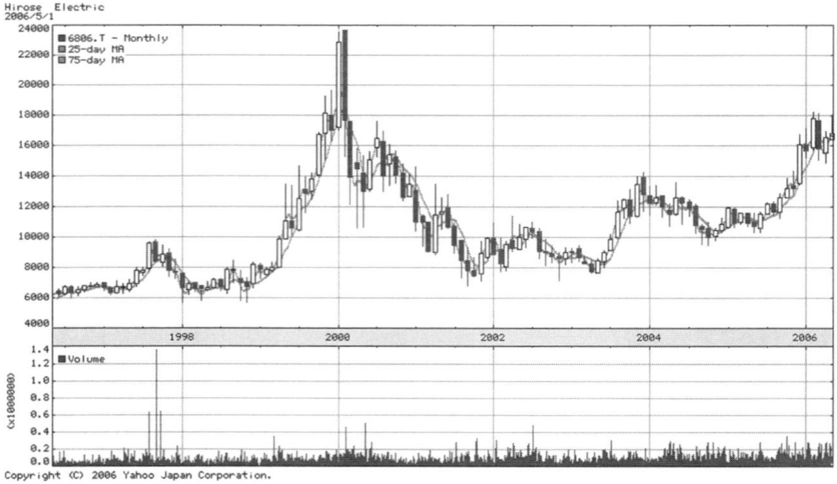

日立マクセル（6810）

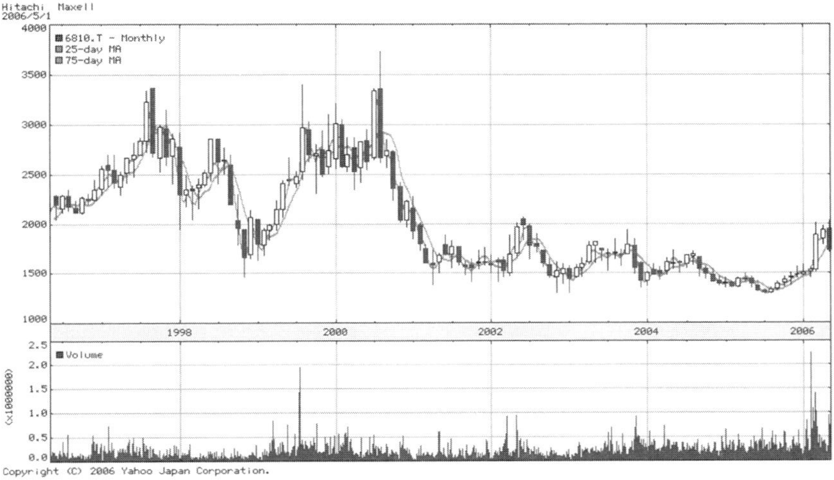

ジャルコ（6812）

アドバンテスト（6857）

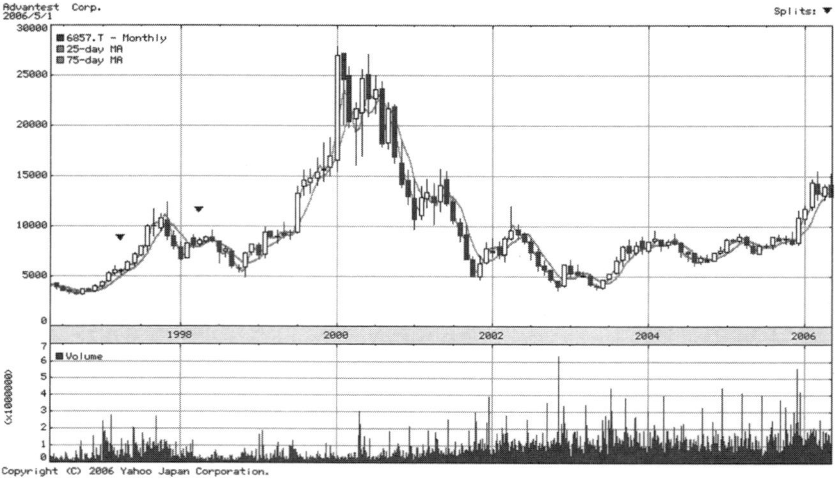

キーエンス（6861）

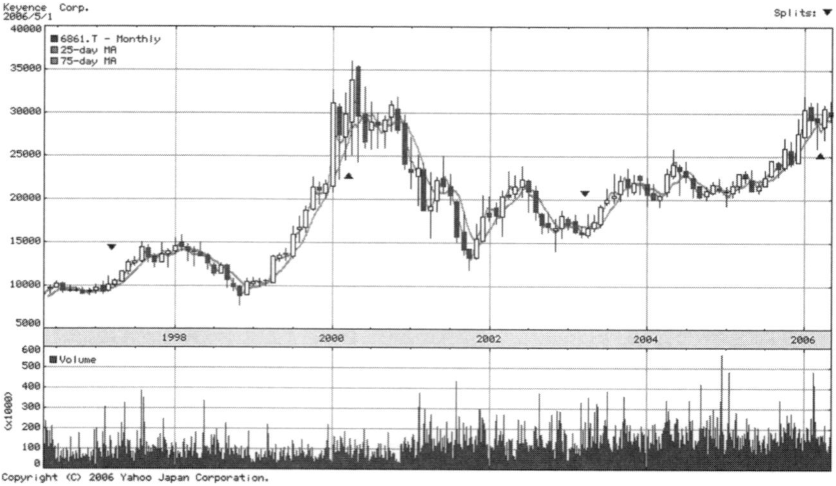

UMCJ（6939）

山一電機（6941）

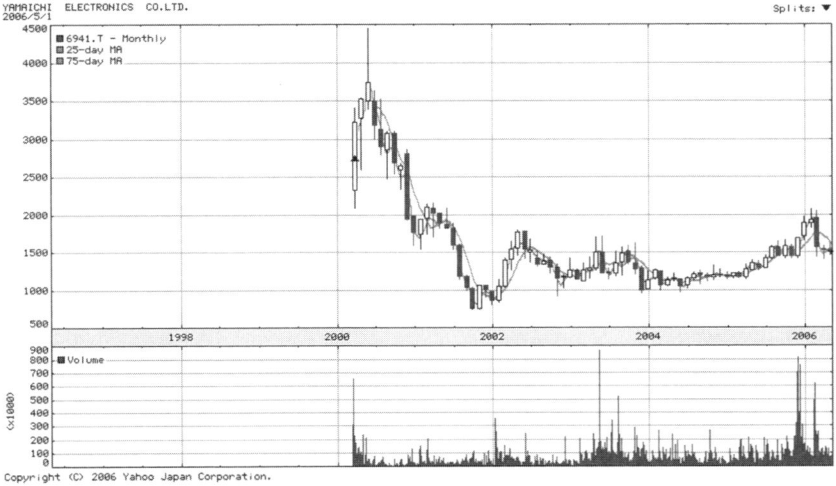

ファナック（6954）

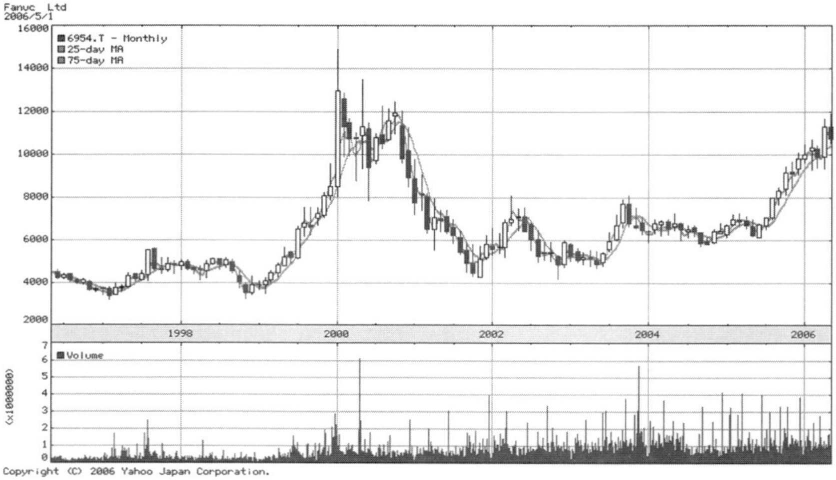

エンプラス（6961）

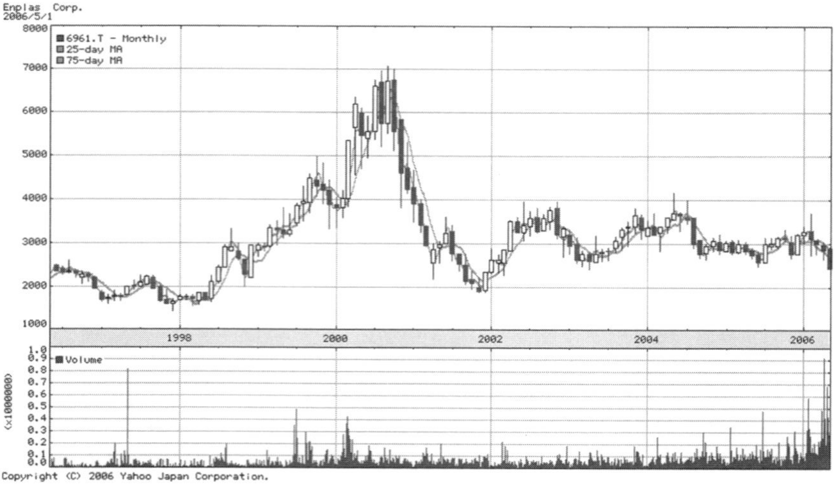

新光電気工業（6967）

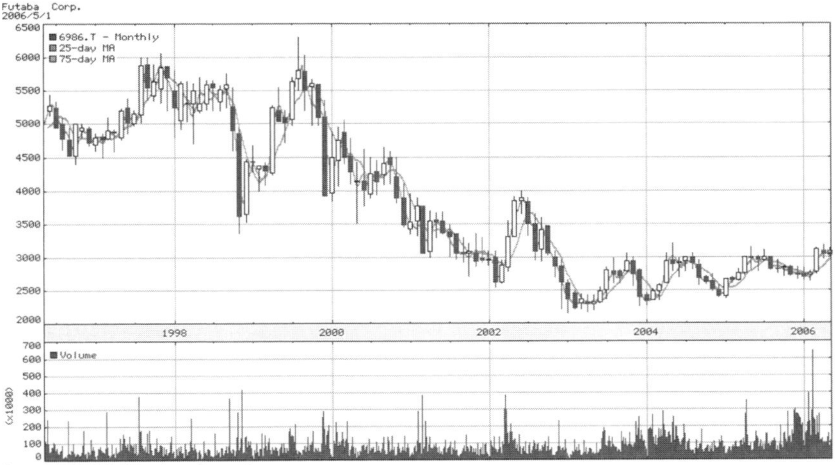

双葉電子工業（6986）

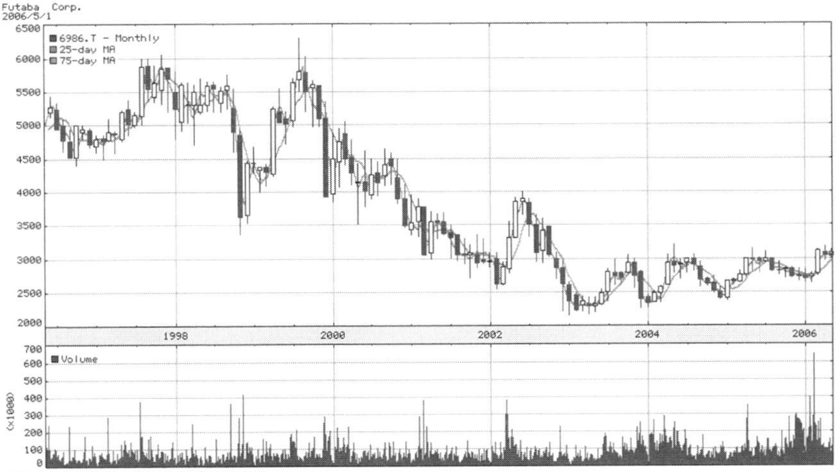

ニチコン（6996）

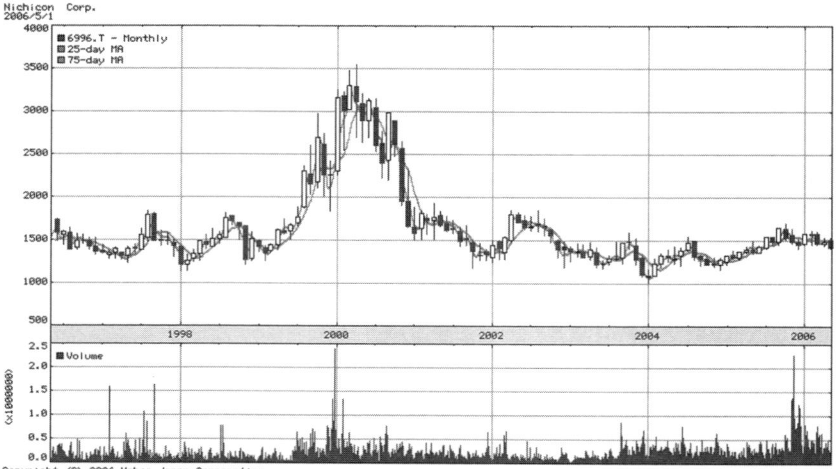

日本ケミコン（6997）

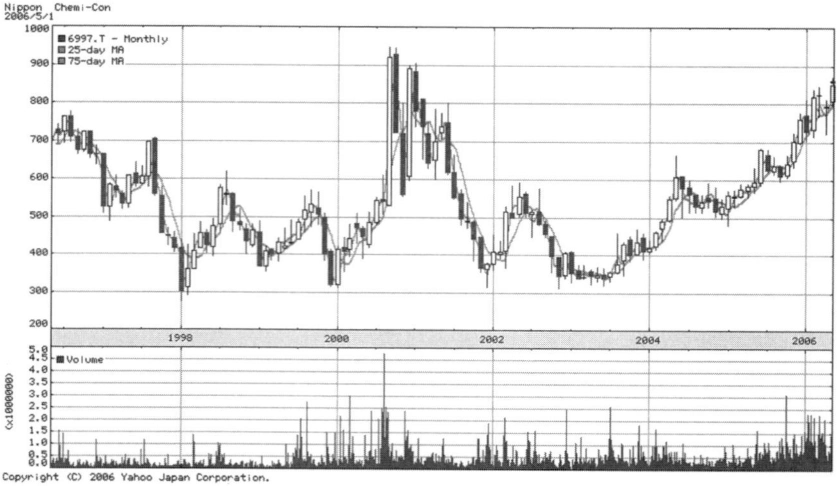

KOA（6999）

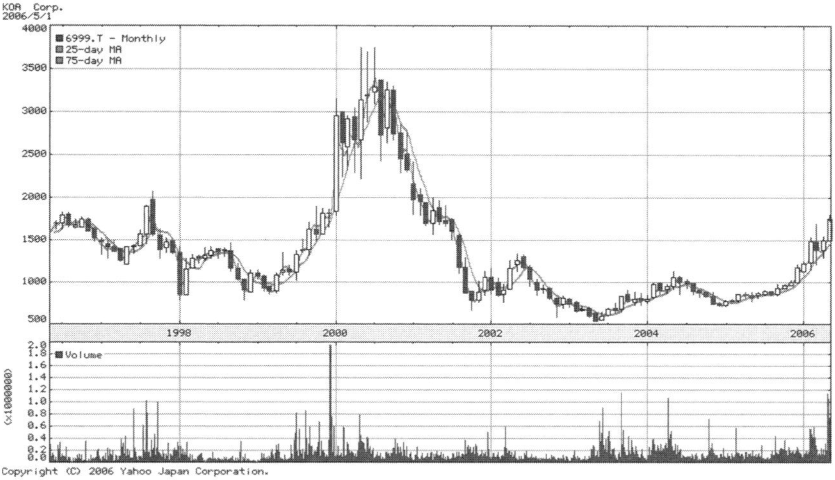

トヨタ自動車（7203）

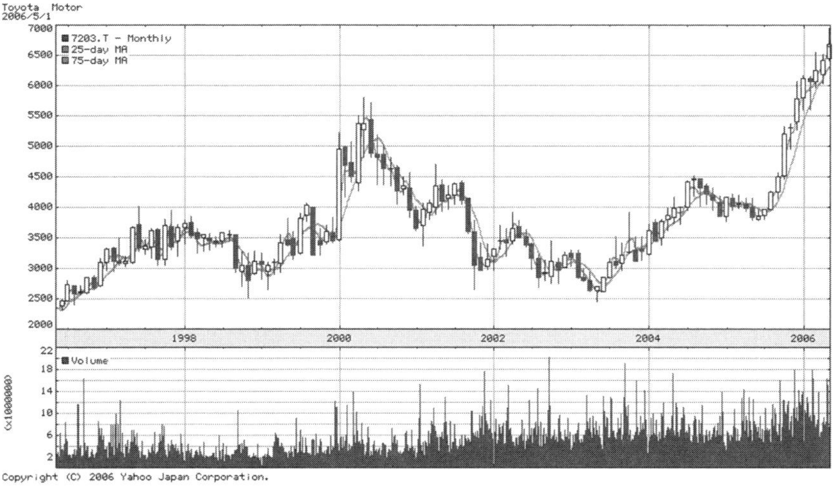

東京精密（7729）

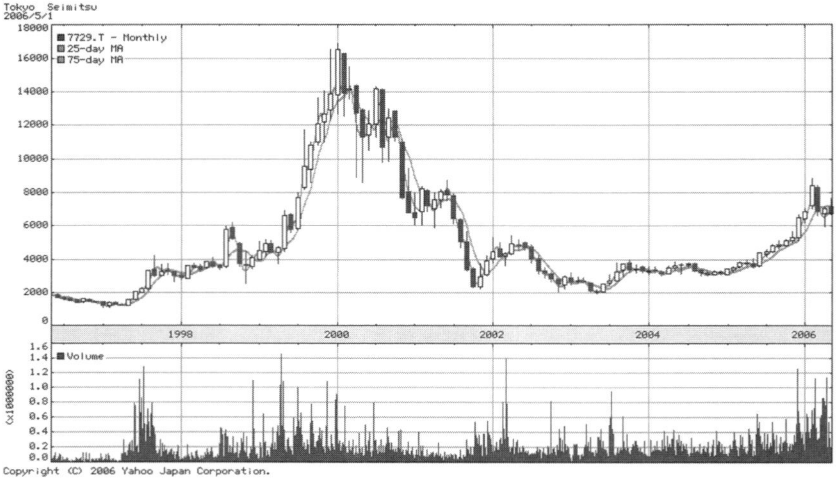

ニコン（7731）

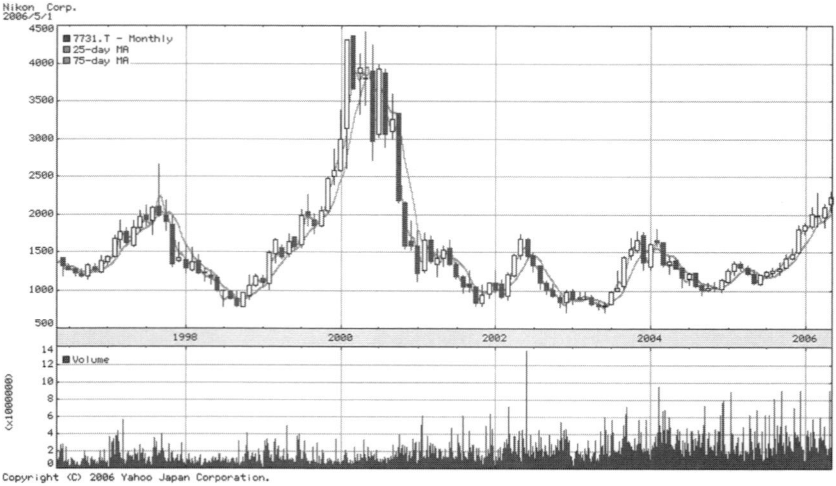

大日本スクリーン製造（7735）

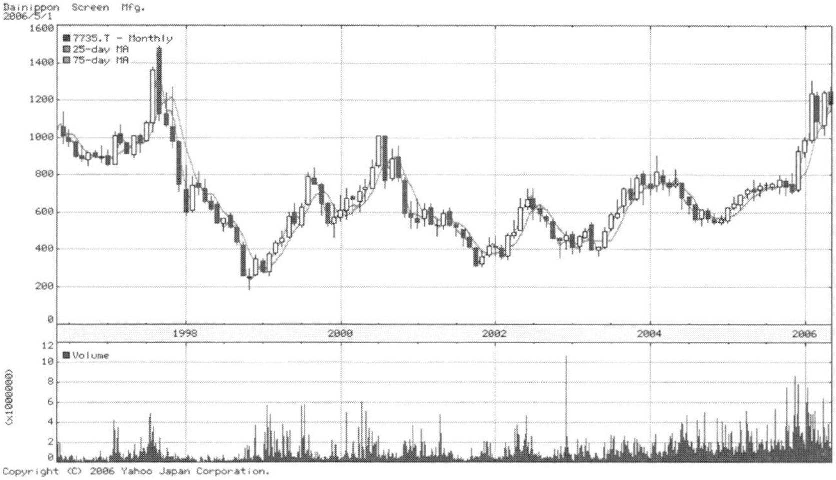

東京エレクトロン（8035）

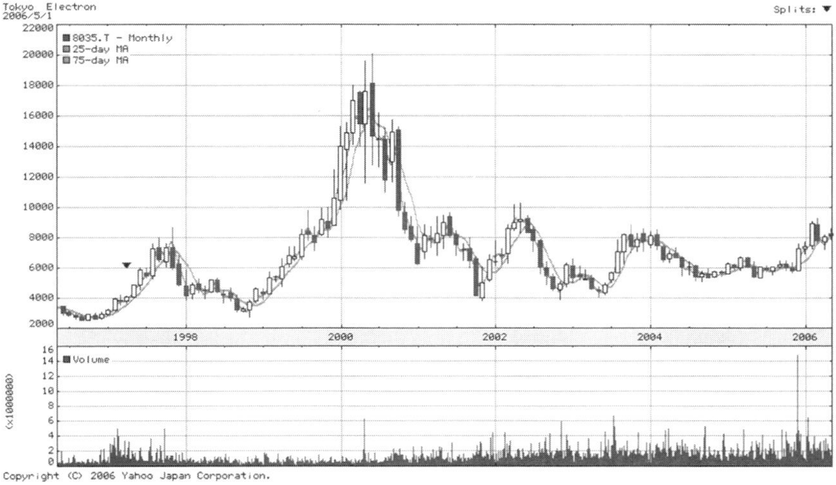

ミスミグループ本社（9962）

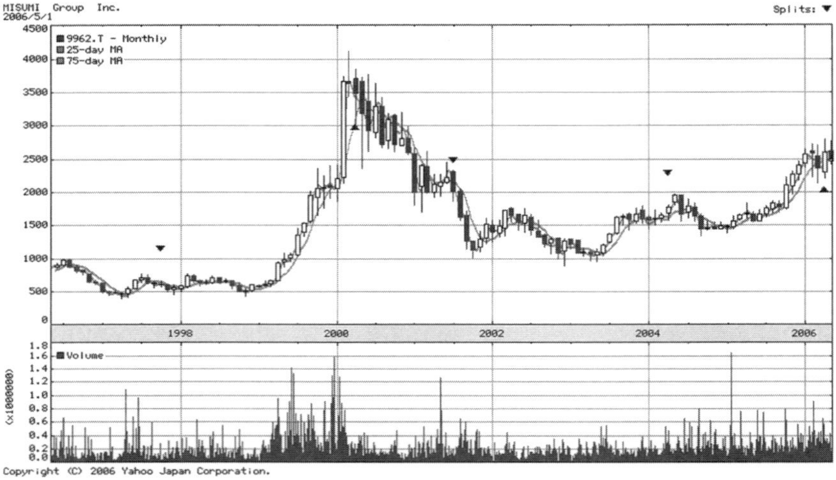

以上、すべてヤフーファイナンスより引用

技術に惚れるな！　やっぱりシリコンサイクル

ハイテク銘柄を選ぶときに、企業の技術だけを見て投資をする方がいますが、はっきりいってこれは危険です。

ハイテク関連各社は新技術開発にしのぎを削っており、そのテンポは日進月歩といわれるほど激しいものです。ある技術が世に出回ったと思えば、明日にはそれを上回る新技術が出てあっという間に淘汰される。こんなことは日常茶飯事なのです

例えば、液晶パネルやプラズマディスプレイに淘汰された有機ＥＬがそのよい例ではないでしょうか。ひょっとしたらこの本を手に取られているころには液晶パネルやプラズマディスプレイはなくなっているかもしれません。

もうひとつ例えを出すならハードディスクが挙げられると思います。聞いたところでは、2011年ごろにはパソコンにはハードディスクに代わってメモリが使われるようになるとか。このことを考えると、ハイテク株への超長期投資は苦しいのではないでしょうか。

どの技術が明日の利益をもたらすか。または生き残るのか。

人間に先のことがわからないのと同じで、そのようなことは専門家でもわからないのです。ましてや一般の個人投資家にわかろうはずもありません。

やはり手堅くハイテク株で利益を得るためには、シリコンサイクルをもとに銘柄と投資タイミングを狙いたいものです。

株式投資で「銘柄に惚れるな」という格言が言われているように、ハイテク銘柄を選ぶときにも「技術に惚れるな」を格言として胸に

刻み込みたいところです。

生産増にご注意！

新聞などで、「電機メーカーの工場、フル稼働」というように、いかにも景気が良いような記事を見ることがあります。思わずハイテク企業に投資したくなってきますが、心を落ち着け、少し冷静になって考えてみましょう。

ここで、言いたいのは生産したぶんが出荷に回らず、在庫として積み上がっていくおそれがあるということです。つまり、シリコンサイクルが下降局面にもかかわらずうっかり投資してしまいかねないことがある、ということなのです。

さて、本コラムのテーマである「生産増にご注意」について。データを使って確認する方法をご紹介しましょう。

	A	B	C	D	E	F	G	H	I	J	K	L
1	項目：総合原指数【月次】付加価値額生産（平成12年＝100.0）											
2												
3	品目番号	品目名称	付加生産ウ	199801	199802	199803	199804	199805	199806	199807	199808	1998(
46	20000043	民生用電気機械	119.9	92.3	100.8	113.5	110.5	106.4	134.6	132.4	75.8	93.
47	20000044	配線・照明用器具	71.3	96.1	98.9	102.4	94.0	86.6	92.8	95.7	85.7	94.
48	20000045	電子応用装置	25.6	81.9	97.2	165.6	74.8	66.3	74.0	73.2	76.4	144.
49	20000046	電気計測器	58.4	85.5	98.4	126.5	76.3	64.3	75.0	74.1	65.2	91.
50	20000047	電池	89.7	65.3	66.3	69.5	62.6	60.6	71.1	75.2	61.4	72.
51	20000048	情報通信機械工業	483.1	77.7	90.2	118.8	85.8	77.9	92.6	93.7	74.8	100.
52	20000049	通信機械	175.2	79.7	85.2	125.1	81.1	74.8	86.4	82.9	66.8	87.
53	20000050	民生用電子機械	108.3	83.1	92.3	108.8	98.0	90.2	109.1	111.5	82.0	104.
54	20000051	電子計算機	199.6	72.9	93.5	118.6	83.3	73.8	89.0	93.5	77.9	109.
55	20000052	電子部品・デバイス工業	1140.7	64.3	66.8	71.6	66.8	64.6	70.7	71.6	64.3	71.
56	20000053	電子部品	507.2	63.1	65.0	69.1	67.0	64.7	70.7	73.8	65.6	73.
57	20000054	半導体素子	97.3	70.2	69.2	73.6	73.5	70.6	77.1	74.9	64.6	73.
58	20000055	集積回路	489.4	63.1	67.0	72.9	64.2	62.3	68.4	68.4	62.7	67.
59	20000056	半導体部品	46.8	78.9	78.1	80.6	78.6	75.8	80.2	77.7	66.8	72.
60	20000057	輸送機械工業	1229.2	96.5	104.5	111.2	89.5	83.4	99.3	104.4	75.4	102.
61	20000058	輸送機械工業（除．鋼船・鉄道	1133.3	96.1	105.5	110.8	90.2	83.7	98.7	105.6	74.3	100.
62	20000059	乗用車	557.2	92.1	102.5	107.6	84.6	79.5	96.9	103.7	68.9	99.
63	20000060	バス	9.6	134.4	146.8	151.6	116.1	100.5	98.8	103.2	85.2	114.
64	20000061	トラック	112.9	126.0	139.7	139.7	110.0	103.4	125.1	134.2	95.6	124.
65	20000062	自動車部品	390.7	91.9	97.6	103.2	90.3	82.5	93.5	101.1	74.4	94.
66	20000063	二輪自動車	25.9	102.8	105.6	113.8	95.4	88.1	89.8	91.6	73.3	102.
67	20000064	産業車両	23.9	102.1	102.7	130.3	93.6	83.1	99.6	99.1	77.5	103.
68	20000065	船舶・同機関	82.2	92.8	98.1	107.7	105.3	99.3	109.6	110.1	102.8	98.
69	20000067	（特掲：乗用車・バス・トラック）	679.7	98.3	109.3	113.6	89.3	83.7	103.2	108.6	73.6	103.
70	20000068	精密機械工業	82.9	109.0	119.4	131.1	117.0	113.0	123.9	122.8	111.0	131.
71	20000069	計測機器	46.8	96.0	113.2	119.7	100.3	97.2	110.0	109.8	104.6	128.
72	20000070	光学機械・同部品	19.4	135.4	141.0	161.1	144.1	138.6	146.5	149.4	130.8	153.

①　②

①第3節でダウンロードしたデータの「生産」タブをクリック
②「電子部品デバイス工業」のデータをコピー
③ 「②」でコピーしたデータをあらかじめ作ったフォーマットに貼り付ける。
④ 前年同月比の欄に“(今年のデータ－前年のデータ) ÷前年のデータ×100”を計算させる。
⑤グラフを作成

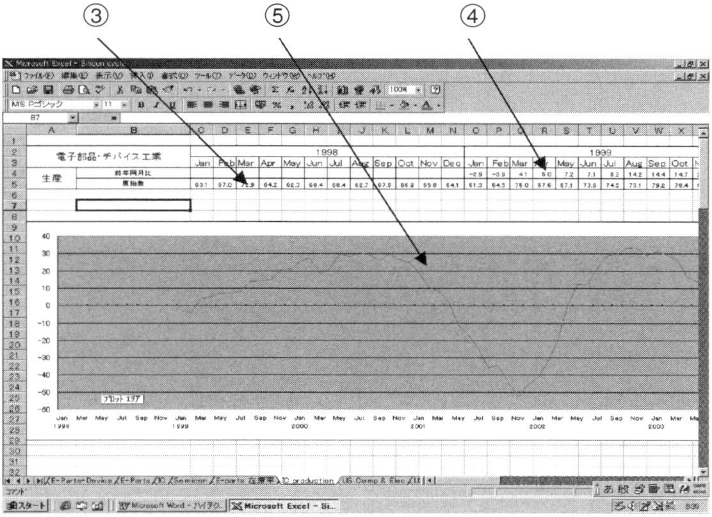

生産前年同月比と3節で求めたシリコンサイクルを比べると…

生産前年同月比

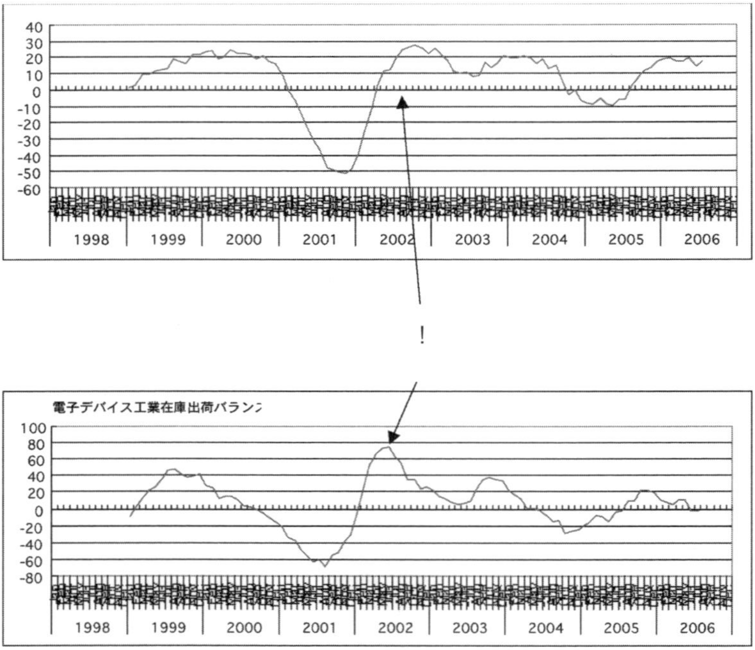

上が生産の前年同月変化率で、下が第3節で求めたシリコンサイクルです。

「シリコンサイクルが下落しているときにも生産が伸びているときがある」とわかるでしょう。

以上のことから、安易に新聞報道に乗って投資をするとハイテク株では痛い目に遭うとおわかりいただけたかと思います。

やはり地道にシリコンサイクルグラフを作って投資判断に用いるのが良いのではないのでしょうか。

●

なお、本コラムで使用するエクセルデータの名称は「電子部品・デバイス工業生産」もしくは「集積回路生産」です（本コラムでは「電子部品・デバイス工業生産」を使っています）。「シリコンサイクル（生産）フォーマット（※）」も使えます。
※何も数字の入っていないデータを利用したい方はこちらを使ってください。

第2章

投資すべき銘柄の選択
～「CD-ROM版会社四季報」を使おう～

はじめに

「時間がないのでじっくり銘柄を選んでいる余裕がない」「掲載されている銘柄の中から適当に選ぶのは不安だ。きちんとした理由で選びたい」。

そういう要望もあるかと思い、この章では銘柄の絞り込み方を主に5つのやり方で記してみます。

1：高収益の割に安い株価の企業を探し出す方法
2：キャッシュリッチと呼ばれる現金を潤沢に持っている企業を選ぶ方法。
3：現在赤字で今期黒字に転換する企業を選別する方法。
4：予想業績の上がる企業を探し出す方法
5：銘柄の格付を見ることにより選別する方法

これらの方法はシリコンサイクル銘柄だけでなく、株式投資全般における銘柄選択にも十分通用する一般的な方法ですので、ぜひマスターしてみてください。

使用するツールとして、パソコン上で動くデータベースソフト「CD-ROM版会社四季報」を用いますのでご用意ください。はじめは使いにくいかもしれませんが、慣れてくると、なかなかどうしてこれなしでは投資判断ができなくなるほどの優れものなのです。

日本株は約3700銘柄ほどあるといわれています。限られた時間でこれらの中から適切な銘柄を選ぶとなると、やはりパソコンの力を借りるほかありません。

この章を通してぜひこのソフトの基本的な使い方もマスターしてください。

※1　「CD-ROM版会社四季報」はデータベースソフトだけあってなかなか重たいソフトです。もし、皆さんの中で旧式のPCをお持ちの方は注意してください。私はCeleron 333MHz, メモリ128MBのノートPCにもインストールしているのですがなかなか重くて大変です。1.1GHz、640MBのデスクトップでは普通に動く程度です。ご参考までに。

※2　本章で使用する画像のなかで特に断わりがないものについては「CD-ROM版会社四季報」（東洋経済新報社）からの出典になります。

第１節
シリコンサイクル銘柄のグループを作ろう

この節で紹介するのは「CD-ROM版会社四季報」の機能を用いて第１章10節で紹介した銘柄をグループ分けする方法です。少し手間はかかりますが、後々分析するときに役立ちますのでぜひお付き合いください。

①CD-ROM版会社四季報を起動し、“グループのアイコン”をクリックします。

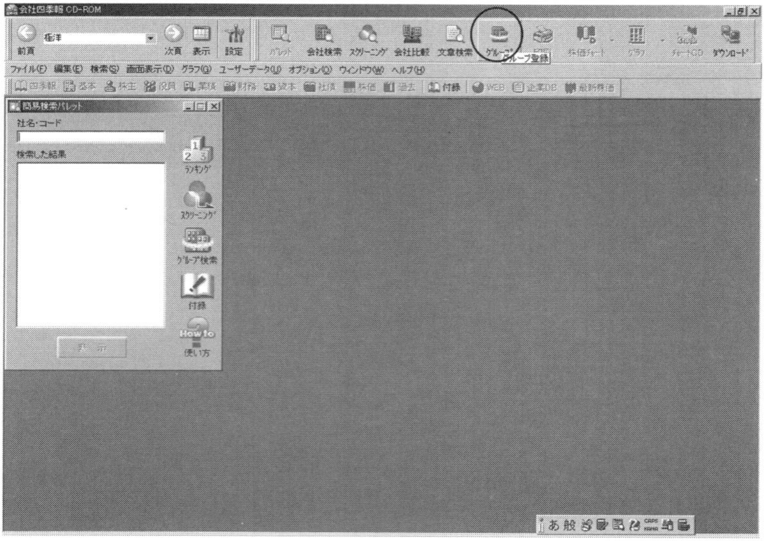

② すると、以下のように“グループ登録”の画面になります。

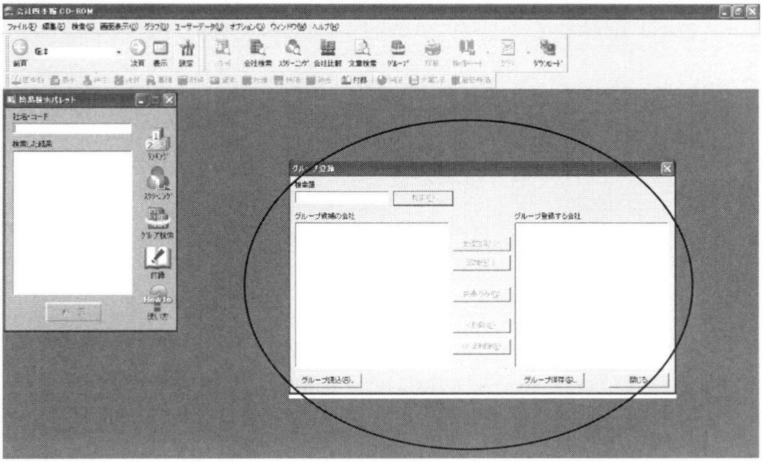

③ “グループ登録”の欄に１章10節に掲載された銘柄のコード番号または銘柄名を入力してENTERキーを押します。

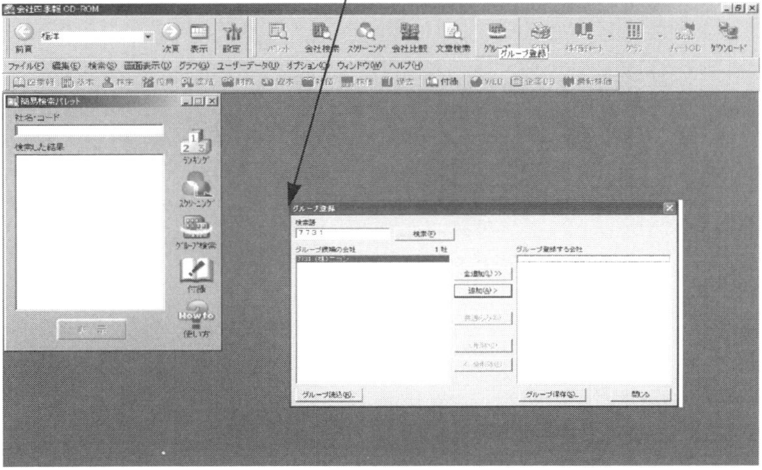

④ 追加ボタンを押します。すると“グループ登録をする会社”の欄に銘柄名が表示されます。

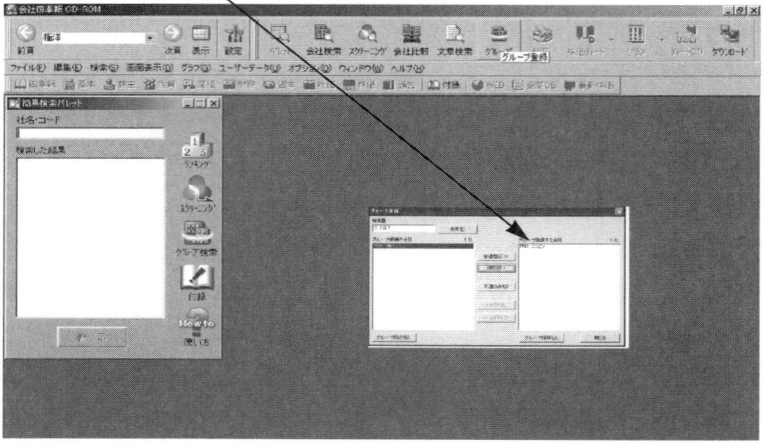

⑤「②」～「③」を繰り返して第１章７節の銘柄、または自分の気になる銘柄をすべてを入力します。

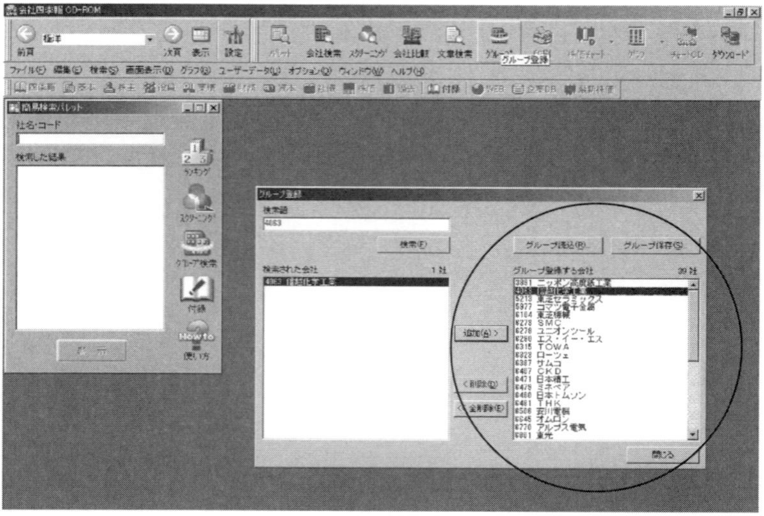

⑥“グループ保存”のキーを押して“グループの保存”ボックスを表示させます。

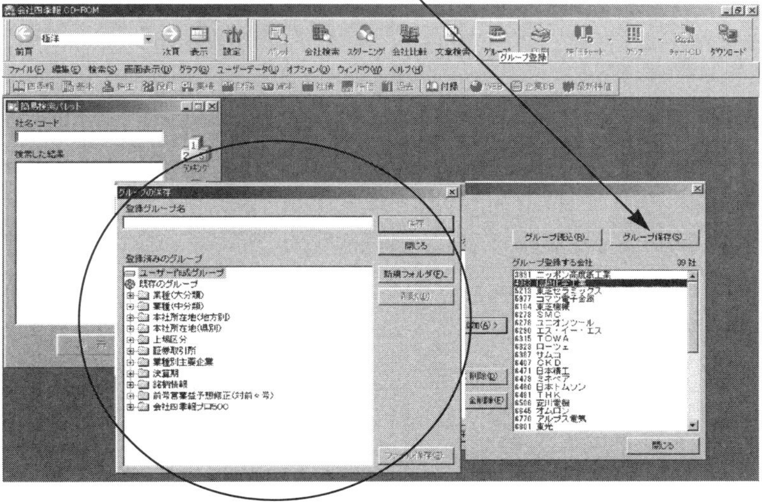

⑦好きなグループ名を入力してから、“保存ボタン”を押します。

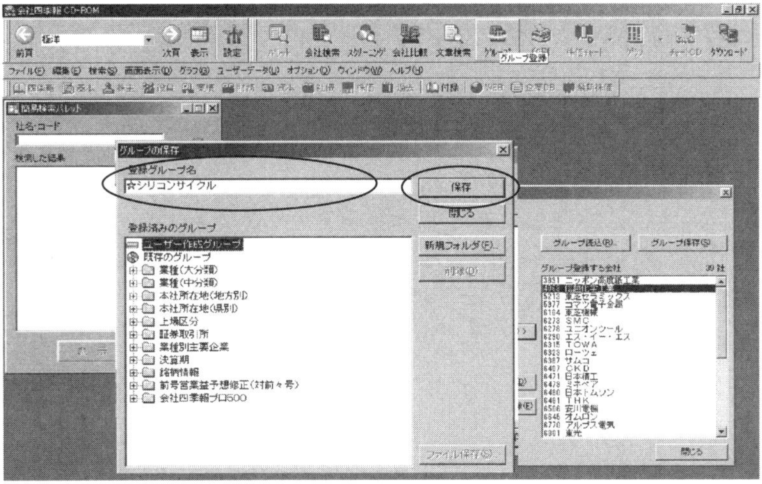

⑧ “保存ボタン” を押すと “グループの保存” ボックスが消えますが、ここで “グループ読込” ボタンを押してください。

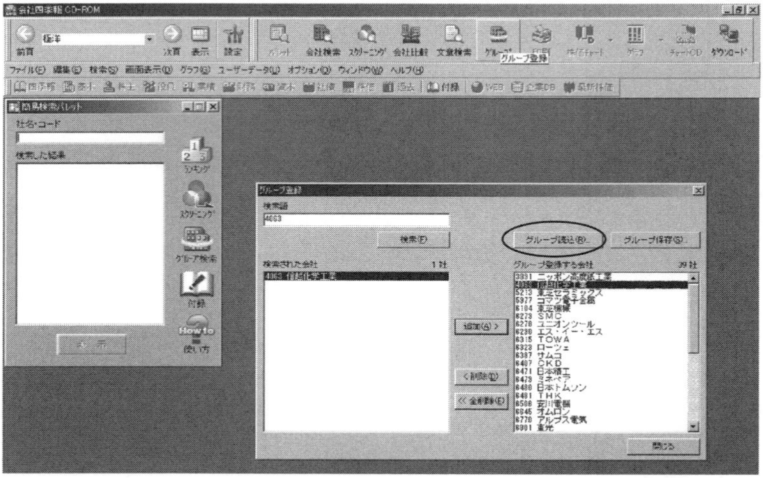

⑨ すると、“ユーザー作成グループ” の下に新たに作ったグループが出来上がっていることが確認できます。

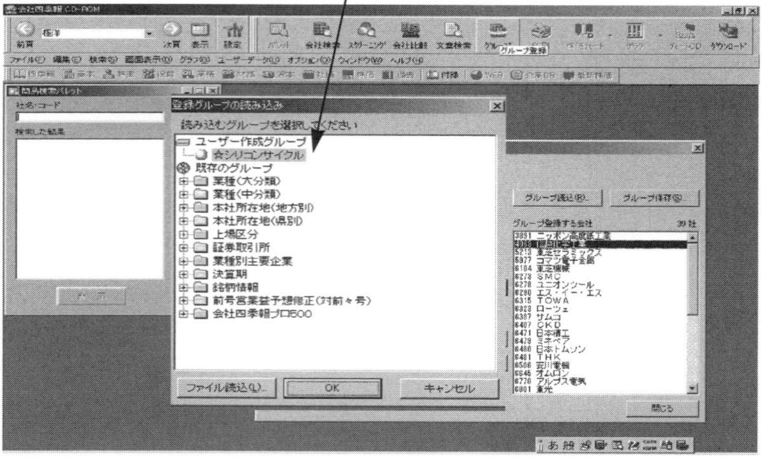

今回は、シリコンサイクルに沿って株価が動く銘柄群のみをグループ化しました。これ以降、本章ではこの「シリコンサイクル」のグループ（＝ハイテク銘柄）をもとに、割安度や資産バリューの観点から見て優秀と判断できる銘柄を抽出していきます。

余談ですが、新聞の株式欄に見るとおり、現在の日本株においてはセクター（業種）分けがかなりあいまい――例えば、事実上、通信業に携わっているソフトバンクは最近になってようやく卸売業から情報通信業に変わったばかりです。ほかにも、例えば、外食産業関連やコンビニ業界も同じ「商業」セクターに一括りにされています――になっていることを考えると、今回、ここで説明した機能は、こういった大きなセクターに埋もれてしまった特定の業界の銘柄群をグループ分けするうえでとても便利なものになると思います。ぜひ使ってみてください。

第2節
投資すべき銘柄をすばやく見つけたい　〜高収益割安株編〜

「CD-ROM版会社四季報」の代表的な機能にスクリーニング機能があります。この機能を使って高収益、好財務の割に安い銘柄を探します。これらの銘柄はシリコンサイクルに応じて株価が動かなくてもバリュー株として長期保有も可能です。安心して買える銘柄といえるでしょう。

※なお、本節では、高収益割安株を探すための条件設定（条件式の紹介）までお話しします。ここで紹介する条件式を使ったスクリーニングについては第6節をご覧ください。

① 最新の株価データをダウンロードする。

まずは最新の株価データをダウンロードしましょう。これがなくては何も始められません。操作は簡単です。右上の「ダウンロード」アイコンを押し、出てくるダイアログボックスに対して「OK」を押すだけです。

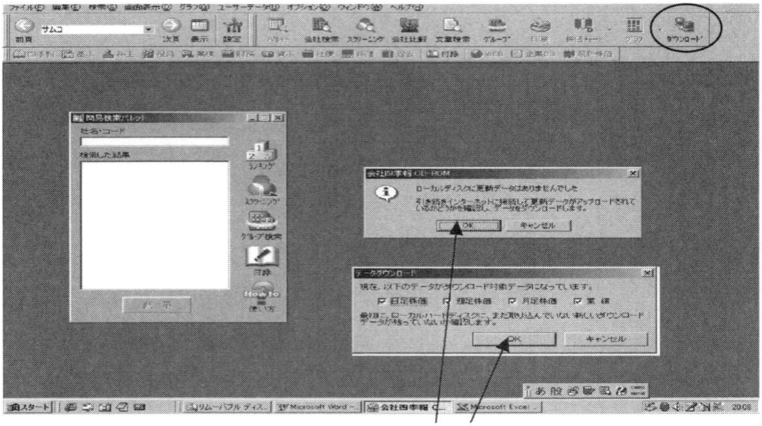

“ＯＫ”ボタンを押すだけでダウンロードが始まります。

② CD-ROM版会社四季報を起動して“スクリーニングボタン”を押してください。

②“スクリーニング条件の選択”ボックスが出てきますので
その中の“新規”ボタンを押してください。

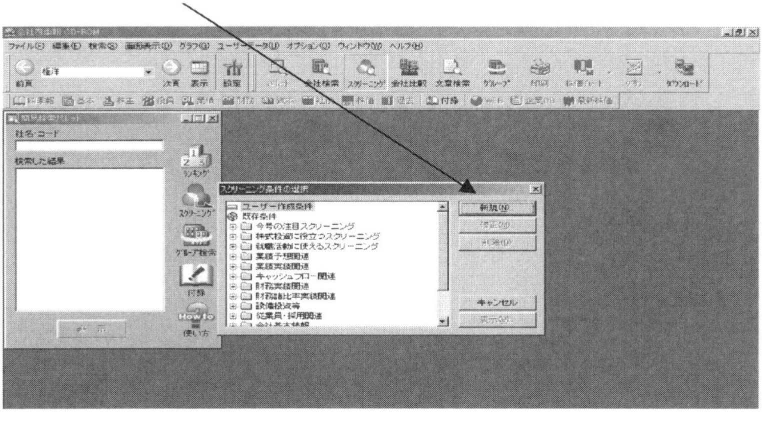

③ “スクリーニングの条件設定” ボックスが出てきますのでその中の“条件式追加” を押してください。

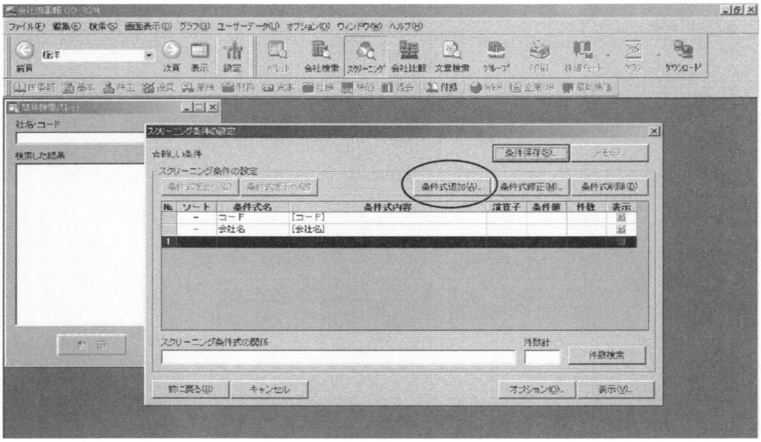

④ “スクリーニングの条件設定” ボックスが出てきますのでその中に条件式を当てはめていきます。

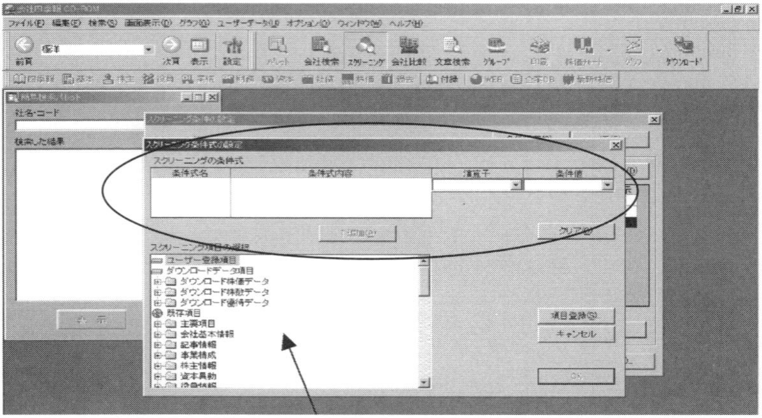

株価や売上高などのデータは “スクリーニング項目の選択” に入っていますのでここから引っ張っていくことになります。

ステップ１：低PBRの銘柄を探す

PBRとは「Price Book Ratio」の略で、「株価÷１株当たり株主資産」の値になります。この値を参考に、株価が割安かどうかの判断を行います。

普通、会社を立ち上げるときには投資家から投資を募ってお金を集めて資産を作ります。事業を続けていくうちに利益が蓄積されてくればこの資産は増えていきます。逆に、赤字になっていけば資産は減っていきます。このように、増えたり減ったりした現時点での資産を株主資産といいます。

ですから、１株当たり株主資産1000円の株が800円で市場に流通されていたりするとお買い得なわけです。

別の面からみれば、今まで築いてきた株主資産を実績とみなして投資を判断することにもなります。つまり、PBR＜１（PBRの基準は『１倍』。１倍以下であると割安であるとされる）の銘柄に投資していけば実績を上げている割に安い、割安な銘柄に投資することになります。

ただ、あまり低い値にこだわっていると良い銘柄にめぐり合う確率も低くなってしまうので、株式相場の環境にもよりますが、シリコンサイクルが底のときのハイテク株についてはPBR＜＝２ぐらいが良いと思います。

PBRでは注意すべき点が２つあります。

ひとつは、企業の持っている土地や証券類などの資産の価値が実は低い場合（含み損と呼びます）です。「実際の１株当たり株主資産の値」は会社四季報に出ている「１株当たり株主資産の値」よりも低くなります。

もうひとつは、企業の将来性が低いと株式市場から評価されているとき――例えば、どうせ赤字で今期も１株当たり株主資産1000円が800円になるだろうと評価されている場合――です。

ただ、こういう企業の見分け方は簡単です。多くの場合、会社四季報の業績欄の数字が年々先細りの会社、あるいは同業他社に比べて利益率が低い会社が“こういう企業”に当てはまるからです。

私も、赤字続きのある建設会社を黒転時の株価急上昇を狙って投資しようと思ったことがありました。しかし、同業他社に比べ粗利益率が異様に低く「あやしい」と思い投資を見送りました。数ヵ月後、同社は破綻。私は危うく難を逃れることができました。やはり「ただ安い株」には近づかぬほうが良いですね。皆さんも銘柄選定のときには注意してください。

さて、それでは低PBR企業を見つけるスクリーニング条件を入力（96〜98ページ参照）していきましょう。割安株投資に関する本ではPBR＜１が割安とされていますが、先にもお話したようにハイテク株ではPBR＜＝２程度がいいでしょう。

①“条件式内容”に以下の式を入力
[DL・日足終値(円)(-1)]/([連・株主資本(-1)]*1000000/[DL・最新株数(株)(-2)])
※“スクリーニング項目の選択”から値を引っ張ってくるのですが複雑で多岐にわたり探すのに苦労するので、いきなり“条件式内容”に上の式を入れてください（入力方法については同ソフトのマニュアルを参考に研究してください）。また、ここでは、実際にどういう式を入れるのか視覚的にわかりやすくするため、括弧などもすべて「半角」の表記にしてあります。
②“演算子”の入力　→　＜＝
③“条件値”の入力　→　2

④入力が終わったら“OK”ボタンを押します。

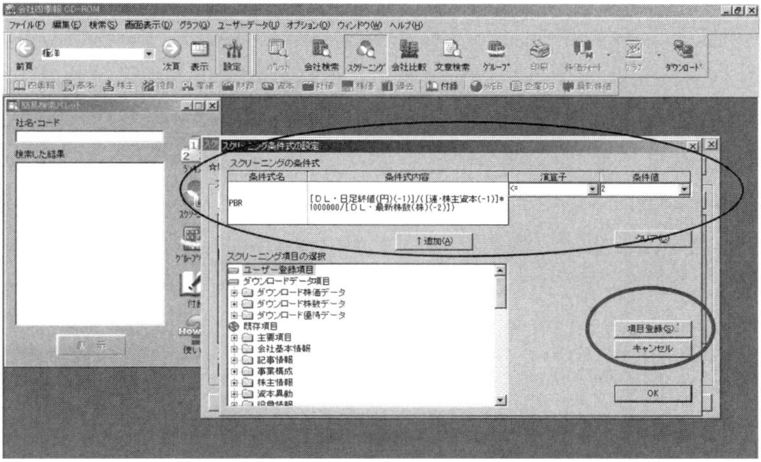

⑤“OK”ボタンを押した後、再び“条件式追加ボタン”を押してステップ2の高CROAの条件入力に備えます。

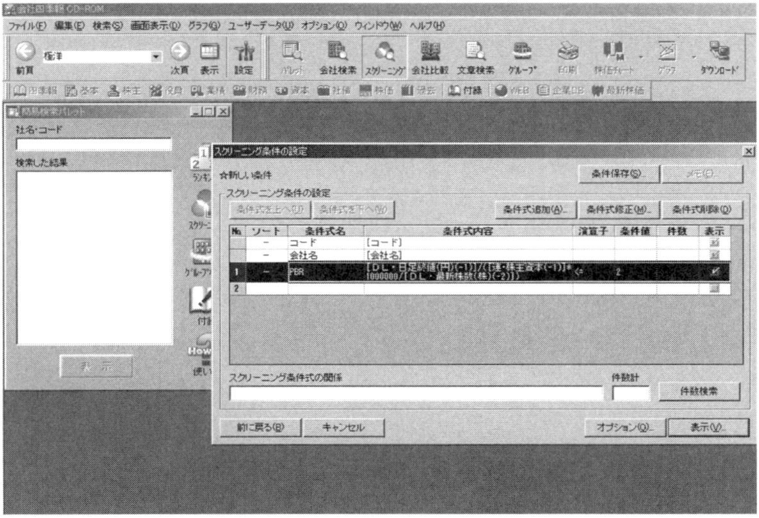

ステップ２：高CROA銘柄を探そう

「CROA」とは、経営効率をあらわす値の一種です。「Cash flow Return on Asset」の略で、「キャッシュフロー÷総資産」の値になります。

この値が0.065、すなわち6.5%を超えれば優良企業といえるでしょう。

では、何故、0.065を超えればよいのでしょうか。普通、株式等の金融商品を比較するときの基準には、「元本保証で倒産リスクのない国債」を用います。特に、私は世界標準だと思うので「10年物米国債の利回り（金利）を用います。数式を使って表すと以下のようになります。

金利（%）＝100×［利子÷国債価格（時価）］

仮に、米国債の利回りは4.5%、つまり0.045。企業の総資産に対する利回りと米国債の利回りを比較した場合、企業のそれはいくら位が適当かという話です。

例えば、米国債の利回りが4.5%だとすると、減収リスクの高い企業の場合、CF／総資産の値が0.045より高くなければ投資する動機が起こらないというわけです。以上のことから、安全を見て約0.065が妥当といえるのではないでしょうか。

ただ、この値も絶対これが正しいという値ではなく人によっていろいろな意見があり、分かれます。

私見ですが、ハイテク関連企業をはじめとする日本の製造業はバブルのころをピークにして今後成長していくことはないと思っています。その良い例がアメリカです。アメリカの基幹産業はいまや金融業です。製造業で築いた富を金融業でさらに増やしていくという構図がそのままこれからの日本に当てはまると思うのです。

その兆候として日本でもセブンアイホールディングスが銀行業を始めたり、あのトヨタ自動車も豊富な財務力をバックにして金融業に打って出るのではないかと言われたりしています。

つまり、製造業から金融業へ成長産業のシフトが起こることを想像すると、斜陽とはいえないまでも、これからの成長が望めない製造業こそCROAといった効率を示す指標やシリコンサイクルといった指標が大事になってくるのと思うのです。資産の使い方、お金の使い方、投資タイミングのハイテク化が求められ、そして、個々の企業のバリューが求められてくる時代がやってくるというわけです。

もうひとつ、今後の日本の製造業はラーメン屋さんにも例えられるのではないでしょうか。ラーメン屋さんはどこの町内にも一軒ぐらいはあると思います。それぐらい成熟した産業であり、かつ成長性が感じられない産業ではないでしょうか。しかし、たまに熱烈なファンを持つ個性的なラーメン屋さんは確かに存在しますよね。

これからの投資すべき、製造業を始めとする成熟産業への投資はこうした個性的なラーメン屋さんのような企業にすべきだと思うのです。

詳しくは他書に譲りますが、CROAのほかにも効率性を測る指標はいくつもあります。そうした指標を用いてぜひとも真のハイテク企業を見つけてみてはいかがでしょうか。

さて、それでは高CROA企業を見つけるスクリーニング条件を入力していきましょう。

①“条件式内容”に以下の式を入力

([連・経常利益(0)]*0.5+[設備投資額(0)])/([連・総資産(-1)]+[連・保証債務等(-1)])

※“スクリーニング項目の選択”から値を引っ張ってくるのですが複雑で多岐にわたり探すのに苦労するので、“条件式内容”に上の式を入

れてください（入力方法については同ソフトのマニュアルを参考に研究してください)。また、ここでは、実際にどういう式を入れるのか視覚的にわかりやすくするため、括弧などもすべて「半角」の表記にしてあります。

②“演算子”の入力　→　>=

③“条件値”の入力　→　0.065

④入力が終わったら“OK”ボタンを押します。

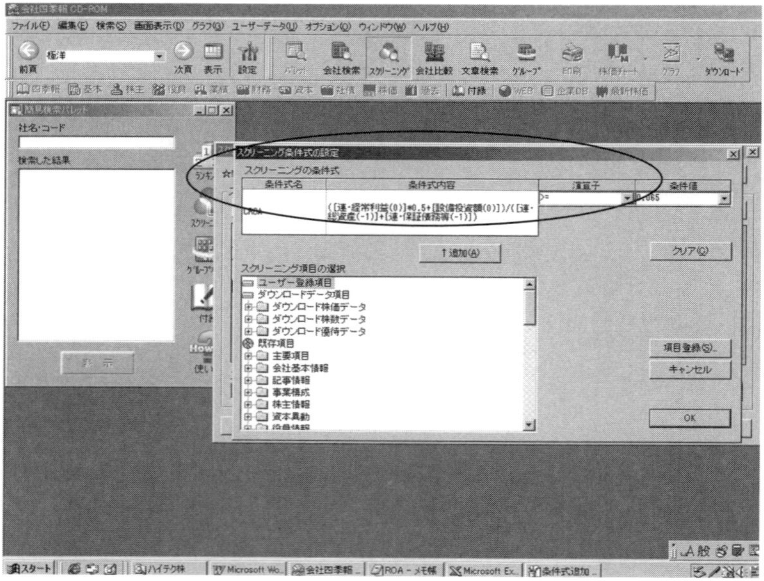

⑤ “OK” ボタンを押した後、再び “条件式追加ボタン” を押してステップ 3 の低PCFの条件入力に備えます。

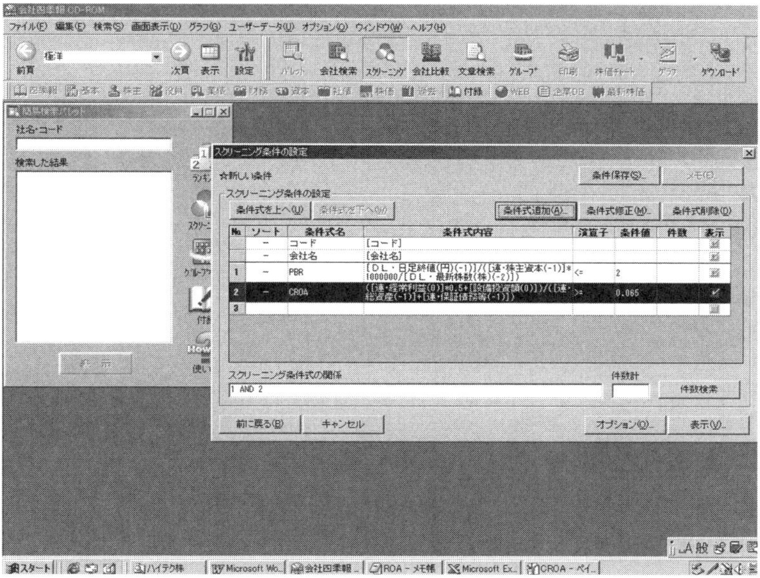

ROE考察

企業の効率性を評価するとき、「ROE（Return On Equity）、「利益÷株主資本」の値を用いる方が多いですが、日本企業の場合（特に戦後に会社を起こした場合）、借金が主な資金調達手段であるケースが多く、「 Equity（株主資本）」の比率が少ないことがあるので株式市場で直接金融による資金調達を行う新興企業でない限り、ROEを用いるのは適当ではないと思います。

また、ROEのみで企業の良し悪しを計ろうとすると「利益÷株主資本」の式から、利益が少なくて株主資本の少ない、借金の過大な企業や危ない企業が優良企業と判断されてしまう場合があります。このことを考えると、ある意味、ROEは危険な指標だと思います。

バブル以降、売上至上主義からいかに効率よく利益を上げるかに考え方がシフトしてきました。その過程で、支払い利息を減らすべく借金を減らし、結果的に総資産を減らす企業が増えてきました。そして、支払い利息が減ったぶん、利益やキャッシュフローがともに増えてきたというわけです。

バブル崩壊後の10年間、何かと経済環境において暗い報道ばかりあって、よく「失われた十年」というフレーズが喧しかったですが、さにあらず、水面下で日本企業は大変身を遂げていたのですね。

ステップ３：低PCF銘柄を探そう

PCFとは「Price Cash Flow Ratio」の略で「株価÷１株当りキャッシュフロー」の値です。この値を参考に、株価が割安かどうかの判断を行います。

仮に、米国債の利回りを4.5%とすると、割安さの判断として「PCF＜14」が妥当だと思います。

では、なぜ、その数値が妥当なのでしょうか。理由は２つあります。

理由１　株価と利回り（金利）

先にもお話したとおり、普通、株式等の金融商品を比較する際の基準として元本保証で倒産リスクのない国債を用います。数式を使って表すと以下のようになります。

金利（%）＝100×［利子÷国債価格（時価）］

あらためて、仮に米国債の利回りが4.5%。つまり0.045だとすると、この数字の逆数、すなわち１÷0.045の値は約22になります。

このように書くと、「PCFの数字も22が妥当ではないか」思われるかもしれません。しかし、株価については倒産により０になる危険性もあれば、株価の変動幅が米国債の変動幅よりはるかに高いといった危険性もあります。

また、米国債に始まる国債の類は発行する国がよほどのことでもない限り償還後に利子とともに元本もきっちりと支払われます。ところが、株式ではそうはいきません。企業にもよりますが、年度によってはキャッシュフローが生み出されない危険性もあります。ですから、債券の利子（金利）に比べて高くなければ割に合わないのです。この高くなったぶんはプレミアムリスクと呼ばれていたりします。

ここで、キャッシュフローと金利で形成される理論上の株価について、数式を用いて説明したいと思います。

P=CF/(1+r)+CF/(1+r)^2+ CF/(1+r)^3/+ CF/(1+r)^n ……（1.1）
P：株価　CF：１株当りキャッシュフロー　r＝金利　n＝年数

式（1.1）は、「仮に企業が毎年CF円のキャッシュフローを生み出しながらｎ年存続する」場合の株価を表しています。

さて、会社が永遠に存続すると仮定すると、式（1.1）のｎに「ｎ＝∞」を代入することになるので、式（1.1）は下記の式（1.2）と等しくなります（途中の式は省きます）

P＝CF／r　……（1.2）

さらに式（1.2）を変形させると下記の式（1.3）になります。

（1/r）＝P/CF　すなわち　PCF=P/CF　……（1.3）

本題に戻します。米国債に投資するより高い危険を冒して株式に投資をする以上、計算上の利回りを高くしなければペイしないですよね。つまり、米国債の利回りである4.5％、0.045にある程度上乗せして、上乗せ後の利回りの逆数であるPCFの数字も低くなければ話にならなくなってくるというわけです。

以上のことから、プレミアムリスク約1.5倍とすればPCFは14くらいが妥当なのではないでしょうか。ただ、この値も絶対にこれが正しいというわけではなく人によって分かれます。ここで、覚えておいていただきたいのは、「とにかくPCFの値は小さくなければならない」ということです。皆さんもスクリーニング式に入力するときはいろいろと値を変えて試してはいかがでしょうか。

理由２　株価は「（理論上）今期のキャッシュフローをあと何年稼げるか」示す

別の見方をすると、「PCF=株価÷１株当りキャッシュフロー」の式には「この企業はあと何年今期のキャッシュを稼げるか」という意味合いがあります。

では、PCFの高い企業は本当に将来性があって良いのでしょうか。確かにそういう場合もあるでしょう。しかし、先のことはわかりません。理論上、高いPCFがつくほどの将来性があると評価されてはいても、何かの理由で将来性がなくなる怖れもあります。特に、競争の激しいハイテク株では、シリコンサイクルのピークでその確率が高いのです。

加えて、経験則的なことから言うと、何か悪材料が出たときには高いPCFがつく銘柄は急落するリスクが大きいのです。以上のことを考えると、やはり高いPCFの銘柄は買うべきではないと考えるのが妥当ではないのでしょうか。

それでは、低PCF企業を見つけるスクリーニング条件を入力していきましょう。

①“条件式内容”に以下の式を入力

[DL・日足終値(円)(-1)]/((([連・経常利益(0)]*0.5+[設備投資額(0)])*1000000)/[DL・最新株数(株)(-2)])

※“スクリーニング項目の選択”から値を引っ張ってくるのですが複雑で多岐にわたり探すのに苦労するので、いきなり“条件式内容”に上の式を入れてください（入力方法については同ソフトのマニュアルを参考に研究してください)。また、ここでは、実際にどういう式を入れるのか視覚的にわかりやすくするため、括弧などもすべて「半角」の表記にしてあります。

②“演算子”の入力　→　>＝

③“条件値”の入力　→　14

④入力が終わったら“OK”ボタンを押します

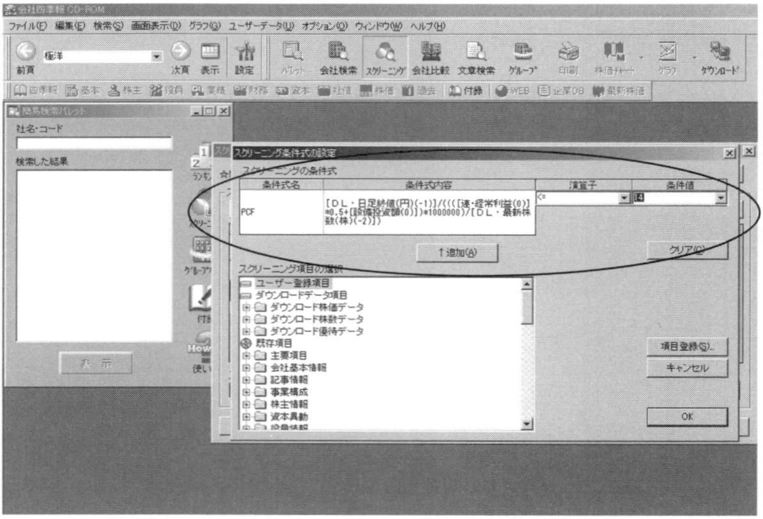

⑤ “OK” ボタンを押した後、再び “条件式追加ボタン” を押してステップ 4 の高流動比率の条件入力に備えます。

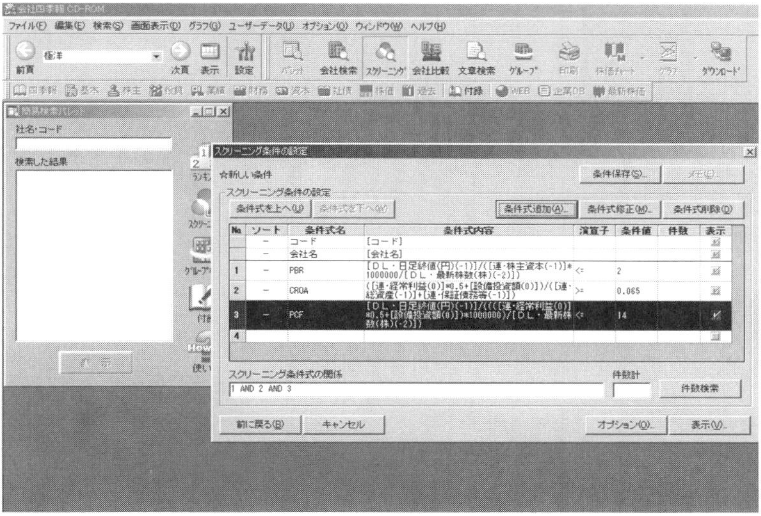

ステップ４：高流動比率の銘柄を探そう

流動比率とは「倒産リスクに対する安全性と将来の成長の可能性を表す」指標です。「流動比率＝流動資産÷流動負債」の値で表されます。流動比率＞1.5あれば大丈夫でしょう。少なくとも１以上は欲しいところです。

なお、流動資産とは、「１年以内に現金化できる資産」のことで、受取手形、預金、在庫、売掛金、有価証券が例として挙げられます。

また、流動負債とは「１年以内に返済義務のある負債」のことで、支払手形、買掛金、短期借入金が例として挙げられます。

ほかの株式投資本では、倒産リスクの判断に「自己資本比率に注目すべき」とよく述べられていますが、むしろ１年間以内の短期間の資産や負債をもとに導き出した流動比率が目先の倒産リスクを判断にするのに適しているといえるでしょう。この値が高い＝負債より資産が多いわけですから、言うまでもなく、すぐに倒産するリスクは低くなります。

また、手元の資産（特に現金）が多ければ、倒産リスクが少なくなるだけでなく、企業買収や設備投資といった今後の成長原資にもなります。このことを考えると、この値が高いことは評価できるのではないでしょうか。

さらに、総資産に対する現金の比率が高い会社はキャッシュリッチとみなされ、後述する資産バリュー株として、またTOB（Take Over Bit）の対象として見直されて株価が上がる可能性も出てきます。

時間のある方はバランスシートの左側（流動資産の中身）について、スクリーニング機能を使って、数期にわたって、次に紹介するチェック項目を調べてみてはいかがでしょうか

◎チェック項目１：「棚卸資産÷売上原価と売掛金÷売上高の値」

ここでチェックするのは「棚卸資産÷売上原価と売掛金÷売上高の値」の変化です。

◎チェック項目２：在庫（棚卸資産）÷売上原価＜業界平均未満（数期にわたってのチェック要）かつ、数期にわたる大きな変動のないこと。

この値、またはこの値の変化を見ることで、その企業が景気の動向を読んで生産しているかを見ます。特に、景気の動向に業績が左右されやすい業種の投資判断をするときにはこの値の変化が非常に役立ちます。

景気の変化を読み取るのに長けている企業はこの値の変化がなだらかで在庫の評価損もほとんど出ていませんが、逆の場合は不況時においてとんでもない赤字を出し、株価が急落している場合があります。

◎チェック項目３：売掛金（手形）÷売上金＜業界平均未満、かつ、年々増加していないこと。

売掛金とは、例えば商品を売ったときに、数ヶ月先に代金が支払われる資産を指します。代金が手元に入るまで時間があるため、その間、何らかの事故があって現金化できない恐れがあります。要するに、売掛金（手形）÷売上金の値が大きくなると、それだけリスキーな商売をしていることになるのです。

当然、数期にわたってのチェックが必要になります。この値、またはこの値の変化を見ることで、政策的に営業しているかをチェックします。この値が大きいとリスクの高い売上（お金にならない売上）を立てている可能性があります。キャッシュフローが悪くなるだけではなく、果ては粉飾決算の可能性も出てきます。

さて、前置きが長くなりましたが、高流動比率銘柄の条件式を入力していきましょう。

①“条件式内容”に以下の式を入力

[連・流動比率(%)(－１)]

※“スクリーニング項目の選択”から値を引っ張ってくるのですが複雑で多岐にわたり探すのに苦労するので、“条件式内容”に上の式を入れてください（入力方法については同ソフトのマニュアルを参考に研究してください）。また、ここでは、実際にどういう式を入れるのか視覚的にわかりやすくするため、括弧などもすべて「半角」の表記にしてあります。

②“演算子”の入力　→　>＝

③“条件値”の入力　→　150

④入力が終わったら“OK”ボタンを押します。

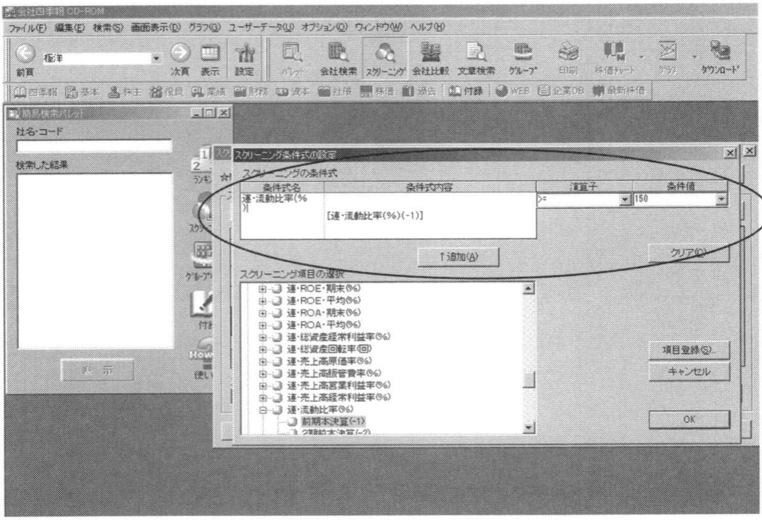

どの業界にもいえるのかもしれませんが、いくつかの半導体関連の企業を渡り歩いてきた私の経験からすると、特にハイテク企業の生き残るポイントは財務力に尽きると思います。

ハイテク銘柄を選ぶときに特許申請数や業界の技術動向を語る方がいます。間違いではないと思いますが、実際のハイテク企業の現場で働く者としていえば疑問符を抱かざるを得ません。なぜなら、申請される特許の中には「防衛特許」なる、他社が出すであろう技術を排除するための特許や、社員にノルマ的に課す形式的で無駄な特許も多くあり、利益に結びつく特許はほんのわずかしかないからです。そんな無駄なことに社員の力を費やすような企業はえてして特許申請件数の割に利益が低いです。そんな企業には投資したくはないですよね。

話を戻しましょう。技術動向を知ることは一見大変有力な判断材料に見えますが「3年ひと昔」と呼ばれる短いサイクル（もっと短いかもしれません）の中で繰り広げられる仁義なき開発競争において、明日の勝者を知ることはあまり意味がないように思えます。このことはハイテク企業を長期投資の対象として捉えるには無理な話だということを意味します。なるほどあのウォーレンバフェット氏がハイテク株投資をしないのもうなずけますね。やはりハイテク株投資で勝つためにはシリコンサイクルを知ることが重要だということです。

財務力があればこそ生き残るための開発競争の源泉にもなりますし、仮に不測の事態が起きても財務力がそのバッファーとなります。このことは、頭の片隅にでも覚えておいてください。

余談ではありますが、先の節で紹介したCROAの高い、いわばお金や資産の使い方がハイテクの企業を狙うとさらに手堅いのではないでしょうか。

「CD-ROM版会社四季報」の便利な機能

「CD-ROM版会社四季報」には面白い機能があるのでご紹介しましょう。

①最新株価データのダウンロードが終了したら“設定”アイコンをクリックします。

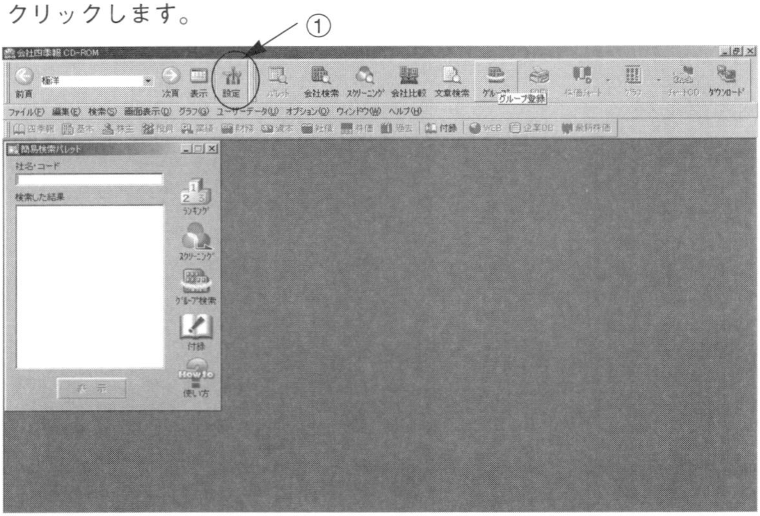

②「検索バーの設定」ボックスが出てきますのでまず「グループ」にチェックを入れます。

③ユーザー作成グループの中から先の節で作成したシリコンサイクル銘柄グループを選択し、「設定ボタン」を押します。

④ ボタン動作の設定を「前項次項ボタンで画面を表示」にチェックを入れます。

⑤ 初期表示する画面の設定として「クイックグラフ簡易貸借対照表」を選択します。

⑥「OK」ボタンを押して終了します

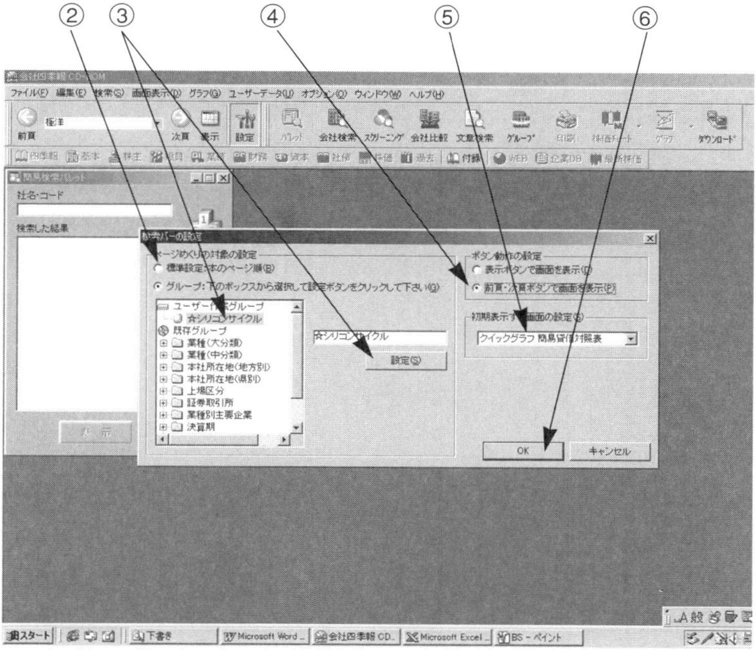

⑦ 次項ボタンを次々に押すと……

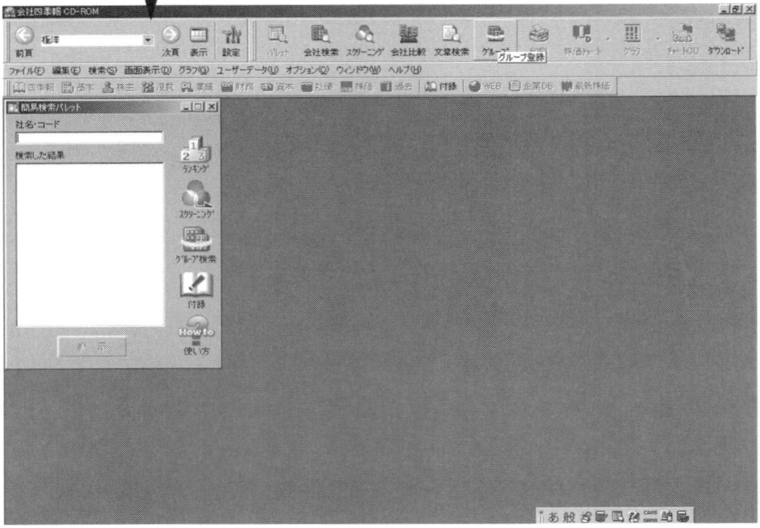

⑧「クイックグラフ簡易貸借対照表」が続々と出てきます。バランスシート左側の緑系の部分（流動資産）の長さがバランスシート右側赤系部分（流動負債）の長さよりも長くなりつつある企業、または濃い緑の部分（現金・有価証券）が長くなりつつある企業が良いと思います。逆に、緑の部分の長さが短くなりつつある企業、または薄い緑の部分（その他の流動資産）が長くなりつつある企業はステップ４のチェック項目に引っかかるかもしれませんので投資対象としては避けるべきかもしれません。あるいは空売り候補の企業としてリストアップすべきかもしれません。

緑系部分（流動資産）の長さと赤系部分（流動負債）の長さの比率（流動比率）をチェック

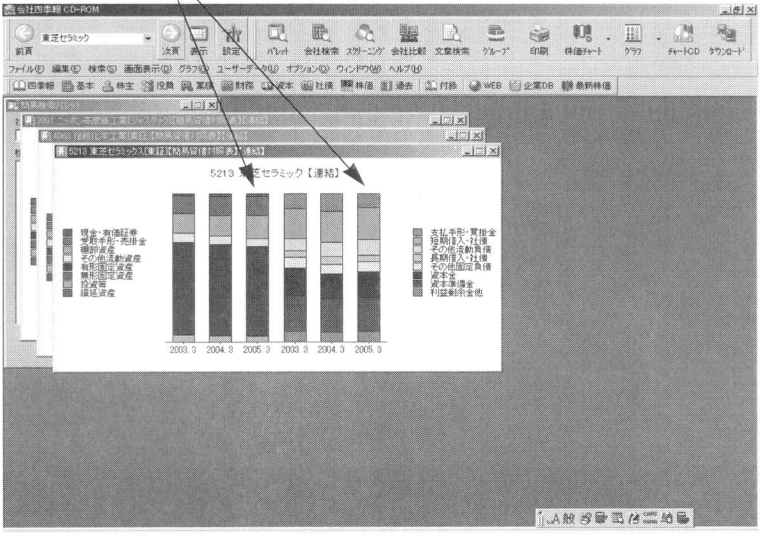

自己資本比率の罠

最近、バリュー投資関連の本を見ると、その中で「自己資本比率が高い会社＝安全な会社」と書かれているのが目に付きます。

しかし、私は「これだけでは足りない」と考えています。仮に、バランスシート右側の株主資本が厚くても、左側の内容、例えば在庫が増えつつあったり、あやしい有価証券を大量に抱えていたりする企業はいかがなものかと思っています。

ある日突然、在庫や有価証券の評価損を下方修正の要因として発表して株価が急落。そのようなことがないとはいえません。

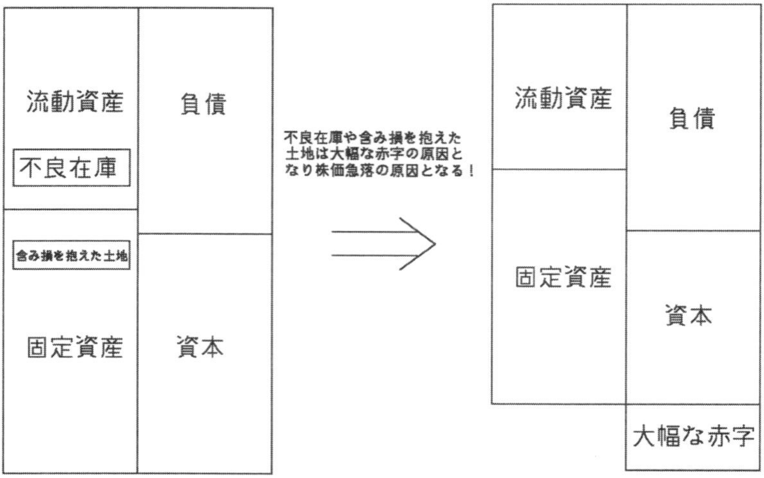

バランスシートの左側に地雷を抱えているような企業は怖いと思います。

ちなみに、私は銘柄選定のときには、自己資本比率を気にしていません

ここまでに書いてきたような在庫変動、売掛金の変動の健全性、ROA、流動比率を吟味すれば、結果的に、そこそこ高い自己資本比率の会社を選んでしまうからです。

皆さんも見かけの自己資本比率の値に惑わされることなく、いかに効率的に稼いでいるか、いかに巧みに企業活動をしているかをバランスシートから見抜いて銘柄選別をしてみてはいかがでしょうか。株価急落リスクが減ると思います。

ステップ５：最低売買金額の小さい銘柄を選ぶ

最低売買金額が大きいと、一発勝負の１回の売買しかできません。そのぶん安く買えるチャンス、儲けのチャンスも減ることになり、結果的に分散投資にならない場合があります。

例えば、１回の売買で100万円必要な株式と１回の売買で10万円必要な株式があるとします。後者の場合は、同じ100万円でも10回の売買できるぶん、売買の戦術の幅が広がります。

それでは、早速、「最低売買金額を入れる」条件式を紹介しましょう。

①“条件式内容”に以下の式を入力

[最新売買単位(株)]*[ＤＬ・日足終値(円)(-1)]

※“スクリーニング項目の選択”から値を引っ張ってくるのですが複雑で多岐にわたり探すのに苦労するので、いきなり“条件式内容”に上の式を入れてください（入力方法については同ソフトのマニュアルを参考に研究してください）。また、ここでは、実際にどういう式を入れるのか視覚的にわかりやすくするため、括弧などもすべて「半角」の表記にしてあります。

②“演算子”の入力　→　＜＝

③“条件値”の入力　→　適当な値（読者の財力によります）

④ 入力が終わったら“OK”ボタンを押します

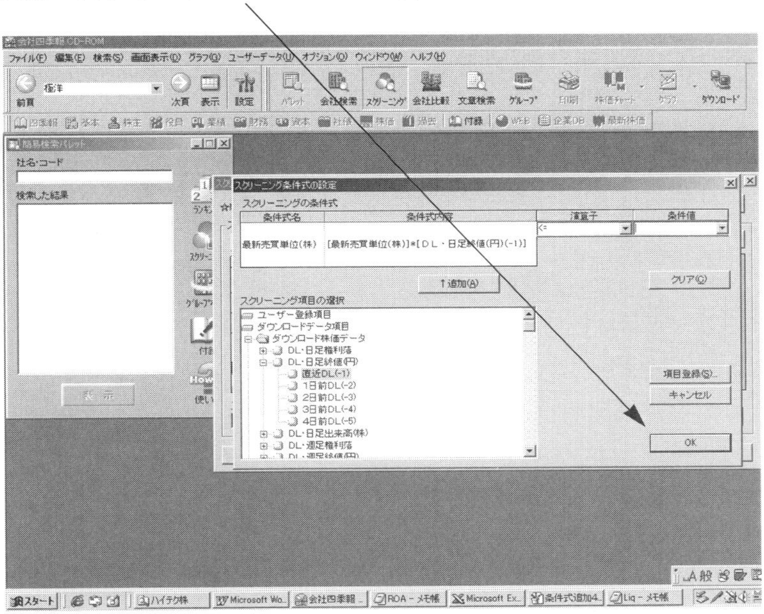

ステップ６　売買高の少ない銘柄を除外する

シリコンサイクル銘柄に代表される電気・精密セクターには、数は少ないのですがたまに売買高が少なく、日によってはまったく売買高のない銘柄も存在します。そのような銘柄は売買の流動性（売りたいときに売れる自由）に欠けますから、当然買うべき候補にはなりません。また、このソフトでは株価が０円と判断されてしまい紛らわしいので除外すべく以下の条件を付けます。

①“条件式内容”に以下の式を入力

[ＤＬ・日足終値(円)(-1)]

※“スクリーニング項目の選択”から値を引っ張ってくるのですが複雑で多岐にわたり探すのに苦労するので、いきなり“条件式内容”に上の式を入れてください（入力方法については同ソフトのマニュアルを参考に研究してください)。また、ここでは、実際にどういう式を入れるのか視覚的にわかりやすくするため、括弧などもすべて「半角」の表記にしてあります。

②“演算子”の入力　→　＞

③“条件値”の入力　→　0

④入力が終わったら“OK”ボタンを押す

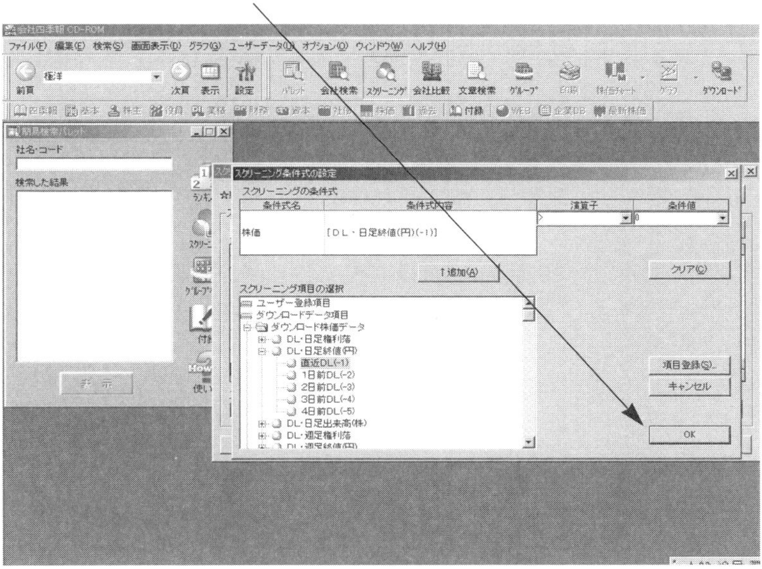

ステップ7　まとめ

ここまでのステップ1～ステップ6までの作業を通して「高収益の割に安い株価の企業を探し出す」方法はひとまず完結します。ステップ1→ステップ2→ステップ3→ステップ4という具合に順序良く銘柄を絞り込んでいけば、ほぼ自動的に「高収益の割に安い株価の企業」を探し出せると思います。

ただ、なかには「自分なりの条件式を試したい」という方もいらっしゃるでしょうから、そういう場合に備えて、条件式を修正する方法も紹介しておきます。

① 条件式を修正したい場合、修正したい条件式を選択して右隣の「条件式修正」ボタンを押して修正します。

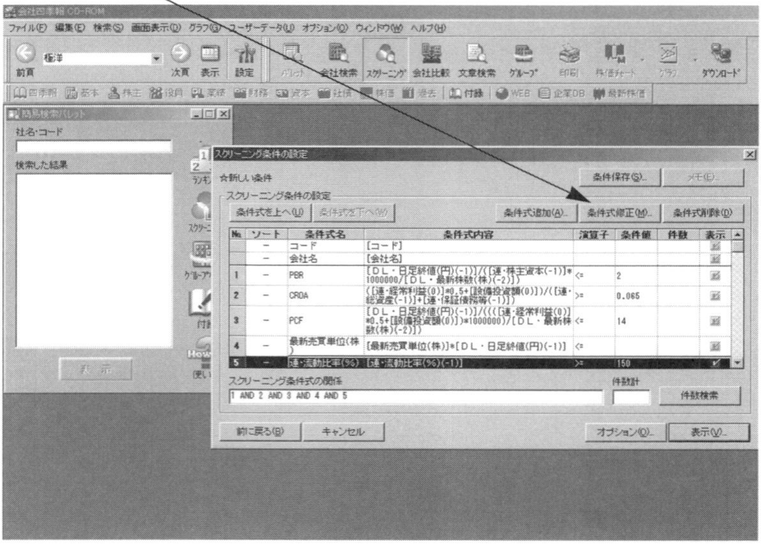

② そうすると、条件式を入力する画面に戻り、条件式の訂正が可能となります。

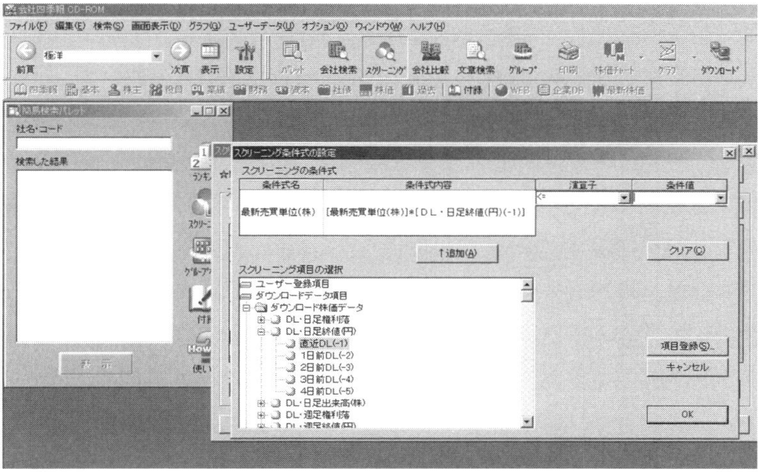

③ すべてのスクリーニング式を入力し終えたら「スクリーニング条件の設定」ボックスの「条件保存」ボタンを押します。

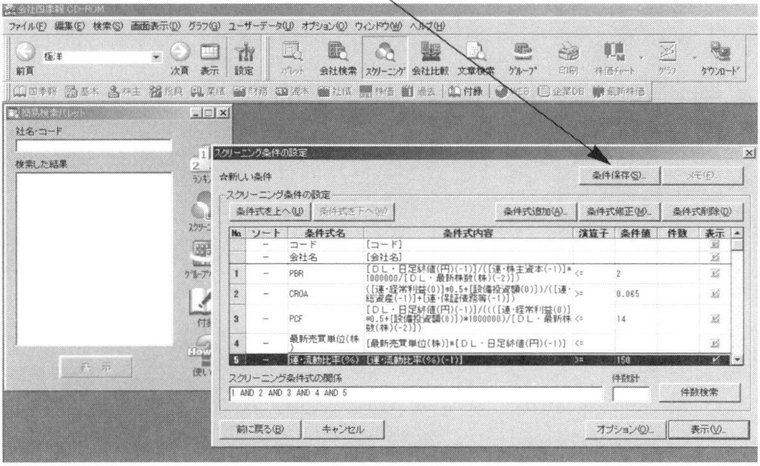

④「スクリーニング条件の保存」ボックスが出てきますのでその中の名前の欄にスクリーニング条件名を入力します。入力後「保存」ボタンを押します。

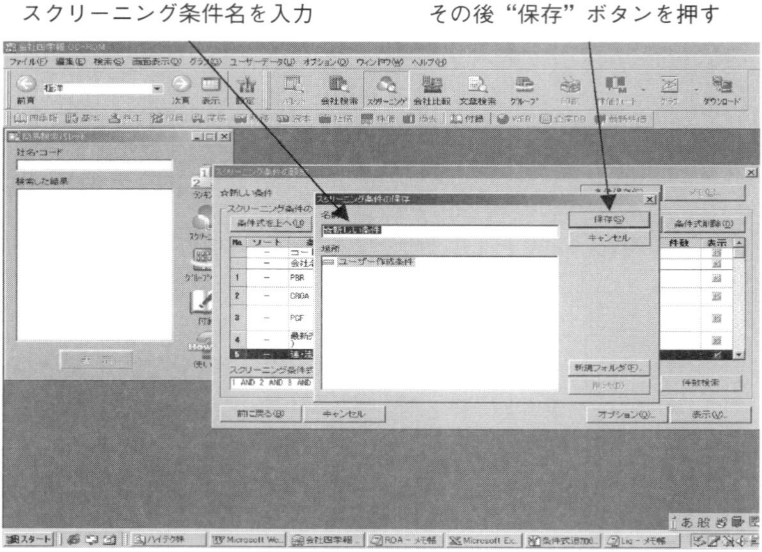

⑤ 最後に第5節で紹介する「格付速報」でのチェックを忘れずに。これで終了です。

第３節

資金を潤沢に持っている企業を選ぶ　～資産バリュー株編～

この節ではいわゆるキャッシュリッチ、負債より手持ちの現金が多くて株価が安く、かつ業績を上げている企業を探していきます。つまり倒産の確率も低く、企業を買収したときに安く買収でき、買収側にとって短い期間で元がとれる銘柄を探すことになります。言ってみれば、「シリコンサイクルの上昇」という理由に加えて、「キャッシュリッチ（現・預金が多い）であり、かつ、収益を上げている」理由が評価されて株価が上昇していく企業を探すわけです。うまくいけば、「村上ファンド」のような大口の買い手が現れたり、TOBがかかったりして、株価急上昇の可能性も出てきます。

株式投資を始めた当初、私はこの方法で銘柄を選別しました。おかげさまであの「村上ファンド」を先回りして“電響社（8144）”を2001年に購入、利益を得られました。

ちなみに、シリコンサイクル銘柄以外にも、日本企業にはこの条件を満たす企業がごろごろしています。その意味では、今が株式のお買いどきなのではないでしょうか。

さて、それでは、以下に条件式を紹介していきます。なお、本節では、資産バリュー株株を探すための条件設定（条件式の紹介）までお話しします。ここで紹介する条件式を使ったスクリーニングもやり方については第６節をご覧ください。

◎実質無借金である

条件式に入力：現金－有利子負債＞0

式のとおり負債より現金が多いことを意味し、実質無借金であることを示します。私も株式投資を始めるときにはこの値に注目しました。おかげさまで大きな損失を被らずに利益を確保してきました。

この条件式は、少なくとも“負けない投資”のための必須条件ではないでしょうか。

◎企業買収しやすい

条件式：（株価×発行済み株式数×0.5＋有利子負債＋保証債務—現金）÷（経常利益＊0.5＋設備投資額）<5

この条件式が意味するものは、「企業の買収価格に対し何年で元がとれるか」です。

例えば、上の式は5年で企業を買収した価格を回収できることを意味します。この値が低ければ低いほど資産がある企業といえるでしょう。

分子の式は買収しやすさを表します。現金をたくさん持っていて負債の少ない企業はこの値が小さくなります。

また、分母の式はその企業がたくさん稼いでいるかを表します。

もうおわかりですね。この式の値が小さいことから次の3つのことがわかるのです。

1：株価が安い
2：財務内容が良い（現金を多く持っていて負債が少ない）
3：業績が良い

とても便利な式ですよね。知るべき指標の3拍子がそろっているなんて。また、このような企業はハイテク株に多いのも特徴です。ぜひ探してみてください。

また上の式は以下のように表現されます。よくバリュー投資系の本に載っているので見たことがあるかもしれません。

EV/EVITDA<5

　この式は実際の企業買収の現場でも使われているそうで、分子のEVは「Enterprise Value」の略で「企業価値」と訳され、実際の式は、

EV＝株価×発行済み株式数×0.5＋有利子負債＋保証債務—現金

となります。正味の企業買収金額を表しています。
　分母のEVITDAとは「Earning before Interest,Tax Depreciation&Amortization」の略で、「金利の支払い、税金の支払い償却用差し引き前の利益（償却前営業利益)」と訳されます。私は、キャッシュフローを表す

EVITDA＝経常利益＊0.5＋設備投資額

を用いています。代わりに

EVITDA=営業キャッシュフローー投資キャッシュフロー

としてもいいでしょう。また右辺の数字は別に決まった数字はないので皆さんでアレンジしてみてください。

◎最低売買金額を決めよう

株価×売買単位株数＜あまり大きくない金額（読者の資産状況に応じる）

前にも述べましたが、この金額が大きいと一発勝負の１回の売買しかできず、そのぶん安く買えるチャンス、儲けのチャンスも減ることになります。結果的に、分散投資にならない場合も考えられます。

ここで、「やっぱり、資金がないと選択の幅が狭められるのか～」と思われているあなたに、値がさ株を安い価格で買う裏技を教えましょう。「ミニ株？」。いえいえ違います。それは、アメリカ株式市場で日本株を買うという方法です。

「日本株をアメリカ株式市場で買う？」の仕組みを説明しましょう。

アメリカでは、アメリカ以外の各国の株式がADR（American Depository Receipt ）と呼ばれる形で売り出されています。

これは、「Bank of New York」などの銀行がスポンサーとなって各国企業に認可をとってADRというレシートを発行してブローカーにマーケットメイクさせるものです。

ADRが売買されると、ブローカーは各国企業の母国株式市場で実際の株を買って手当てします。つまり「ADRを買う＝株式を買う」と同じことなのです。しかも、都合のいいことに、ADRは分割してある場合が多いのです。10対１とか100対１といった具合にです。

例えば、日本市場で１株100万円だとして100対１だと、ADRの場合１株１万円で買えるというわけです。かなりお得な話だと思いませんか？　日本株だけでも180銘柄ぐらいあります。

さて、ADRはアメリカで買うわけですから、当然、米国市場です。ティッカーシンボル（日本でいうところの証券コード）を覚えなければなりません。ティッカーシンボルを知るには以下のURLを開いてみてください。

http://www.adrbny.com/dr_directory.jsp?country=JP

ここでは「Bank of New York」のADRページで個々の国別にソートした会社名とティッカーシンボルの一覧表が手に入ります。ちなみにアメリカ株はＥトレード証券等で取引できます。活用してみてはいかがでしょうか。

◎株価＞0

このソフトは取引のない銘柄は株価＝０と判断してしまいます。そういう銘柄を排除するために「株価＞０」を入れておきましょう。

＜資産バリュー銘柄スクリーニング条件式＞

条件式名	条件式名	演算子	条件値
EV/EVITDA	([ＤＬ・日足終値(円)(-1)]*[ＤＬ・最新株数(株)(-2)]/1000000-[連・現金および現金同等物(-1)]+[連・有利子負債(-1)])/([連・税引前利益(-1)]+[減価償却費(-1)])	<=	5
最低売買金額	[最新売買単位(株)]*[ＤＬ・日足終値(円)(-1)]	<=	任意の金額
株価	[ＤＬ・日足終値(円)(-1)]	＞	0
ＰＢＲ	[ＤＬ・日足終値(円)(-1)]/[連・１株当り株主資本(円)(-1)]	<=	1
流動比率(%)	[連・流動比率(%)(-1)]	>	１００

バリュー株ゆえ空売りは控えるべし？

第２節、第３節でご紹介した方法で選定したバリュー株は、シリコンサイクルに連動して株価が動く可能性に加えて一味違った魅力があります。仮にシリコンサイクルどおりに株価が上昇しなくても、その魅力ゆえに安心して保有できるかと思います。

ただ、その魅力も諸刃の剣になるおそれがあります。

シリコンサイクルの下降局面が来たときもバリュー株ゆえの魅力により株式市場に評価され、逆に株価が上がってゆく可能性が生じてくるのです。

つまり、下手に空売りを仕掛けるとその株価上昇の可能性ゆえに損失が生じるおそれが出てきてしまうのです。

そういう理由から、空売りでがっちり儲けたい方はバリュー株には手を出さないほうがよいかもしれません。

銘柄には相性がある

「株を指値で買おうと思ってもなかなか買えない」といった経験をしたことのある方が読者の中にいるかもしれません。そういうときはその銘柄とは縁がなかった、相性が合わなかったと思って投資をあきらめるのも手ではないでしょうか。

日本株は約3700銘柄あるといいます。まだまだほかにも有望な銘柄があると思えば、ひとつや２つ、あきらめる銘柄があってもいいと思います。

第4節
黒転銘柄をねらえ！

さて、ここで紹介するのはあえて赤字銘柄を買う手法です。何故、あえて赤字銘柄を買うのか。その理由は以下の通りです。

1：赤字銘柄は株価が底ばっている。
2：業績回復時には株価急上昇を見せる。

この成長株投資にも負けない手法を見逃す手はありません。『株でゼロから30億円稼いだ私の投資法』（エール出版）を書かれた遠藤四郎氏は個人投資家でありながら、この手法で15万円から30億円もの富を築かれました。なかなか夢のある手法だと思いませんか。
また次のような言葉もあります。

「ひとつは、見つけるのがすごく難しいけど10年成長する企業の株を買うこと。もうひとつ、簡単なのが勇気をもって不況の時に赤字を出した景気敏感（シクリカル）株を買うことです（by マゼランファンド6代目ファンドマネジャー、ロバート・スタンスキー）

確かに勇気は必要です。ある投資仲間に、後述するUMCJ（2005年3月期赤字）を勧めたところ、思いっきり怒られてしまいました。このような方は確かに多いでしょう。
しかし、こう考える方が多いからこそ、株価は底ばっているのです。だからこそ、黒字に転換したときには株価は急上昇を見せるわけです。
先に紹介した「勇気をもって不況の時に赤字を出した景気敏感（シクリカル）株を買うこと」という言葉は、かのピーター・リンチ氏が務められたこともある、あのマゼランファンドのファンドマネジャーの言葉であることを考えると、意外とこの手法が投資の王道だったりするのかもしれません。

それではスクリーニング条件式を紹介しましょう。なお、本節では、黒転銘柄を探すための条件設定（条件式の紹介）までお話しします。ここで紹介する条件式を使ったスクリーニングもやり方については第6節をご覧ください。

＜黒字転換銘柄スクリーニング条件式＞

条件式名	条件式名	演算子	条件値
前期利益	[連・経常利益(-1)]	<	0
今期利益	[連・経常利益(0)]	＞	0
今期利益/前期利益	([連・経常利益(0)]-[連・経常利益(-1)])/[連・経常利益(-1)]	＞	0
来期利益/今期利益	([連・経常利益(1)]-[連・経常利益(-1)])/[連・経常利益(0)]	＞	0
最低売買金額	[最新売買単位(株)]*[ＤＬ・日足終値(円)(-1)]	<=	任意の金額
株価	[ＤＬ・日足終値(円)(-1)]	＞	0

お察しのとおり、「今期の利益が黒字に転換するだろう」と会社四季報が予想する銘柄を選ぶというものです。

では、その予想は当たるのでしょうか。ヒントをつかむ手がかりならあります。「CD-ROM版会社四季報」には過去の情報も載っています。この情報を活用すれば、少しではありますが手がかりになるのではないのでしょうか。

①「CD-ROM版会社四季報」を立ち上げた後、銘柄名（または証券コード）を入力して“ENTER”キーを押します。

②“表示”ボタンを押してその銘柄の情報を表示させます。

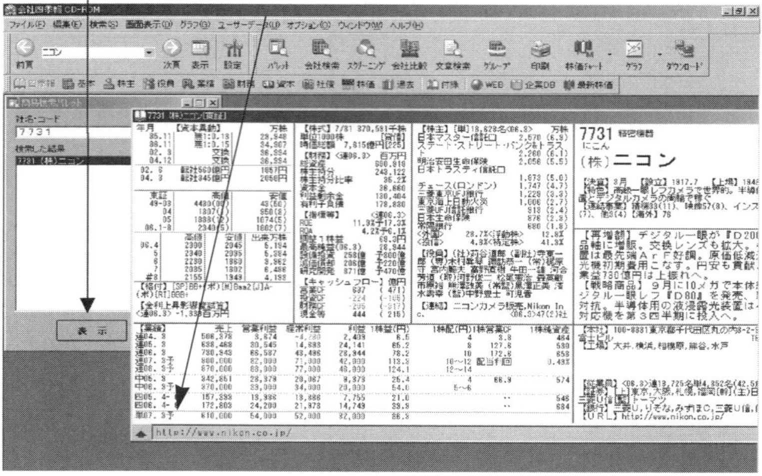

③“過去”ボタンを押して過去の情報を表示させ、最も古い集のタブを

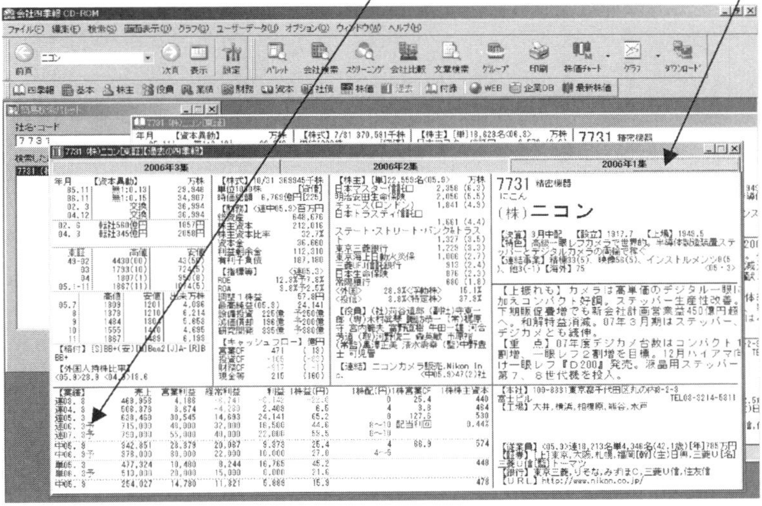

④「③」で表示させた業績予想と②で表示させた業績の実績を見比べてどの程度当たっているかを見て今期予想の的中率の参考にします。

1期限りの業績予測しか見られないため、業績予想と実績値との乖離のくせがわかりにくいですが、この方法は覚えておいて損はないでしょう。

PERが高くても、あるいはマイナスでも

PER=株価／1株当たり利益（Price Earnings Ratio）

株価の割安度を測るものとして、上の式で表されるPERという指標があります。1株当たり利益というのは1年当たりの利益から算出されるものですから、上の式でわかるとおり、PERには「株価が何年ぶんの利益を示すか」という意味合いがあるのです。そのため、PERが高い銘柄はあまりにも利益を先どりしすぎるぶん、割高といって敬遠される傾向があります。

ただ、ハイテク株の場合はそう簡単に割り切れません。先に紹介

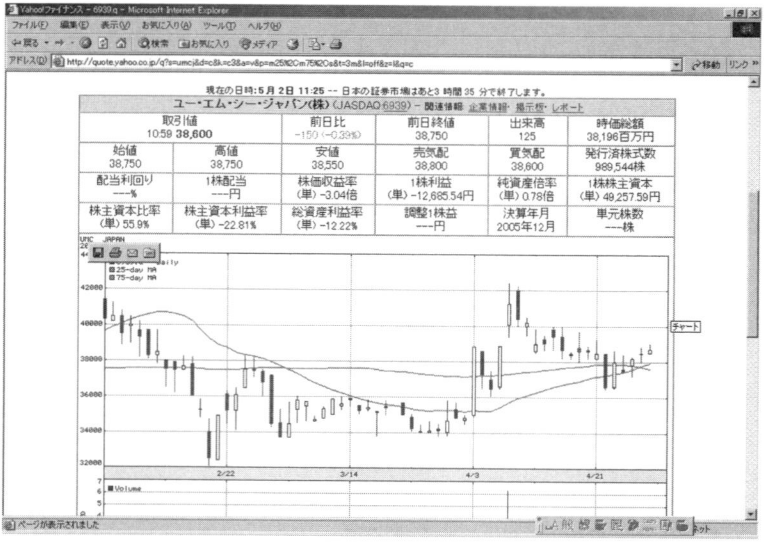

したシリコンサイクルが底の時は株価以上に１株当たり利益が早く小さくなることがある＝PERが大きくなる場合があるからです。つまり、PERが大きくなったときがお買い時の場合があるのです。

　また、シリコンサイクルが底のときには赤字を計上する場合があります。すなわち１株当たり利益がマイナス、つまりPERがマイナスの時もお買い時の場合があるのです。

第５節
今期の業績が伸びる銘柄を買う

ここで紹介する選別方法はオーソドックスなやり方です。「今期の業績が伸びる銘柄を買う」理由は、株価の上昇する銘柄は業績の伸びる銘柄である可能性が高いと考えられるところにあります。

以下に挙げる条件式をスクリーニング条件に入れて、先に説明したグループ分けされたハイテク銘柄（シリコンサイクルのグループ）からスクリーニングするだけです。

●今期売上高÷全期売上高＞１
●今期経常利益÷前期経常利益＞１
●前期経常利益＞０

業績の伸びを純利益の伸びだけで判断する場合がありますが、それだけでは足りません。というのも、利益の伸び、特に純利益の伸びは土地や工場の売却益だけで実現されてしまう場合があるからです。本業がしっかり伸びているかをチェックするためにも、売上高の伸びと経常利益（営業利益でもいいかもしれません）の伸びについては同時にチェックするべきです。

それでは、次ページに条件式を紹介しましょう。なお、本節では、今期の業績が伸びる銘柄を探すための条件設定（条件式の紹介）までお話しします。ここで紹介する条件式を使ったスクリーニングもやり方については第６節をご覧ください。

＜業績アップ銘柄スクリーニング条件式＞

条件式名	条件式名	演算子	条件値
売上　今期/前期	[連・売上高(0)]/[連・売上高(-1)]	＞	1
売上　来期/今期	[連・売上高(1)]/[連・売上高(0)]	＞	1
今期利益/前期利益	([連・経常利益(0)]-[連・経常利益(-1)])/[連・経常利益(-1)]	＞	0
来期利益/今期利益	([連・経常利益(1)]-[連・経常利益(-1)])/[連・経常利益(0)]	＞	0
今期利益	[連・経常利益(0)]	＞	0
最低売買金額	[最新売買単位(株)]*[ＤＬ・日足終値(円)(-1)]	<=	任意の金額
株価	[ＤＬ・日足終値(円)(-1)]	＞	0

会社四季報のバックナンバーを古本屋さんで買おう！

ある企業の業績予想が当たるか当たらないかを見極めるには、過去の会社四季報のバックナンバーが役に立ちます。

会社四季報は毎年３月、６月、９月、12月の１年に４回出版されます。どの号でもよいですから１年に１冊は買って捨てずにとっておきましょう。

また、古本屋さんに立ち寄ったときはバックナンバーを探して購入することをおすすめします。

過去の会社四季報は、例えば、ある企業の業績予想が本当に当たるかどうかを見るときなどに役立ちます。バックナンバーに書かれている過去の予想と実際の決算を比較して本当に予想通りになったか、また実際の決算が予想よりどれくらい上回りそうか、あるいはどれくらい予想より下回りそうかなどがだいたいわかってくるというわけです。

私は古本屋さんに行くときは必ず、過去の会社四季報と日経会社情報、格付速報があるかをチェックします。だいたい100円くらいで売っています。格安の値段でこんな良質なデータベースが得られることを考えると、こんなにお得な話はないと思います。

第6節

実際にスクリーニングをしてみよう！

それでは、第2節～第5節で紹介したスクリーニング条件式を用いて実際にスクリーニングをする方法を紹介しましょう。

①「スクリーニング」アイコンをクリックして「スクリーニング条件の選択」ボックスを表示させます。
②「スクリーニング条件の選択」ボックス内に表示されているスクリーニング条件の中から使用したい条件を選択し、「表示」ボタンをクリックします。
③作成したシリコンサイクルグループを選択し、「表示」ボタンをクリックします。
④ 銘柄が選択、表示されます。

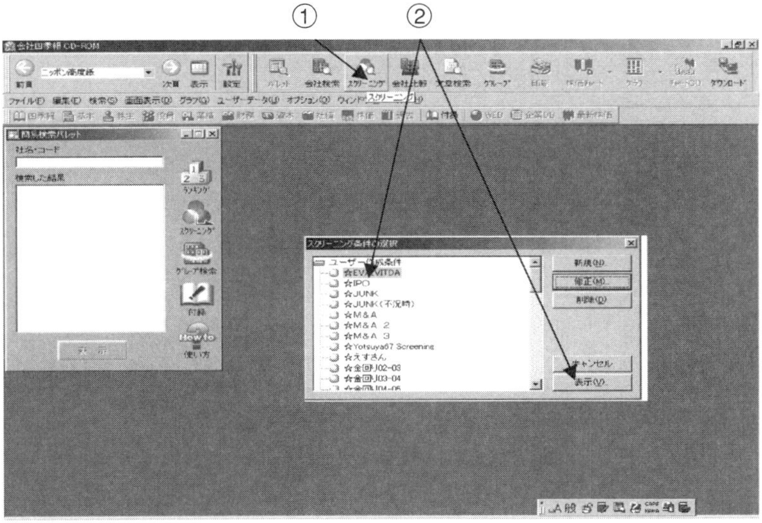

③

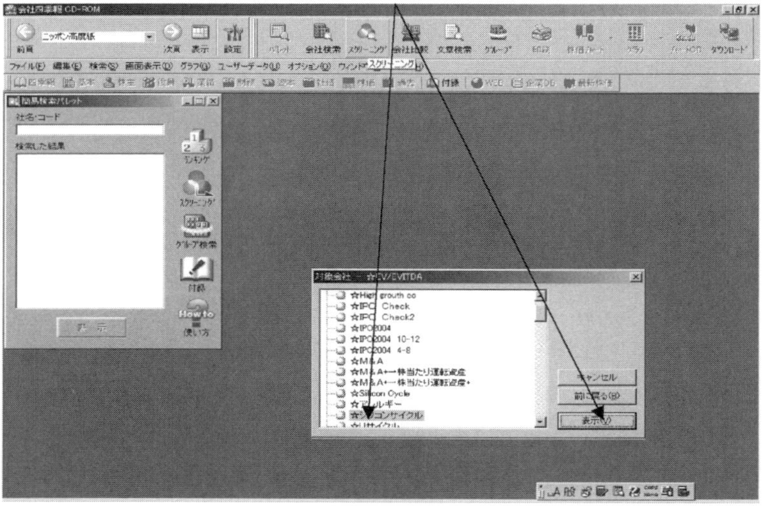

④ スクリーニング結果（銘柄）の表示

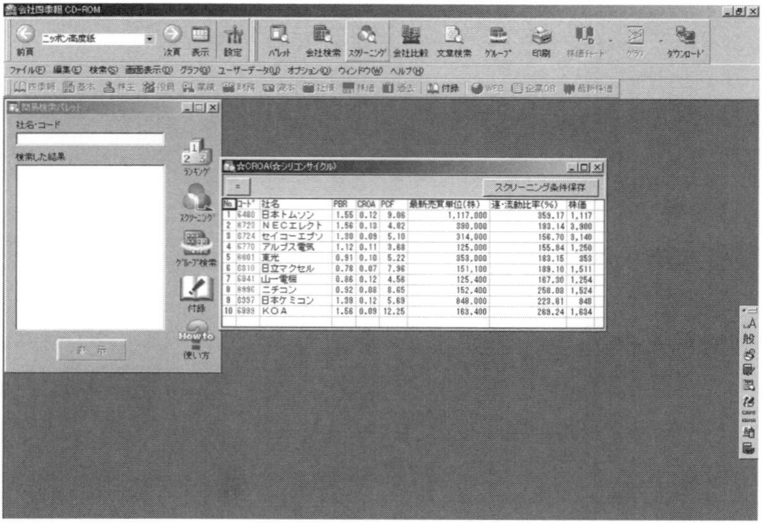

第7節
効率性ランキングをチェック

第2節で高収益バリュー銘柄のスクリーニングを紹介しましたが、シリコンサイクル銘柄としてグループ分けした中から簡単に効率よく利益を上げている企業をランキング分けする方法があります。

①「簡易検索パレット」ボックスの中の「ランキング」をクリックします

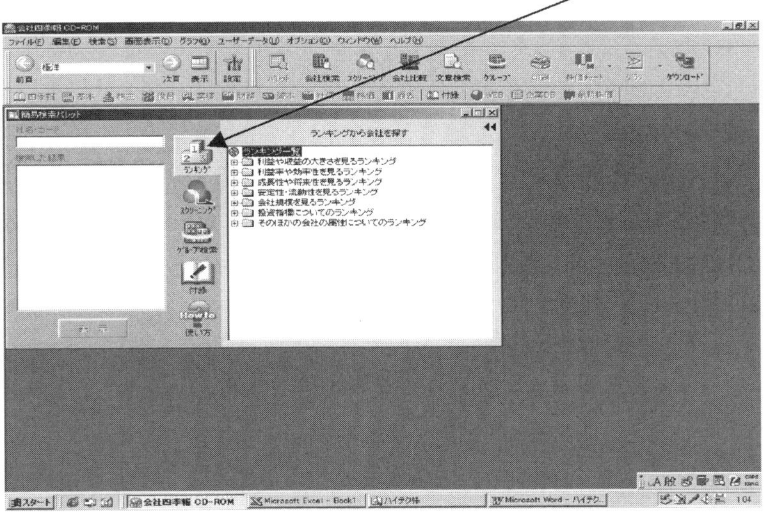

②「利益率や効率性を見るランキング」をクリックします。

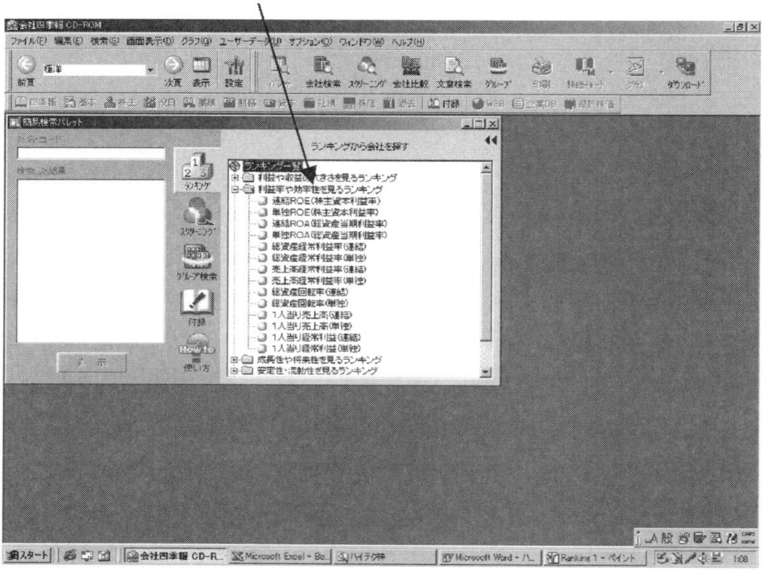

③以下のランキングをそれぞれダブルクリックしてください。
“対象会社”のボックスが表示されます。

- 総資産経常利益率(連結)
- 売上高経常利益率(連結)
- 総資産回転率(連結)
- 一人当たり売上高(連結)
- 総資産回転率(連結)

④ シリコンサイクル銘柄のグループを選択して“表示ボタン”を押します

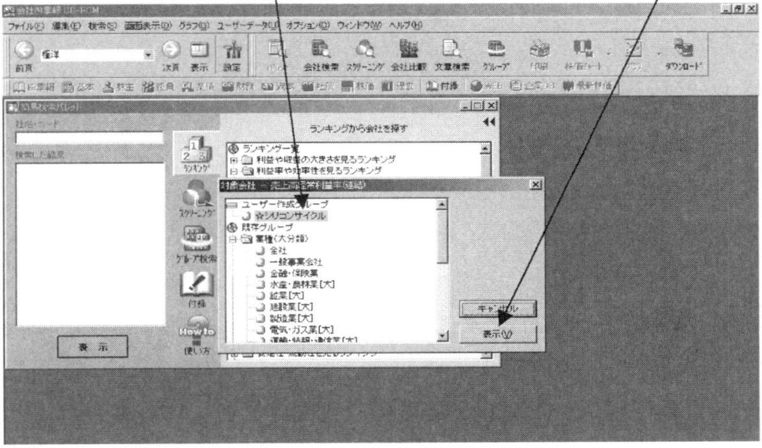

⑤“OK”ボタンを押します。

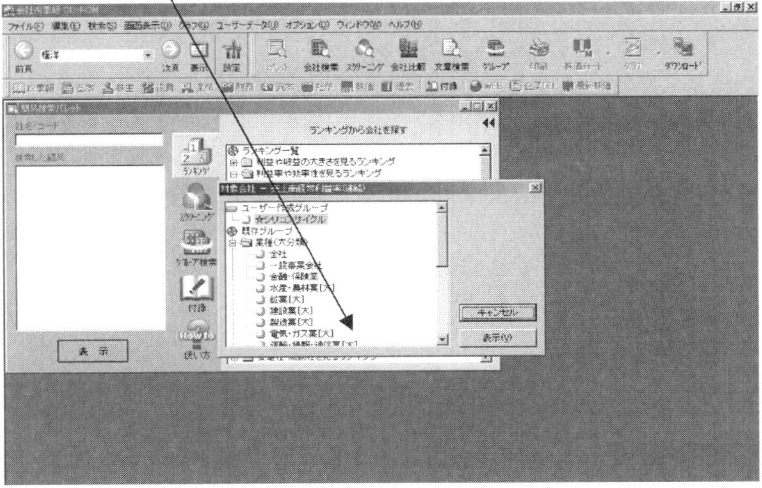

⑥ 以下のように“売上高経常利益率(連結)”のランキングが表示されます。

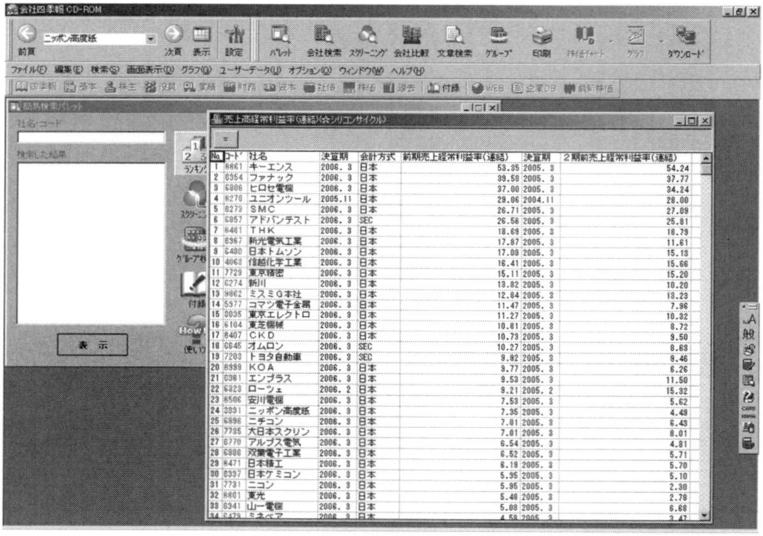

⑦“売上高経常利益率(連結)”のランキングを消さずに、「③」に戻り以下のランキング結果を表示させます（ランキング結果は消さないでください）。

- 総資産経常利益率(連結)
- 総資産回転率(連結)
- 一人当たり売上高(連結)
- 総資産回転率(連結)

⑧ すべてのランキングで上位にくる銘柄をいくつか選択し、投資対象候補とします。

ちなみに、この手法はハイテク株だけに通用する手法ではありません。以前証券セクターで同じ方法を試みていずれのランキングの上位に来た“東洋証券”を2004年12月に買ったところ、半年間で株価が約1.5倍に上昇したことがあります。

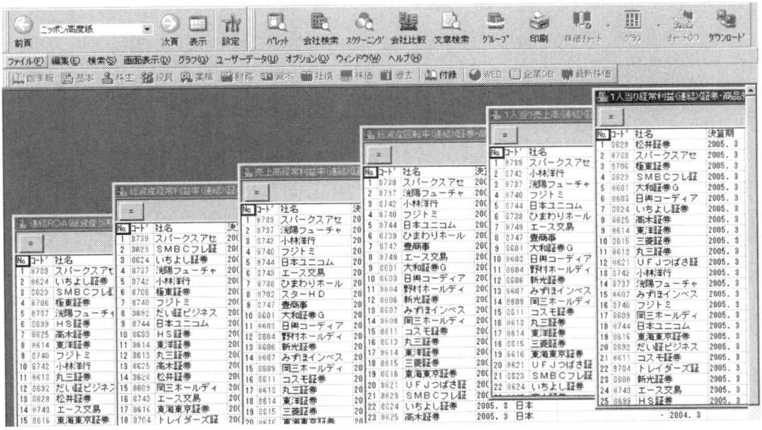

第８節
最後にこれだけは見よう　～格付速報で経営チェック～

今までシリコンサイクルに応じて株価が動く銘柄をいくつか見つけてきました。その中から実際に投資すべき銘柄を選ぶときには、「経営的に本当に大丈夫なのか」「倒産しないのか」「粉飾決算はないのか」といった不安が出てくるかと思います。そういうとき、あまりメジャーではありませんが『格付速報』を利用するといいでしょう。そういう不安は簡単に取り除けます。

『格付速報』は、『会社四季報』『日経会社情報』と並んで上場企業の辞書ともいうべき本です。大きな書店に行かないと入手できないのが難点はありますが、独自の視点で企業を分析し評価している点はほかにはない魅力といえるでしょう。

ちなみに粉飾決算で上場廃止になったカネボウを数年も前から「粉飾決算の可能性あり」と指摘して、そのぶんだけ低く評価（格付け）していました。

見るべきポイントはいろいろありますが、主に以下の３つで十分でしょう。

●粉飾決算係数→４期半にわたって各期の評価を10点満点の点数にて表しています。全期にわたって10点満点なら粉飾の疑いがないとみてOKでしょう
●格付け→最低でもBBB
●コメント→ネガティブなコメントがなければOKでしょう

これら３つが納得いくものであれば投資はOKです！　「備えあれば憂いなし」ではありませんが、これらをチェックすることにより投資すべきか否かの判断だけでなく、悪材料による株価急落のリスクをいくぶんかでも減らすことができると思います。ぜひとも『格付速報』を皆さんの投資に役立ててほしいと思います。

第3章

売買タイミング

はじめに

第１章で、シリコンサイクルは大きな振幅と規則正しい周期を持っていると学びました。

規則正しい周期を持つことは何を意味するか。それは投資のタイミングをつかみやすいということです。もっといえば信用取引を仕掛けるタイミングを正確に読むチャンスもあるということです。

この章では、これら売買のタイミングについて紹介していきたいと思います。

第１節　シリコンサイクルが底だと思ったら　その１
～いろいろな銘柄を買おう～

理想をいえば、ウォーレン・バフェット氏のように完璧に調査を重ねたうえで厳選した銘柄に集中した投資で大きく儲けたいところですが、私たち個人投資家には「完璧に調査」は難しいところです。事実、第２章で紹介した方法だけでは完璧な調査とはいえません。

また、読者の中には株式投資を専業とする方も少ないでしょう。投資を生業としている人でない限り、集中投資のための調査などできないと思います。

さらに、ハイテク株は日ごろの値動きが激しいセクター（業種）でもあります。その性質として、株価が上がるときには魅力がある反面、下がるときはデメリットが顕著になってしまう面もあります。いわば諸刃の剣といってもいいでしょう。

そういうデメリットをできるだけ避けるためにどうすればいいのでしょうか。私は、いろいろな銘柄を買ったほうがよいと思っています。いわゆる分散投資を私はお勧めします。

分散投資は、確かに、集中投資でうまく利益を上げた場合に比べて投資効率の点で劣るかもしれません。しかし、少なくとも株式資産全体の額を大きく損ねない「負けない投資」は実現できると思います。

ちなみに、私は投資手法も分散しています。本書で紹介するシリコンサイクルを用いた投資手法のほかにも、バリュー投資と呼ばれる手法やトップダウンアプローチと呼ばれる手法（前著『私も絶対サラリーマン投資家になる！』をご参照ください）などを駆使しています。おかげで少なくとも「負けない投資」においてはだいぶ自信がつきました。後はコンスタントに大きく利益を得る名投資家になるのが目標です。

さて、分散投資をするうえで何銘柄ぐらい買ったらよいのでしょうか。個別の資産状況によるので何ともいいがたいですが、少なくとも１章で紹介した、半導体製造関連企業と半導体製造装置関連企業の両カテゴリーから、銘柄をそれぞれいくつか選ぶとよいでしょう。

特に、半導体製造装置関連企業の中には半導体だけでなく一般の機械、例えば自動車部品などの製品を扱っている企業も多いため、半導体の市況が悪かったとしても大きな痛手を被らずにすみます。一種のリスクヘッジとなるわけです。

もうひとつ、面白いことに、シリコンサイクルが底のときはだいたい不況のときが多いのです。不況のときは、ある意味、投資のチャンスといえます。株価が安くなるだけでなく、隠れていた企業の問題が明るみに出て、良い意味でも悪い意味でも投資判断の材料が出てきます。故松下幸之助氏はこうおっしゃっていました。

「不況もまた良し」

なるほど、シリコンサイクルが底のときにはこの言葉を噛みしめてみるのもいいかもしれません。

さて、分散投資に話を戻しましょう。ひとつの銘柄に費やす予算は仮にその企業が倒産しても資産全体に大きなダメージが残らないくらいの金額が良いと思います。

ただ、あまり分散しすぎると、負けるリスクは減るかもしれませんが、利益を得るチャンスも減るかもしれませんのでほどほどにしてください。

自分の体験談を話しましょう。一時期約1000万の資金を（割安な銘柄が多数あったことも手伝って）約30銘柄に分散したことがあります。利益はもちろん得られたのですが、今になって投資成績を振り返ってみると、もう少し銘柄を絞っていればもっと投資成績が上がっていたのではないかと思っています。

アナリストのレーティング

証券会社にもよりますが、証券アナリストによる各銘柄のレポートの格付けには大きく分けて高い順に次の3段階があると思います。

Over Weight　買い
Neutral　中立
Under Weight　売り

気をつけねばならないのは「Over Weight 」の格付けが発表されたときです。真偽のほどは定かではありませんが、この格付けが発表されると個人の買いが殺到した時点で外国籍の機関投資家が売りに回るという話もあります。

また、アナリストによっては株価が高くなっているのにもかかわらず「Over Weight 」の格付けを出し続ける場合もあるので注意すべきでしょう。

それでは上手なアナリストレポートとの付き合い方を教えましょう。

お勧めなのは「Under Weight」から「Neutral」に格上げになった場合です。この段階になると悪材料が出尽くした状態になる場合が多く、しかも株価が安いままなのでお買い時の場合があります。

皆さんも注意してこのような銘柄を探してみてはいかがでしょうか。

第２節　シリコンサイクルが底だと思ったら　その２
～少しずつ買おう～

シリコンサイクルが底にきたとき。それは、投資のチャンスです。ただ、投資にかける予算を一気に使わないでください。

シリコンサイクルでは底に見えるかもしれませんが、先のことはわかりません。ひょっとしたらさらに下に落ち込むかもしれないのです。

確かに、シリコンサイクルはある程度規則正しいサイクルを描きます。だからといって、100%規則正しいサイクルではないのです。むしろ、いびつな形をしているサイクルです。

ひょっとすると株価もサイクルどおりにぴったり動かないかもしれません。ハイテク銘柄はどういうわけか、日々の値動きが激しいので、上下に株価がオーバーシュートしやすいのです。

そういうときは様子を見ながら２～３ヵ月をかけて、何回かに分けて買うといいと思います。

あるいは、株価がシリコンサイクルと同時に上向いたところをねらって買い始めるのも手ではないでしょうか。

また、信用買いをする場合は「追証」に注意してください。限度額いっぱいに買ってしまうと、思わぬ急落に巻き込まれたときに「追証」が発生して大けがをしてしまいます。

限度額いっぱいに買うのではなく、最大でも限度額の８割程度までにするのがよいでしょう。詳しくは前著『私も絶対サラリーマン投資家になる！』の65ページを参照してください。

仮にシリコンサイクルが底にあったとしても 〜群集心理に乗るべからず〜

【住友金属工業の株価チャートが与える教訓】

シリコンサイクルが底に来たとき、投資のチャンスであると思ってはいても、実際にその場に対するとなかなか心理的に投資に踏みきれない場合があるかと思います。

大勢の市場参加者が「ハイテク株は駄目だ」と判断しているから株価が下がっているわけですから、同じ市場参加者たらんとする自分もそういう群集心理に陥ってしまいがちになると思うのです。しかし、難しいことではありますが、群集心理に陥らないでください。儲けのチャンスを逃してしまいます。昔、私のブログに載せた原稿を紹介しますので、ぜひ、皆さんの投資の一助としてください。

●

【群集心理に陥らないで冷静に判断して投資するの巻】

たったこれだけで大きな利益が得られることに最近あらためて気づきました。

投資関連の雑誌等に、成長株投資で元手数百万円を数年で数億円に増やした方の記事が載っていたりします。確かに、成長株に投資するのは素晴らしい手法ですが、だからといって、血眼になって成長株を見つけて投資しなくてもよい投資法——成長株投資に負けないくらいの投資法——があります。次ページのチャートを見てください。住友金属工業の株価５年チャートです。

住友金属工業（5405）の株価５年チャート

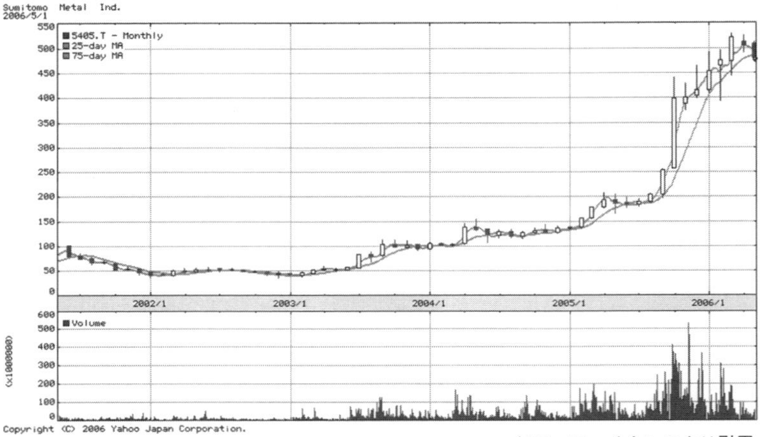

ヤフーファイナンスより引用

見てわかるとおり、わずか数年で10倍以上の上昇になっています。

現物株投資だけで10倍以上、信用取引を駆使すれば先の成長株投資に負けないくらいの利益をとれることがわかると思います。

当時、私はこの異常に低い株価に気づいていなかったわけではありません。でも、当時の「株式市場は暗い、先行きは見えない」という雰囲気に飲まれて投資できなかったのです。

大変くやしい出来事であり、大変大きな反省点でもあります。

つまるところ、いかに群集心理に陥らずに孤高でいられるか、いかに冷静な自分を保ち続けられるかが株式投資で勝つ秘訣なのでしょう。皆さんはいかがお思いでしょうか。

●

ちなみに私のブログのURLは　http://ameblo.jp/bart/　です。ぜひ遊びにきてください。

第3節　シリコンサイクルが上向いても株価が上がらないときは
～損切りのススメ～

シリコンサイクルが上向いても株価が上がらないとき、もうこれはしかたありません。いさぎよくあきらめてすべて売り払う（「損切り」といいます）べきです。間違っても後述するナンピンをしてはいけません！

このような状態で株価が上がらないということは明らかに投資の失敗なのです。先の章で取り上げたように、シリコンサイクルのほかにも買った理由がない限り、損失が広がらないうちにすべてを売り払って、次の投資に備えるべくキャッシュを確保すべきです。

次のような問答があります。

Q　優れたトレーダーになろうと努力している平凡な人々に対して、最高のアドバイスは何ですか。

A　損切りを覚えなさい。金儲けで最も重要なことは手に余るほどの損を決して出さないことだ。

パンローリング刊『マーケットの魔術師』より引用

もし、どうしてもナンピンしたいのであれば、株価が上向いて上昇トレンドに乗るのを待ってからでも遅くはないと思います。

損切りはあえて遅く？

先の話とは打って変わってこのようなタイトルで恐縮ですが、あえて述べておきたいと思います。

「損切りは早くしなければならない」というフレーズを、株式投資本をはじめ、相場に関する本でよく見かけます。

しかし、あえて時間が経ってからすべき損切りもあるのではないでしょうか。たとえば、景気が悪くなるわけでもないのに相場全体が下がるときなどが“そう”です。

相場全体が下がるにつれて自分の銘柄の株価も下がって損切りしたいなと思ったとき、後述する騰落レシオをぜひ見てください。

相場全体が下がっているときは、だいたいの場合においてこの騰落レシオが下がっています。

騰落レシオが底を打てば、再び相場全体が上がっていきます（絶対ではありませんが）。きっと、損切りしたい銘柄の株価も底を打って上がり始めるでしょう。損切りすべきかどうかは「上がり始めたとき」に決めてもよいと思うのです。

相場格言に「閑散に売りなし」があります。「相場が閑散として売り買いが少ないときは底なので売ってはならない」という意味です。そういうときにはあえて売らずに売買が活発になるのを待ち、株価が戻ったときに損切りしたほうが損失の幅も小さくなります。場合によっては、逆に損切りをしなくてもいい状況が生まれてくるかもしれません。

かのベテランファンドマネジャーの大竹愼一氏は次のようにおっ

しゃっています。

「嵐が過ぎるまで売買するな」

損切りしたくなるような下げ相場のときでも群集心理に陥らず、グッとこらえて、あえて何もしないのもよいのではないのでしょうか。

もうひとつ、お勧めの損切り法があります。それは複数単位で買ったその銘柄の一部のみを損切りする方法です。ただし、この手法は「財務内容が良く、比較的業績が良いにもかかわらず株価が下がってしまった銘柄」に限ります。「財務内容が良く、比較的業績が良いゆえに後になって株価が上がる可能性は大いにあるかもしれない。でもキャッシュポジションは欲しい」。そんな迷いがあるときにこの損切り法を試してはいかがでしょうか。

ここで、再び、私のブログに載せた失敗談を挙げておきます。参考にしてください。

●

【失敗談：「たった１度の負けが示すもの」の巻】

確定申告の季節になりましたね（H17年度）。私は特定口座を使っていないので、毎年、確定申告をします。その申告用の明細書を作成していて気づいたことがあります。

勝率90％にもかかわらず、今年度のパフォーマンスが日経平均のそれを下回っていたのです。

この原因は何か。いろいろ考えられるのですが、数ヵ月前にこのブログに載せた住友金属工業の損失が大きいと思っています。

このときの売買はいつもの私のスタイルとは違い、気まぐれで安易なトレードで、目先の感情に流されて行ってしまったトレードでした。ああ情けない。せめて冷静に相場環境を眺めることができれば利益を得られたでしょう。

ほかの銘柄で１年かかって稼いだ約10万円もの金額をわずか数日でふっ飛ばしてしまったことは今年度一番の反省点でもあります。

この損失さえなければ日経平均を上回るパフォーマンスが得られたはずでした。仮に勝率90％でも、たった１回の負けでパフォーマンスがガラリと変わるのです。このことは、「株式資産はリスク資産だ」ということをあらためて私に痛感させました。やはり安易なトレードは戒めるべきなのですね。

皆さんの今年度のパフォーマンス、反省点はいかがですか。

2005/９/25 住友金属工業　2000株435円　買い

↓

2005/10/５ 住友金属工業　2000株 386円　売り

住友金属工業（5405）１年チャート

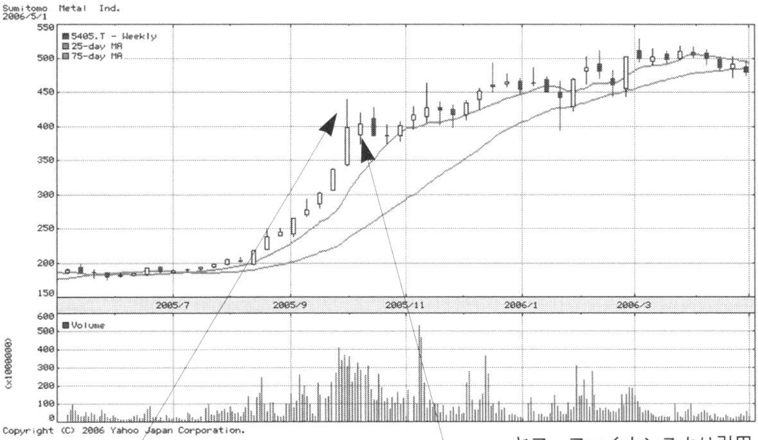

ヤフーファイナンスより引用

このあたりで買って　このあたりで売ってしまいました

第4節　シリコンサイクルが天井だと思ったら～少しずつ売ろう～

めでたくシリコンサイクルが天井に来て、持ち株の株価もかなり上昇していたとします。こういうときは、一気にすべての持ち株を売りたくなる衝動に駆られるかと思います。

しかし、人間には本当の相場の天井はわかりません。「天井だな」と思っても、一気にすべてを売る衝動を抑えて少しずつ様子を見ながら売ってはいかがでしょうか。こうすれば一気にすべての持ち株を売ってしまった後にさらに株価が上がっても残念な思いをしなくてすみます。また、仮に下がったとしても利益をすでに確保しているので精神的にかなり楽な状態が保てますから、その後に冷静に状況を見てもろもろを判断することもできるでしょう。

ここで注意したいのが、安易に目標株価を引き上げてギリギリの天井まで売らずに引っ張っていこうとする行為です。

バブルのころに欲をかいて安易に目標株価を引き上げて損失を出した人が大勢いたそうです。「株式投資は売りが最も難しい」とよく言われます。突き詰めれば「いかに自分の欲望に振り回されないか」が株式投資では特に大事になってくるのではないでしょうか。

値動きの激しいハイテク株とのこんな付き合い方

日々の値動きが激しいハイテク株、困ったことに、ときには何の悪材料もないのにシリコンサイクルとは関係なくガクンと下がることがよくあります。

こういうときは思いきってスイングトレードと呼ばれる短期売買を試みてはいかがでしょうか。

特に、ハイテク株には、騰落レシオが70%台になって日経平均株価が目先の底を打つと同時に底打ちをする傾向が見られます。そういうときに買って、騰落レシオがもとの値に戻ったときに売って利益を確定させるやり方はいかがでしょうか。

私は押し目買いのタイミングを計るときによく騰落レシオを利用します。経験上、これがよく当たるというか、少なくともタイミングを大きく間違えることはありません。信頼に値する指標だと思います。

ほかにも、RSIなどのテクニカル分析の指標を使った方法もあります。

残念ながら、私はテクニカル分析の指標を使った短期売買の経験がほとんどないので詳しく書けませんが、ご興味のある方は前著『私も絶対サラリーマン投資家になる！』の第５章スイングトレードの解説をご参照ください。

第5節
空売りを仕掛けるとき（空売り銘柄を見つけるとき）の注意点

空売りを仕掛けようとしている（＝空売り銘柄を探す）とき、まず注意すべきことがあります。それは、信用売り残が増えてきている銘柄を避けることです。

信用売り残が増えてきている銘柄には、空売りしている投資家自身が必ず買い戻さなければならない関係上、株価上昇の可能性が出てきてしまうのです。要するに、空売り候補としては適さないわけです。こういう銘柄は逆に買いを検討したほうがかえっていいかもしれません。

空売りで怖いのは、空売りした銘柄が値下がらずに逆に値上がってしまうことです。そうなれば損切りできない限り、損失無限大の恐怖と戦わなければなりません。聞いた話では、空売りで大損したときのほうが財産を大きく損なうことが多いとか。

信用売り残の見つけ方は簡単です。INFOSEEKマネーに信用取引情報が時系列で載っています。任意の期間の信用売り残推移を見ることができます。以下のURLを参照してください。

http://money.www.infoseek.co.jp/MnStock/margin.html

ここに銘柄名または証券コードを入力します。

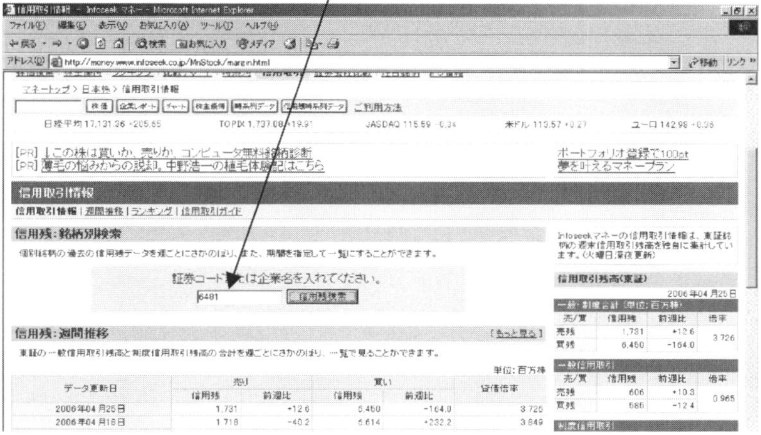

信用売り残が表示されます。

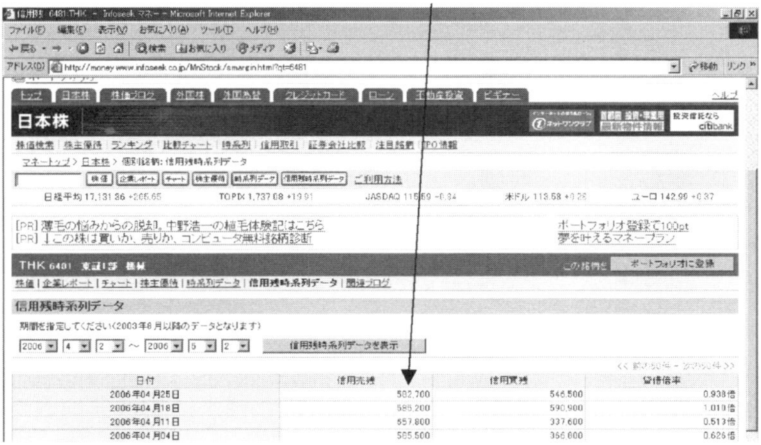

第6節　信用取引をやってみよう
～トレンド転換をいかに読むか～

まずは、下のチャートを見てください。

UMCJ（6963）＋シリコンサイクルのチャート

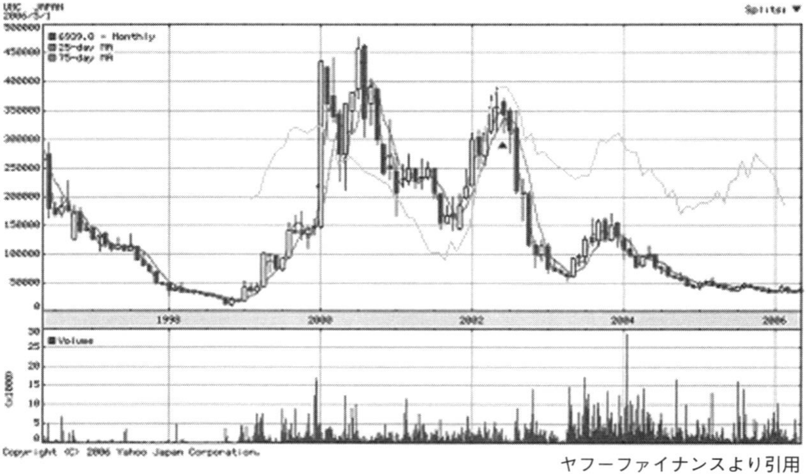

ヤフーファイナンスより引用

これは、実際の株価とシリコンサイクルを重ね合わせたものです。経済産業省のデータは約2ヵ月遅れで発表されるので、株価のトレンド転換後に少し遅れてシリコンサイクルのトレンド転換が確認できることと思います（このことは、実際にシリコンサイクルを作りながら投資タイミングを計ろうとするとわかります）。つまり、シリコンサイクルがトレンドの確実な転換点を示しているわけで、その転換点を確認できた瞬間が信用取引を仕掛けるシグナルとなるのです。

テクニカル分析には株価のトレンド転換点を示す指標もありますが、それよりも実際の半導体製品の需給を示すシリコンサイクルのほうがファンダメンタル（経済的な要因）に基づくゆえに確実性があります。

つまり「ダマシ」がないのです。

約1年ごとに訪れるシリコンサイクルの転換点のときに私たちはアンテナを敏感にして経済産業省からデータを集めてグラフを作成し、株価の動きと比較して信用取引のタイミングを探るべきです。第1章で紹介したSOXX指数も参考にするといいかもしれません。

ひとつ、言い忘れていました。信用取引を仕掛けるときはこの例で示したように、シリコンサイクルの動きに特に忠実な銘柄を選んでくださいね。

信用取引はタイミングがつかめる銘柄を

空売りで失敗した方から聞いた話です。その方は空売り銘柄としてゼネコン株を売っていたそうです。その当時はゼネコン各社の倒産の可能性が確かに大きく、実際に新聞や株式市場で騒がれていました。なるほど、空売りしたくなる気持ちもわかります。でも、結局のところ、ゼネコン株の株価は後に上昇、大きな損失を出したそうです。

ここでの教訓。それは「いつ倒産するかの確かな予測・根拠を持たずして、ただ単に倒産する可能性に賭けていたことに敗因があった」ということではないでしょうか。

具体的にいつ下がるのかという「ファンダメンタル（経済環境上の理由）的な理由」があって空売りを仕掛けたのならともかく、具体性に欠けた可能性に賭けてしまったことが敗因といえるでしょう。

その点、シリコンサイクルには完全ではないにせよ、「いつ下がるか、いつ上がるかがわかる」という利点があります。つまり、信用買いや空売りを仕掛けやすいのです。信用取引を利用して、大いに儲けようではありませんか。

空売りの意義

空売りは危険という意見をよく耳にします。株価が下がると思って空売りを仕掛けて、もし株価が上がってしまったら、損切りをしない限り損失は無限大になってしまいますから確かに危険といえば危険です。

では、一見、危険ともいえるこのような制度が何故あるのでしょうか。

それは、市場参加者を増やして流動性（売買したい時に売買できること）を確保するためです。

仮に空売り制度がなければ、例えば100円で売買されている株に50円の価値しかないと思っている人は市場に参加できません。それでは、市場参加者の人数が減ってしまい、そのぶん流動性が落ちてしまいます。

反対に、空売り制度があれば、株式市場に参加者が増えて流動性が高まります。その意味において空売りは非常に役立つ制度だといえるのではないでしょうか。

DRAMもチェックしましょう

DRAM（パソコンのメモリ）も半導体製品の一種なので、その価格をチェックすることも非常に大事といえます。ただ、今まで調べた限りでは、その情報を手に入れるには対価を払わなければいけないようです（つまり有料ということです）。手軽な方法として、日本経済新聞の商品市況欄をチェックするのがいいと思います。

日本経済新聞の商品市況欄には、定期的にDRAM価格の時系列チャートが出ているわけではありません。でも、ときどきDRAM価格に関する記事が出ています。

DRAMの価格は、毎日、日本経済新聞の商品指数にも掲載されています。これをグラフにつけるのもいいかもしれません。特に、底値から上昇に転ずる旨の記事が出たときがねらい目です。

私はこの瞬間をねらってDRAM専門メーカーであるエルピーダメモリ（6665）に投資しました。おかげさまで、投資してからわずか数週間で株価が一気に約1.5倍になった経験があります。

投資したのは2005年12月下旬でした。それまで、同社はDRAM価格の低迷で業績が芳しくなく株価も低迷していたのですが、DRAM価格の底打ちで業績の回復期待が株式市場に出回り、見事株価が上昇したというわけです。

ちなみに、有料ですがDRAM価格をコンスタントにチェックできるサイトをご紹介しておきます。

DRAM　Exchange　　http://www.dramexchange.com

DRAM価格記事（日本経済新聞より）

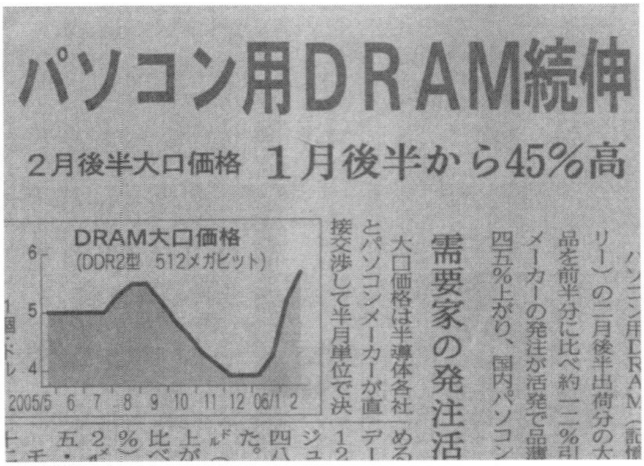

パソコン用DRAM続伸

2月後半大口価格　1月後半から45％高

DRAM大口価格
（DDR2型　512メガビット）

1個・ドル

2005/5　6　7　8　9　10　11　12　06/1　2

パソコン用DRAM（記憶
リー）の二月後半出荷分の大
品を前半分に比べ約二二％引
メーカーの発注が活発で品
四五％上がり、国内パソコン

需要家の発注活

大口価格は半導体各社
とパソコンメーカーが直
接交渉して半月単位で決

エルピーダメモリ（6665）の１年チャート

DRAM価格急騰にあわせて株価も急騰している

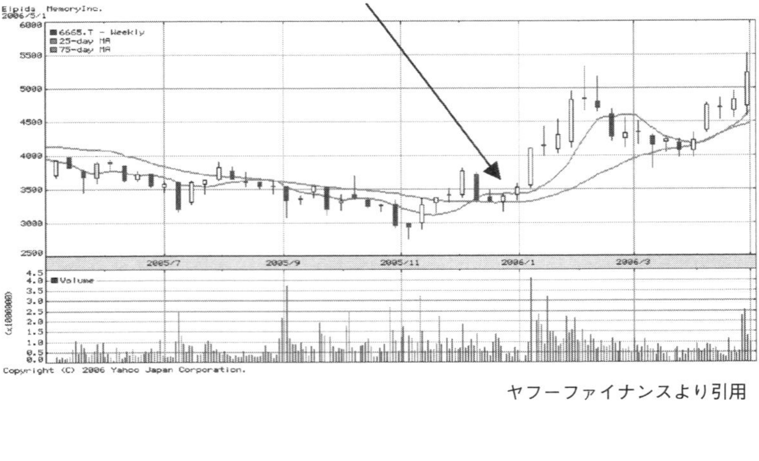

ヤフーファイナンスより引用

騰落レシオは良い売買のサインになる？

株式市場は日々上下します。そういう状況の中でいつ売買すべきかかなり迷うことと思います。

そういうときは、指標として騰落レシオを利用してはいかがでしょうか。

騰落レシオ（%）＝（25日分の上昇銘柄数合計÷25日分の下落銘柄数合計）×100

経験則的にいえば、この値が60～70%台に落ちたときが買い時の目安でしょう。この値のときが目先の底と考えられます。実際、その後、日経平均は上昇へと反転する場合が多いです。

年に1度くらい、株式相場全体が暴落するときがありますが、そういうときはだいたいこの騰落レシオが60～70%台に落ちている場合が多いものです。シリコンサイクルの底でなくても絶好の買い時となる場合もあります。

このように相場が下落して閑散としているときに買いを入れるのは相場必勝法でもあります。シリコンサイクルが底のときも理屈は同じです。

逆に、120%台になると目先の過熱感（天井）が出てきますから、現物の売りを考えるべきでしょう（当然日経平均は下がりがちとなります）。

日経平均十騰落レシオチャート

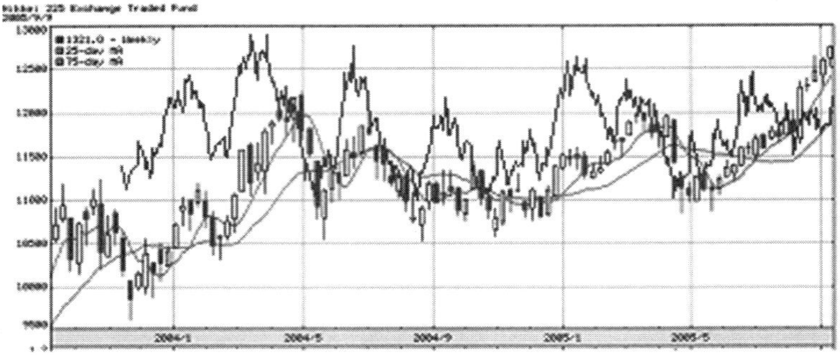

ヤフーファイナンスより引用

特に、短期スパンでの信用取引のタイミングを考える場合、この騰落レシオの値は非常に重要な意味を持ってきます。

仮に、上昇相場で騰落率が高いままのときは「（相場の）過熱感がある」ことを示します。いつ反落してもおかしくないわけですから、うかつに信用買いできません。かといって信用売りも、はっきりとしたタイミングがつかめないという点で難しいといえるでしょう。

逆に、下落相場が予想される場合でも騰落率が小さい場合は、いつ反転してもおかしくないので空売りは控えるべきでしょう。

ちなみに、信用取引をする銘柄を選ぶ場合は日経平均に株価が連動するような銘柄を選ぶのも一案だと思います。これは、「Yahoo Finance」で簡単に調べられます。株価チャート欄に日経平均の欄にチェックするボックスがあるので、そこにチェックを入れて表示させれば完了です。

THK（6481）十日経平均のチャート

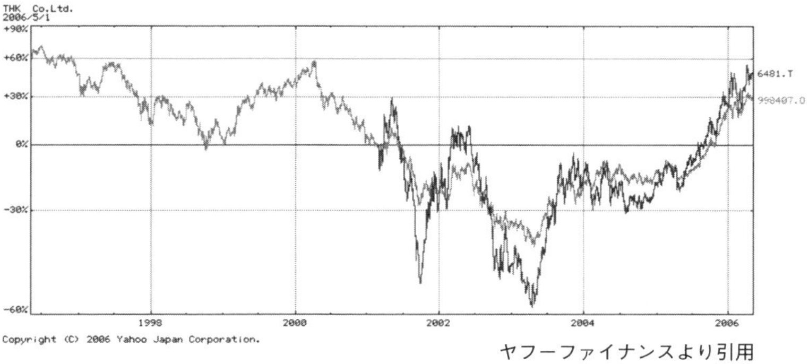

ヤフーファイナンスより引用

ちなみに騰落レシオは証券会社（マネックス証券）の無料メールマガジンに載っています。

ライブドアショックで含み益を一気に半分に

2006年１月、半導体銘柄をポートフォリオの主力銘柄にしたためライブドアショックで含み益が一気に半分になってしまいました。というのも、ある程度上がった銘柄をさらに買い増ししたため（これを利乗せといいます）、今回の急落に巻き込まれて含み益が一気に半分になってしまったというわけです。日々の値動きの激しいハイテク株ゆえにこういうリスクがあるのは仕方がないことですね。

ただ、逆をいえばこのような急落時が買いチャンスといえるでしょう。「目をつけていたあの銘柄」が買えるかもしれません。

第７節

ナンピンはやめよう！

ナンピン（難平）とは、「ある銘柄を予算枠いっぱいに買ってしまった後、株価が下がって評価損が出てしまった場合、さらに同一銘柄を買って１株当たりの買値を下げること」を言います。

これはやめましょう。損失が大きくなる前に売り払うべきです。分散投資の観点でいえば、ひとつの銘柄に多くの資金を注ぎ込むことになりますから分散の意味をなさなくなります。買った理由があるならばそのままにしてもいいですが、買った理由が間違いと判断したならばいさぎよく損切りしましょう。深追いはやめて別の銘柄を買うことのほうが前向きだと思います。

大事なお金に無駄な血を流させるのは考えものです。買う理由もないのにお金を出すのはもはや投資とは呼べません。どうしてもナンピンしたいのであれば、株価が底を打って反転し、上昇のトレンドに乗ってからでもいいと思います。

ただし、以下に述べる条件は「買い増し」と呼び、実行OKな投資戦術です。

買い増し：ある銘柄を予算枠に収まるまで何回かに分けて買うこと。株式は買った瞬間からいきなり右肩上がりに上がることはないので、何回かに分けて株価が安くなったところで分割して買いを入れるテクニックのこと。

第８節
儲けるためには「儲けよう」と思うべからず

このタイトルを読んで「どういうこと？」と思われたかもしれません。

このタイトルの真意は「儲けようとギラギラした思いをもって株式投資をすると逆に損をする」にあります。

恥ずかしながら私の経験を話しましょう。私も、ギラギラした思いを持ってしまうことがあります。でも、欲望が強くなるとどうしても冷静な判断ができないのです。結果的に、短期間であれこれ銘柄を乗り換えたりして、かえって損をしてしまうことが多くなってしまいます。

最近思うことのひとつに、「少なくとも大損はしないなという感覚を持てる銘柄や、投資のタイミングを計れる銘柄のほうが冷静さを保てて、かえって良い結果をもたらしてくれる」があります。もちろん、かのピーター・リンチ氏がいうように「こういう理由でこの銘柄は上がる」といったストーリーを持つことも大事です。

もうひとつ、戒めたいことがあります。それは、売買それ自体が楽しくなってしまうという病気です。恥ずかしながら私もその病気に１度かかってしまいました。こうなってしまうと冷静に銘柄を選ぶことができなくなってしまいます。言うまでもなく、売買のタイミングも計れなくなってしまうのです。

この病気の治し方は、まず現実を直視することだと思います。例えば、売買の記録を眺めていかに利益を出せなかったか、安易なトレードをしてしまったかを直視して自分を恥じることが治療法ではないでしょうか。おかげさまで、現在では淡々と売買ができるようになりました。

半導体業界にお勤めの皆さんへ

私はある半導体関連の企業に勤めています。社員の大半は「値動きが激しい」という理由だけで自社株に投資していません。気持ちはわかるのですが、残念なことです。

しかし、日々の業務から得た知識を生かして銘柄選択、投資タイミングを計るとすればどうでしょう。うまくいけば、来年度のシリコンサイクルの予測もより正確にできて自社株にも積極的に投資できるのではないのでしょうか。

もし、お給料と投資からのリターンを同じ会社から得るのが不安というのであれば、思いきってライバル会社に投資してみてはいかがでしょうか。ある意味、リスクヘッジになるかもしれません（笑）。

また、客先や仕入先の情報も入ってくるので、それらの企業に投資する点でも有利なのではないでしょうか。自分になじみのある会社があるというのは、（相性の有無という点から見ると）投資するうえでとても有利だと思います。実際に私は自分の設計した製品に組み込まれる部品のメーカーに投資をしています。

さて、こうして考えてみると株式投資は立派な本業の延長といえませんか？　さらに踏み込んでいえば「株式投資＝ビジネス」といえるのではないでしょうか。

まだまだ日本人の多くが「株式投資＝博打の一種＝悪」の思考回路を持っていると思います。残念なことです。確かに、新聞の株式欄を見てヤマカンで銘柄を決める投資法（といえるかどうかは？）では確かに博打でしょう。

でも、考えてみてください。繰り返すようですが、社会人であるならば、半導体業界に限らず何らかの業種のもとで働いていますよね。いわばその業種に詳しいはずなのです。その知識を生かさないなんてもったいないと思いませんか。

皆さんも、自分の持っている知識を株式投資に生かしてみてくださいね。

勝っている投資家はタバコを吸わない!?

ある投資関連のセミナー会社を経営されている方から聞いた話です。勝っている投資家はタバコを吸わない人が多いそうです（私はタバコを吸わないのでこの話を聞いてうれしかったです）。何故かというと、タバコを吸い始める人はまわりに流されてという人が多いから、ということでした。要するに、自分の考えを持たずにまわりに流される傾向がある＝投資で大成しない理由につながるとのことなのです。

加えてこんなこともおっしゃっていました。

居酒屋に大勢で飲みにいったときにみんなビールを頼むのに１人だけまったく違うものを頼む人。こういう人も投資で勝つ人なのだそうです。なるほど、私も先に「群集心理に流されず自分の頭で考えることが株式投資で勝つ秘訣」と書きましたが、やはりそういうことが言えるんですね。

第4章

私のシリコンサイクル投資記録

はじめに

　この章では、私が実際に行ったシリコンサイクル銘柄への投資のてんまつを紹介していきたいと思います。自分の恥をさらすようで恐縮ですが、皆さんの参考としていただくためにも、また自戒のためにも思い切って記したいと思います。

　ここで思い出したのが、前章の最後の話に登場したセミナー会社を経営されている方の話です。勝っている投資家はきちんと損益の収支をこまめに記録しているそうです。記録することで自分がどれくらいの利益を上げているかはもちろんのこと、「再び利益を上げる」ための再現材料として、「なぜ損失を出したのか」の反省材料として役立てているとのことです。私たちも“これ”を見習って勝てる投資家になりましょう。

例1：THK（6481）

【事業内容】

ボールベアリング（鋼球）を利用したレールを製造販売している企業。世界シェア6割です。私も仕事で同社の製品を使わせてもらっています。私にとっては非常になじみのある企業です。

①購入日◇2005年5月23日

【購入理由】

当時、シリコンサイクルが底付近にあると判断、このときが買いのタイミングと判断しました。

私は機械設計の職にあります。同社の製品をよく使っており、なじみがあるというのが一番の理由です。やはり、こうした「縁」を重視するのも大切ではないでしょうか。

また、ROAや流動比率の値も高く、PBRの値もそこそこ低いので購入しました。

購入金額：2190円
購入株数：100株
PBR：2.0
PCF：11.6
ROA：7.4%（2005年3月決算時点）
流動比率：332%（2005年3月決算時点）

② 購入日◇2006年１月20日

【購入理由】

ちょうどこの当時は2006年１月の「ライブドアショック」と呼ばれた株式市場暴落にあたる時期でした。押し目買いのチャンスとして、また利乗せ（値上がったところを見計らってさらに買い増しをすること）のチャンスとして購入しました。

購入金額：3540円
購入株数：100株

③ 売却日◇2006年４月７日

【売却理由】

騰落レシオが120％を超えたこと、シリコンサイクルはもう上がらないと判断したことを理由に、ハイテク銘柄のポジション比率を低くするべく売却を決断。

売却金額：3840円
売却株数：100株

④ 結果

◎売却益：｛3840－（2190＋3540）÷２｝×100
　　　　＝97500
◎利益率：｛3840÷（2190＋3540）÷２－１｝×100
　　　　＝34（％）

【自己評価と反省点】

騰落レシオに沿って冷静に売却行動に移れたのは良かったと思います。しかし、今思えば、利乗せのタイミングが悪かったとも。3540円で買い増ししたことで利益率が下がっています。今後、改善したいところです。

THKのチャート

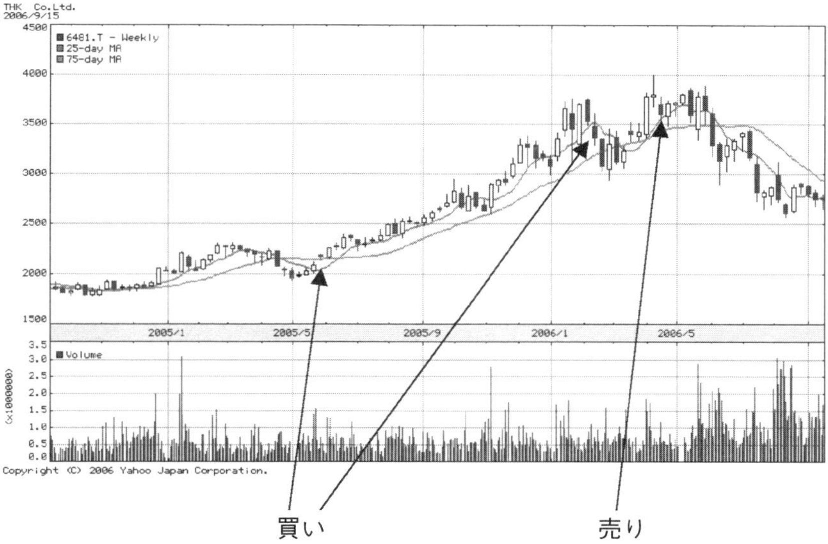

ヤフーファイナンスより引用

例２：黒田精工（7726）

【事業内容】

ボールねじと呼ばれる精密機械の部品を製造販売している企業。

①購入日◇2005年５月23日

【購入理由】

チャートを見るとシリコンサイクルにきれいに沿っているわけではないのですが、先述のTHKと同様、同社の製品をよく使っており、なじみがあるというのが一番の理由です。また、ROAの値は低いものの、流動比率の値は高く、PBRの値も低いので購入しました。

購入金額：267円
購入株数：1000株
PBR：1.17
PCF：5.5
ROA：3.3％（2005年３月決算時点）
流動比率：132％（2005年３月決算時点）

②売却日◇2005年12月１日

【売却理由】

ハイブリッド車で同社の技術が使われるとの材料が株式市場に出て株価が急騰。２倍近く上昇したことにより売却を決断。

売却金額：485円

③ 結果

◎売却益：（485－267）×1000＝218000円
◎利益率：（485÷267－１）×100＝81.6（%）

【自己評価と反省点】

半年で約80%もの利益が出ました。こういうところにハイテク株の面白さがあります。売却後760円もの高値がつき少しくやしい思いをしましたが、「頭と尻尾はくれてやれ」という格言もあるのでよしとしましょう。相場の天井を見分けることは人間には無理です。下手に天井で売ってしまうと運を使い果たすことになるのでよしとします。

黒田精工のチャート

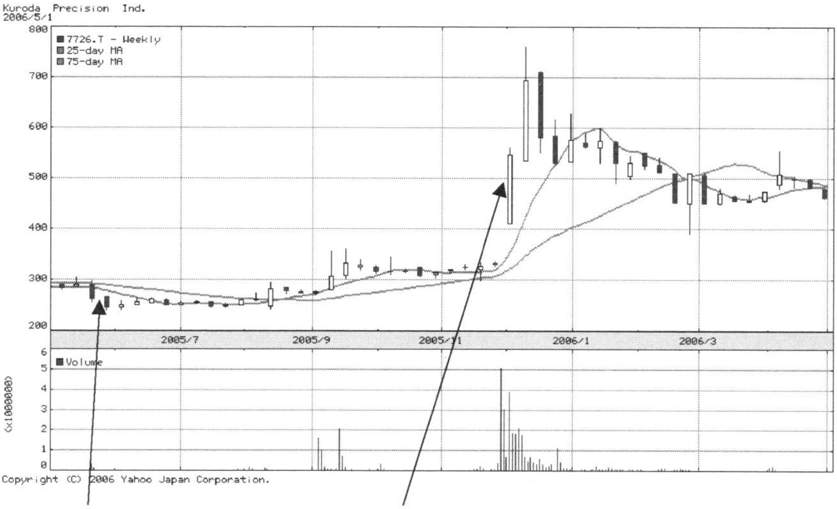

買い　売り

ヤフーファイナンスより引用

例３：UMCJ（6939）

【事業内容】

集積回路と呼ばれる半導体部品の受託製造企業。顧客にあのインテルを持っています。

①購入日◇2005年３月７日

【購入理由】

「シリコンサイクルにきれいに沿っている」というのが購入の一番の理由です。

また、赤字であるものの、流動比率の値は高く、PBRの値も低いため購入しました。購入当時の今期予想業績は黒字に転換しており、この点でも妙味があると感じたことも購入理由です。

購入金額：46900円
購入株数：２株
PCF：2.55
PBR：0.76
ROA：－0.5%（2005年３月決算時点）
流動比率：472%（2005年６月中間決算時点）

②購入日◇2005年５月23日

【購入理由】

株価が下がったことによる買い増し。

購入金額：40500円
購入株数：２株

③ 購入日◇2005年６月30日

【購入理由】

シリコンサイクル上昇と判断しての買い増し。

購入金額：43200円
購入株数：２株

④ 購入日◇2006年１月12日

【購入理由】

株価が下がったことによる買い増し。

購入金額：41150円
購入株数：２株

⑤ 購入日◇2006年１月17日

【購入理由】

シリコンサイクル上昇の時期＋１月相場の上昇を見越しての買い増し。

購入金額：42500円
購入株数：３株

⑥ 購入日◇2006年１月26日

【購入理由】

「ライブドアショック」での株価暴落による買い増しのチャンスと判断。

購入金額：38500円
購入株数：２株

⑦ 購入日◇2006年３月８日

【購入理由】

騰落レシオ70％台と相場が低迷しており、同社の株価も低迷していたため。

購入金額：34650円
購入株数：１株

【反省点】

買い増しのタイミングが今ひとつうまくありません。テクニカル分析のノウハウがないのと、シリコンサイクルと同社の株価のみに着目したせいと思われます。せめて半導体製品価格の代表値であるDRAM価格の動向にも目を配るべきでした。

⑧ 売却日◇2006年 4 月 7 日

【売却理由】

2006年 4 月になって株式市場が上昇相場になっているのにもかかわらず同社の株価の上昇は限定的。よって損切りを決断。

売却額：40100円

売却株数：14株

⑨ 結果

◎損失額：{40100－41618（平均取得価額）} ×14＝－21250円

【自己評価と反省点】

今にして思えば同社の株価チャートは 5 年、10年の長期で見た場合、右肩下がりの不恰好な形であることを重視すべきであったと思います。この点に配慮して買い増しのタイミングを計っていけば利益は出せたかもしれません。

UMCJのチャート

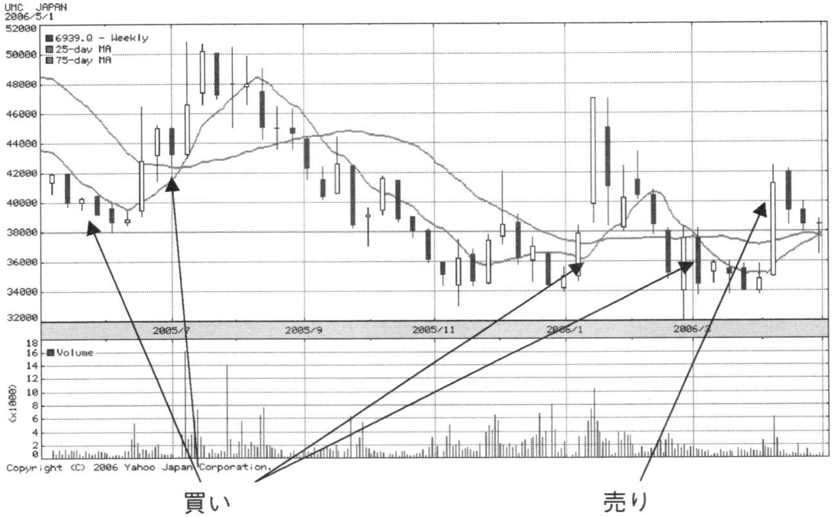

ヤフーファイナンスより引用

例４：日立マクセル（6810）

【事業内容】

大型コンピュータに使われる磁気テープの製造販売を行っています。DVDやビデオテープも手がけています。

① 購入日◇2005年５月23日

【購入理由】

黒田精工と同様、株価がシリコンサイクルにきれいに沿っているわけではないのですが、古い設備を廃棄して特別損失を計上する旨の日本経済新聞の記事を読み、勇気ある企業と判断して投資を決断。

私は企業の業績を評価するとき、単に純利益の値だけでなく、「なぜ純利益がその値になったのか」を重視します。

例えば、対象企業が勇気をもって一からやり直す気持ちでリストラの一環として、バランスシート上の含み損を特別損失として計上して純利益が減ることはそれ以上損が出ないとみなされ、かえって評価できる場合もあります。逆に、本業が良くなくても含み益を特別利益として計上することにより見かけでは純利益の値が良くなることもあります。ただ単に純利益の値が上がればよいとは言えない場合もあるのです。ですから、純利益を見るときは「なぜその値になったのか」を見るわけです。

皆さんも純利益の低い企業を駄目な企業と決めつけずに、その裏にあるものをしっかりと見てはどうでしょうか。そうすれば、意外な優良企業にめぐり合えるかもしれません。

実際に、ある株式セミナーで同社は磁気テープの将来性を疑われ、成長見込みのない企業の事例として挙げられていましたが、さにあらず。おかげさまで、ほぼ1年で約50%の利益率になりました。

購入金額：1331円
購入株数：100株
PBR：0.67
PCF：14.7
ROA：0.5%（2005年3月決算時点）
流動比率：235%（2005年3月決算時点）

② 売却日◇2006年4月7日

【売却理由】

騰落レシオが120%を超えたことと、上昇率が1.5倍を超えたことを理由に売却を決断。ちなみに、今回、騰落レシオが120%を超えたので売却しましたが、このようにある指標が一定の値に達した時に自動的に売買することを「システムトレード」といいます。利点は、欲望に振り回されずに売買できる点です。確実な売買で利益を得るのに向いている、お勧めの手法といえるでしょう。

売却金額：2005円
売却株数：100株

③ 結果

売却益：（2005－1331）×100＝67400
利益率：（2005÷1331－1）×100＝51（%）

【自己評価と反省点】

「損切りは早く、利は伸ばせ」とよくいいます。この言葉にしたがうとすると、今回の売却タイミングは早すぎたかもしれません。

しかし、購入理由がシリコンサイクルに応じてのものであれば、売却もシリコンサイクルを考慮したものであるべきです。

この時期はシリコンサイクルが時期的に天井付近にあると推定できたので、売却のタイミングとして適切であると判断しました。

日立マクセルのチャート

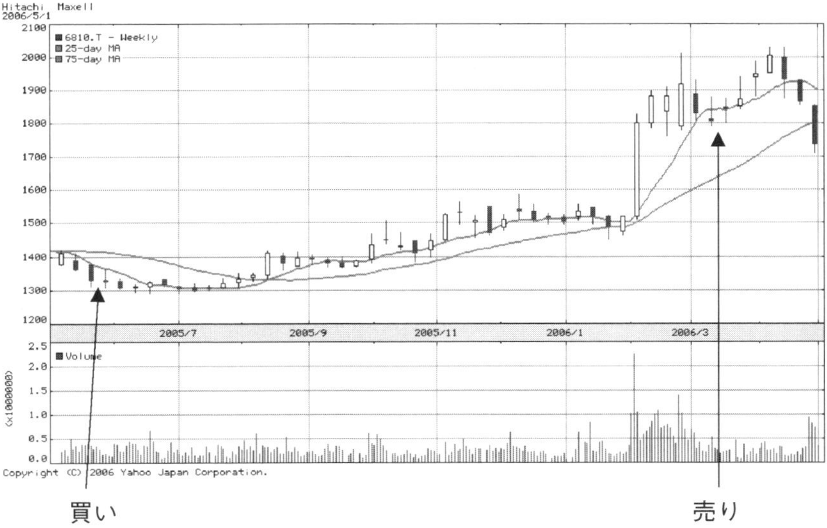

ヤフーファイナンスより引用

例5：東光（6801）

【事業内容】

電気部品であるコイルとその応用製品を製造販売している企業。

① 購入日◇2005年5月23日

【購入理由】

株価がきれいにシリコンサイクルに沿っていること、割安で財務内容も申し分ないことを理由に購入。

購入金額：292円
購入株数：1000株
PBR：0.8
PCF：5.69
CROA：7.3%（2005年3月決算時点）
流動比率：189%（2005年3月決算時点）

② 売却日◇2006年3月28日

【売却理由】

1：株価が約1.5倍と上昇したため。
2：シリコンサイクルが時期的に上がらないと判断したため。

売却金額：450円
売却益：（450－292）×1000＝158000
利益率：（450÷292－1）×100＝54.1（%）

【自己評価と反省点】

１年弱で約50%の利益が出ました。割安に放置されているハイテク株を買うことの良さを如実に示した例だといえます。

売却当時PBRが1.3と低かったので持続も考えたのですが、騰落レシオが110%台と高く、また株式資産に回す資金をこれ以上増やしたくなかったために売却を決断しました。

東光のチャート

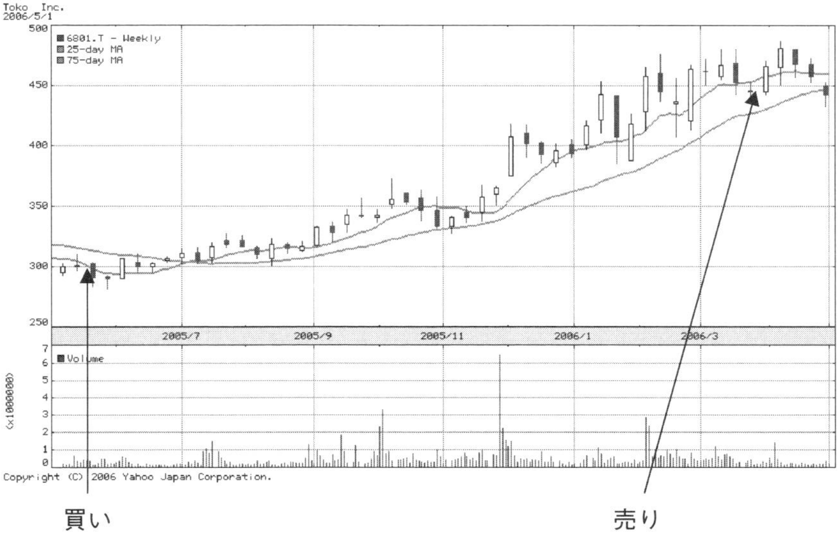

ヤフーファイナンスより引用

例6：新川（6274）

【事業内容】

半導体部品の構造を簡単に説明します。ゲジゲジのような半導体部品の黒いプラスチック部分の中に半導体の回路そのものが入っており、その回路とリードフレームと呼ばれる金属のゲジゲジに当たる部品を“ワイヤボンダ”と呼ばれる機械が金の線でつないでいます。

その“ワイヤボンダ”と呼ばれる機械を製造販売している企業が当社です。世界的に見ても2割のシェアを占めています。

①購入日◇2005年5月30日

【購入理由】

株価がきれいにシリコンサイクルに沿っていることと、PBRが0.9と割安なこと、有利子負債が0で総資産の3分の1が現金であることから、キャッシュリッチ銘柄として村上ファンドのような大口の買い手が現れて株価が上がる可能性もあると考えたため。

購入金額：2045円
購入株数：100株
PBR：0.9
PCF：12.7
CROA：6.9%（2005年3月決算時点）
流動比率：1676%（2005年3月決算時点）

② 購入日◇2005年12月14日

【購入理由】

この時期になると外国籍機関投資家が決算対策のために一斉に売りを仕掛けてきます。つまり株価も安くなるというわけです。この期に乗じて買い判断を下しました。

購入金額：2740円
購入株数：100株

③ 売却日◇2006年 4 月 7 日

【売却理由】

騰落レシオが120％を超えたこと、シリコンサイクルはもう上がらないと判断したこと、そして、ハイテク銘柄全体のポジションを下げるため。

売却金額：3160円
売却株数：200株

④ 結果

◎売却益：｛3160－（2045＋2740）÷ 2｝×200
＝153000

◎利益率：｛3160÷（2045＋2740）÷ 2 － 1｝×100
＝32（％）

新川のチャート

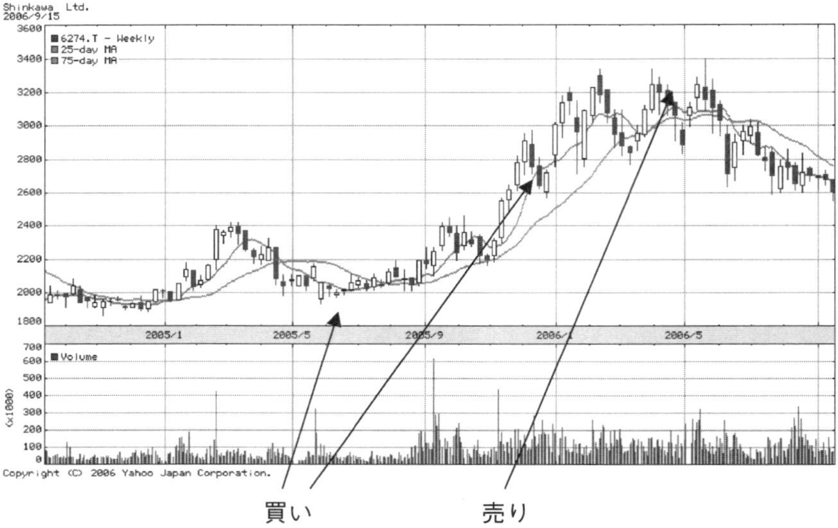

ヤフーファイナンスより引用

例7：エルピーダメモリ（6665）

【事業内容】

NECと日立製作所の合弁企業が母体。パソコンで使われるDRAMの専門メーカー。

① 購入日◇2005年12月22日

【購入理由】

日本経済新聞での、DRAM価格底打ちとのベタ記事報道をもとに購入。また購入タイミングとしても外国籍機関投資家が売る時期にあたっているので購入を決断。

新聞報道等で「○×会社の業績が良くなった」といった材料で売買をする人がいます。そういう材料はすでに株価に織り込まれている場合が多いため、株式投資のうえではあまり賢いやり方とは言えません。要するに、あまりにも明らかな材料で買うのでは遅すぎるのです。では、新聞報道はどのように利用するのがよいのでしょうか。

今回のようにベタ記事の中から変化の兆しを読み取るのがよいと思います。私の尊敬する3大投資家のひとりと言われるかのジム・ロジャース氏も「投資のポイントは割安であることと、変化の兆しがあること」と話しています。

かの大相場師是川銀蔵氏が予測した「住友金属鉱山の大相場」も九州に有望な鉱山があるとのベタ記事から始まったそうです。

小さな何気ないベタ記事も大きな価値を持っていることがあるんですね。

購入金額：3290円

購入株数：100株

PBR：1.63

PCF：12.0

ROA：1.6％（2005年３月決算時点）

流動比率：236％（2005年３月決算時点）

② 売却日◇2006年４月10日

【売却理由】

騰落レシオが120％を超えたこと、約1.5倍の値上がりを確認できたことから売却を決断。

売却金額：4720円

売却株数：100株

③ 結果

◎売却益：（4720－3290）×100＝143000（円）

◎利益率：（4720÷3290－１）×100＝43（％）

【自己評価と反省点】

１月、5000円台をつけたときに売れなかったことが残念。しかし、騰落レシオが120％台のときに売るというルールを守り、かつ43％もの利益を得られたのでよしとします。

エルピーダメモリのチャート

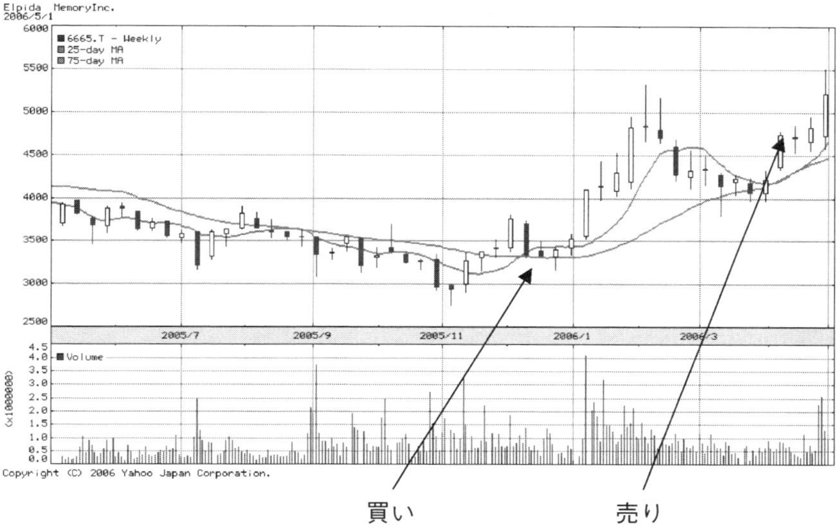

ヤフーファイナンスより引用

反省点

反省すべきは以下の2点です。

1：信用取引を使うべきであった。

2005年後半の上昇局面はすさまじいものがあり、シリコンサイクルも上昇局面を迎えていました。ではなぜ信用取引を使わなかったのでしょうか。ひとことでいえば相場の過熱感を恐れていたからです。騰落レシオが110%を超える日々が続き、また市場参加者も個人投資家が多く、さらに10月を超えてからは外国人投資家の期末売りが出てくる可能性もあったため、突然の株式相場急落を懸念してしまったのです。今となっては遅いですが、総資金のうち少しでも信用取引に振り向けるべきであったと反省しています。

2：損切り（資金管理）を徹底すべきであった。

シリコンサイクルが上昇局面にあっても株価の上昇しない銘柄——UMCJなど——がありました。こういうときは見限り、売り払って、ほかの銘柄に資金をシフトすべきであったのですができませんでした。何故、そういう行動に移せなかったか自己分析をすると、以下の2点が思い当たります。

1：私はもともと長期保有のバリュー投資から株式投資を始めており、同社のバランスシートを評価していたため、つい、バリュー投資の行動パターンをとってしまったこと。このことから思うに、シリコンサイクル投資は短期売買を得意とする人に向いているのかもしれません。

2：トレーディング（売買）技術が身についていないこと。Aの理由と重なるかもしれませんが、長期保有のバリュー投資は頻繁に売買することはないため、その影響からか、限られた時間での資金の有効活用に鈍感だったのです。
　また、ある意味、シリコンサイクル投資はシリコンサイクルに反応して売買を繰り返す一種のシステムトレードといえるかもしれません。なまじバリュー投資の考え方に染まっていたことが裏目に出てしまい、システムトレードに徹しきれなかったことも反省点として挙げられます。

　どこまで参考になるかわかりませんが、皆さんが、私のようなミスを犯さずに成功することを祈ってやみません。

付録 1

アメリカのハイテク株を発掘しよう！

はじめに

日本人にはあまりなじみのないアメリカ株ですが、インターネットを駆使すればその情報は簡単に手に入り、ツボさえ押さえれば簡単な分析もできます。もちろんハイテク株も例外ではありません。あまり知られていませんが、アメリカ株式市場はハイテク株の宝庫といってもよいでしょう。

しかもアメリカ株は１株から買えるので、ある意味、日本株より手軽かもしれません。最近ではＥトレード証券や楽天証券でアメリカ株を扱えるようになりました。アメリカの証券会社に英語でコミュニケートして口座を作ることなく、日本語で口座を作って日本にいながらアメリカ株をトレードできるようになったのです。いわば、儲けのチャンス到来といったところでしょうか。

それでは、これよりアメリカのハイテク株の発掘について学んでいきましょう。

第1節

シリコンサイクルに合致した銘柄の探し方

まずはアメリカ版ヤフー・ファイナンスを開いてください。
日本版と似てはいますが使い勝手が違うので、ぜひ覚えておきたいところです。

①次のＵＲＬを開いてください。
http://finance.yahoo.com/

②「Investing 」をクリック。　③「Industries」をクリック。

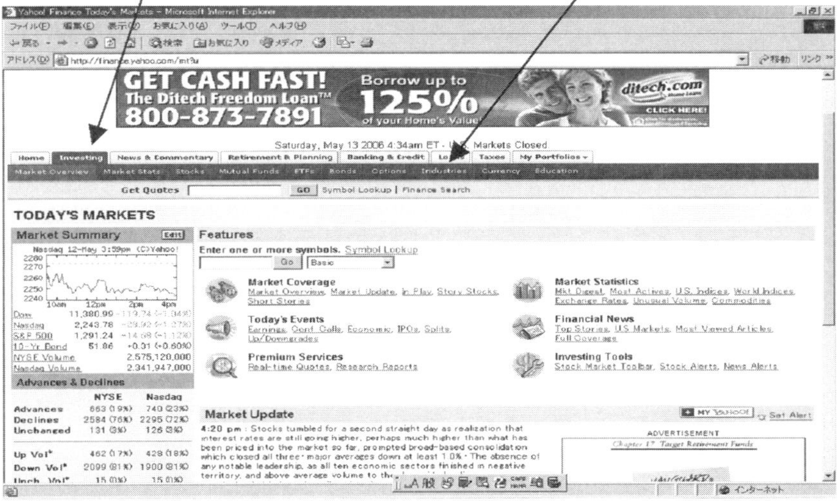

④「Industry index」をクリック。

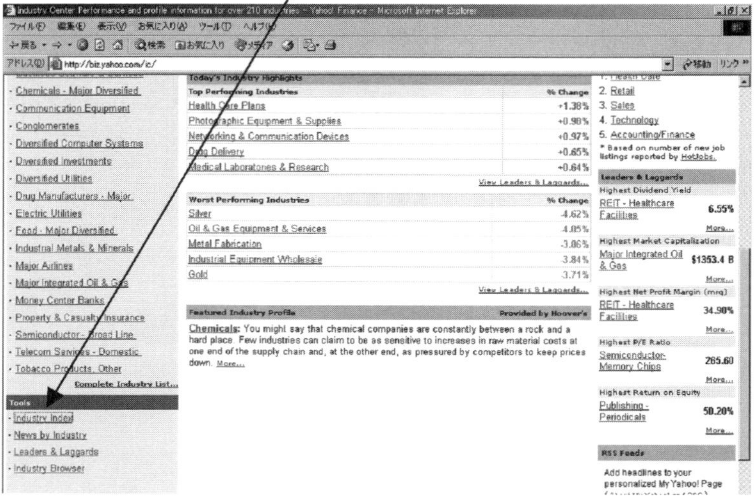

⑤「Semiconductor-Broad Line」をクリック。

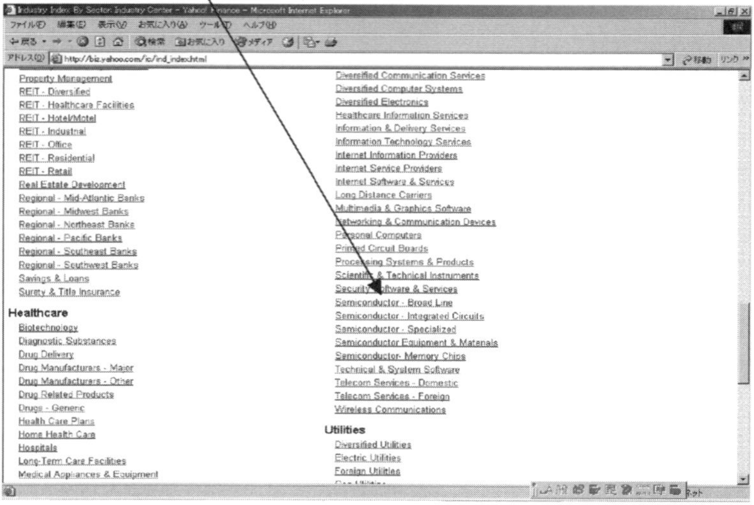

⑥表示されている各企業のティッカーシンボル（日本株でいうところの証券コード）をクリック。

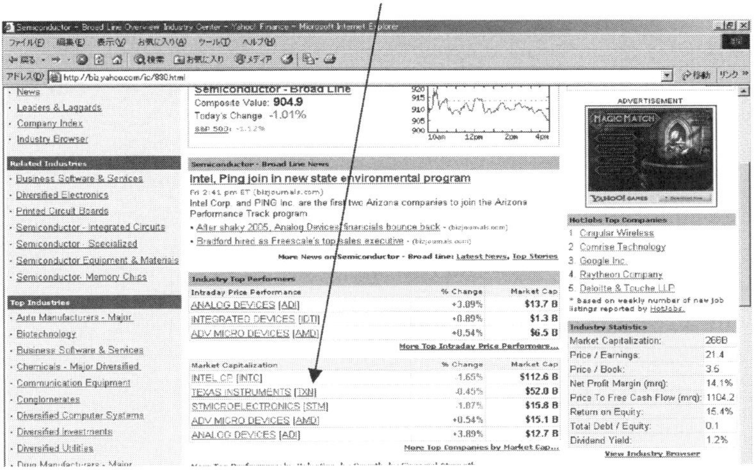

⑦企業情報が表示されるので、チャート下の「5y」をクリック。

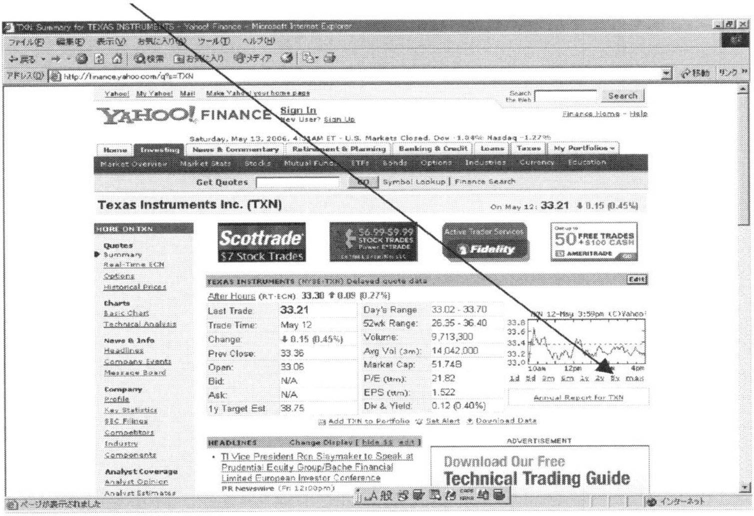

⑧ シリコンサイクルに合致しているかをチェック。「^SOXX」と入力。そして「Compare」ボタンを押します。

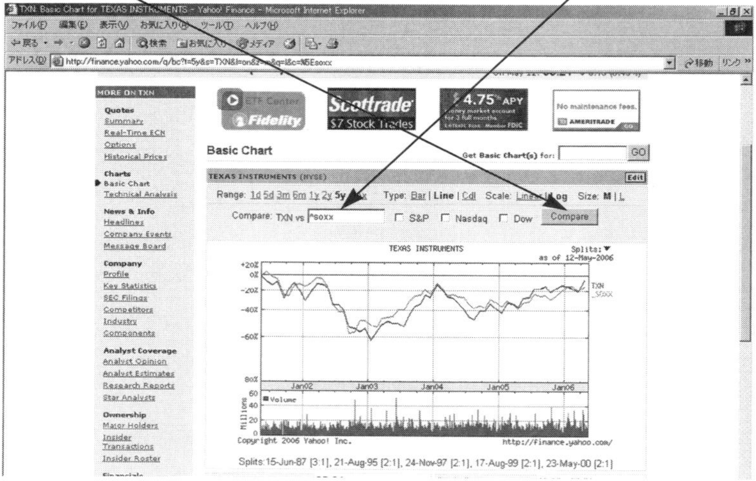

⑨ 2種類のチャートが表示されるので形状が似ているかをチェック。

⑩「⑥」に戻ってその他の銘柄についてもシリコンサイクルとの合致度をチェックする。

⑪「⑤」に戻って同じように以下のカテゴリーからもシリコンサイクルとの合致が見られる銘柄を探す。

Personal Computers
Printed Circuit Boards
Processing Systems & Products
Semiconductor-Integrated Circuits

Semiconductor-Specialized

Semiconductor Equipment & Materials

Semiconductor-Memory Chips

※第２節に備えてティッカーシンボルをメモしておくとよいでしょう。

第2節

シリコンサイクルに合致する銘柄の紹介

私の独断と偏見が入ってしまうかもしれませんが、皆さんの手間を省くべく、米国版ヤフー・ファイナンスの中から「シリコンサイクル」に連動して株価が動いていると思われる銘柄をすべてピックアップしてみました（チャートの見方は十人十色といいますから、皆さんもぜひチェックしてみてください。ほかにも良い銘柄が見つかるかもしれません）。これらから投資すべき銘柄を選んでみてはいかがでしょうか。

ただし、これらの銘柄にこだわる必要はありません。ここには掲載していない、ごく直近のシリコンサイクルの動きとともに株価が上下する銘柄を投資対象とするのも手ではないでしょうか。

※ 念のため申し上げておきますが、あくまでもこれらはチャートを見ただけで判断したものです。投資対象として考える場合、第3節以降も参考にしてください。

なお、米国のハイテク企業においては、買収・合併が頻繁に行われているため、場合によってはこれから紹介する銘柄がなくなっている可能性もあります。ご了承ください。

ACLS(Axcelis Technologies Inc.)

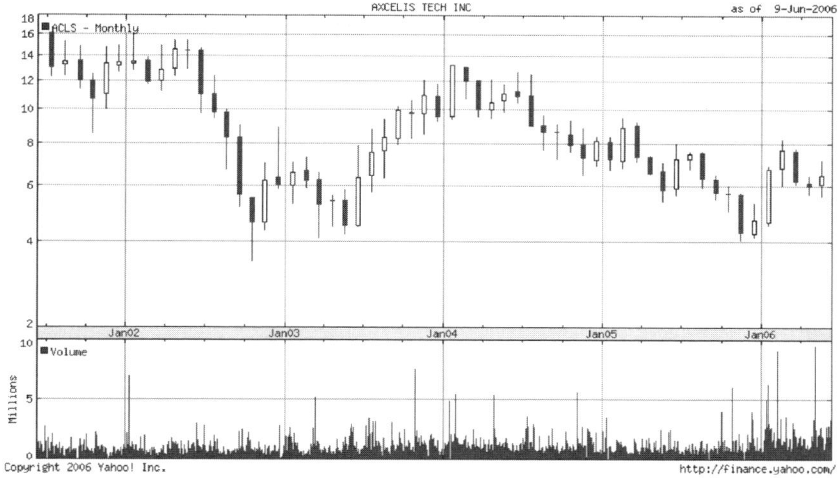

ADIC(Advanced Digital Information Corp.)

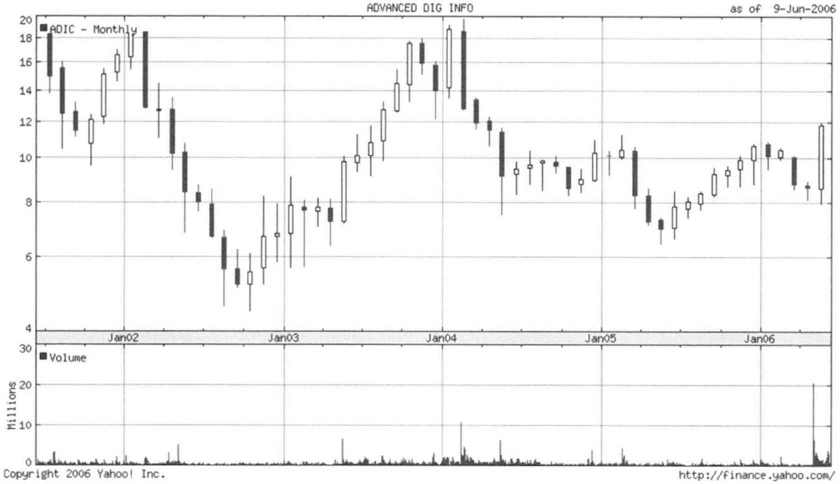

AMAT(APPLIED MATERIALS)

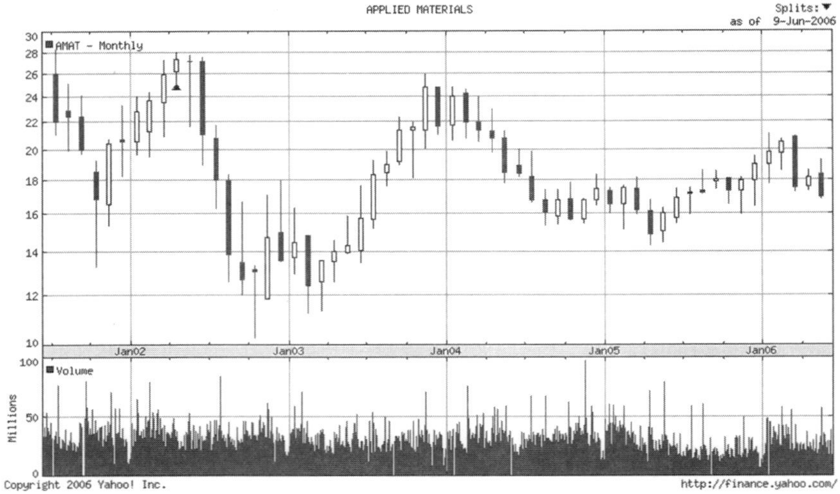

ARRS(ARRIS GRP INC)

ASMI(ASM INTL NV)

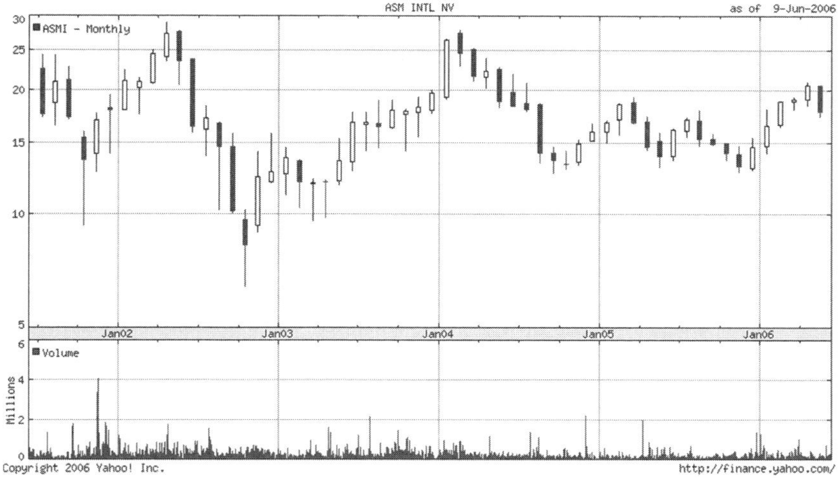

ASX(Advanced Semiconductor Engineering Inc.)

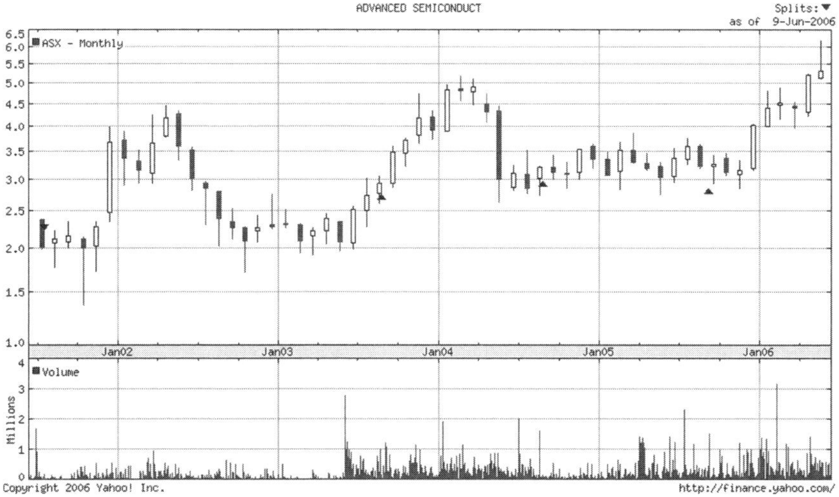

ATML(ATMEL CORP)

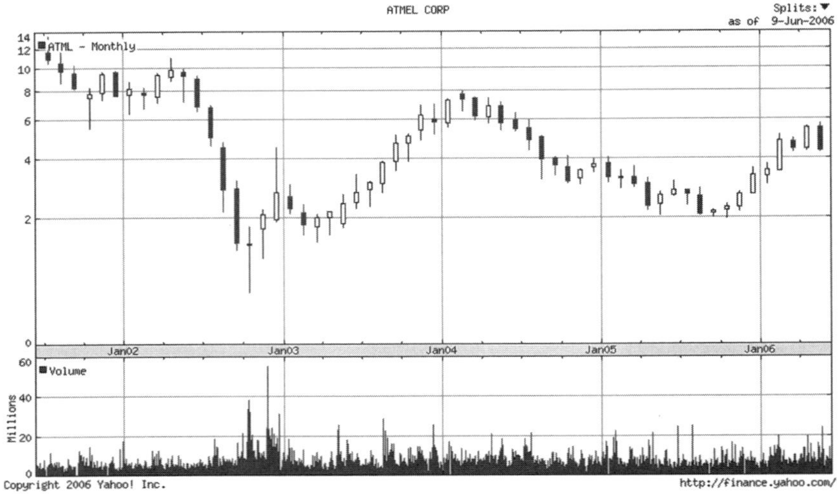

AUO(AU OPTRONICS CP ADS)

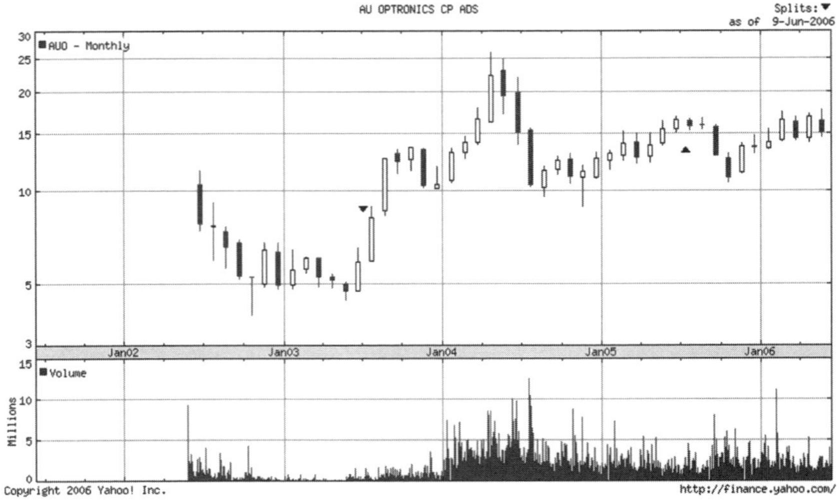

AWRE(AWARE INC)

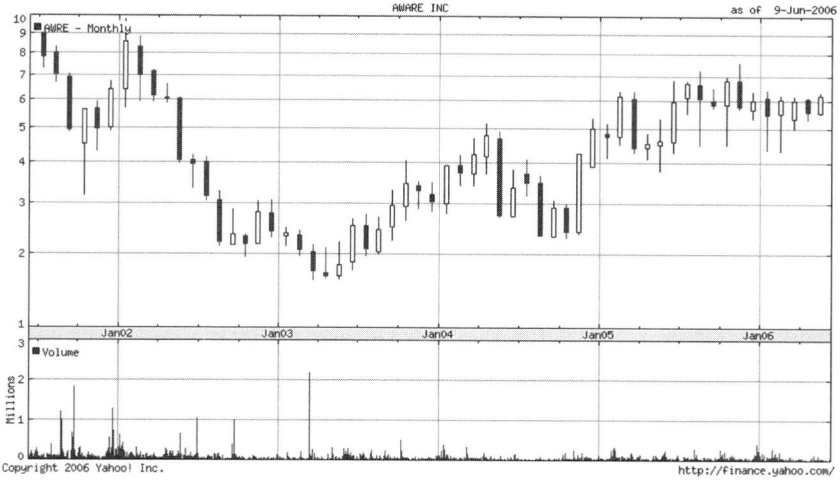

BKHM(BOOKHAM INC)

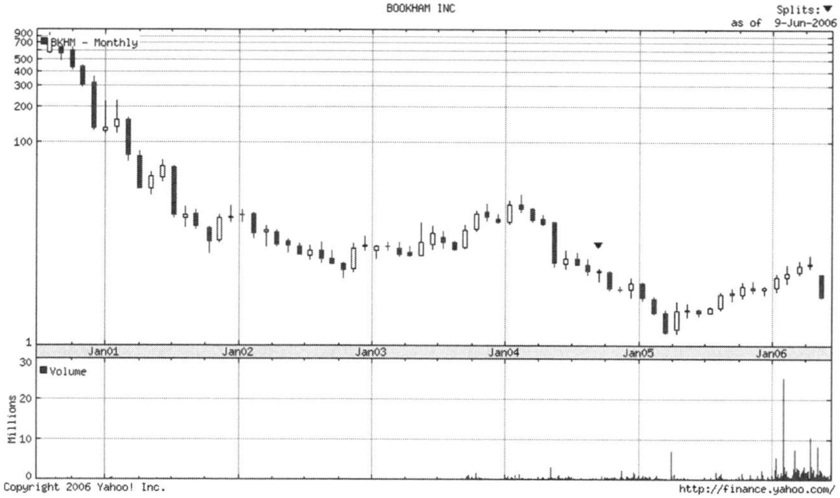

BRCM(Broadcom Corp.)

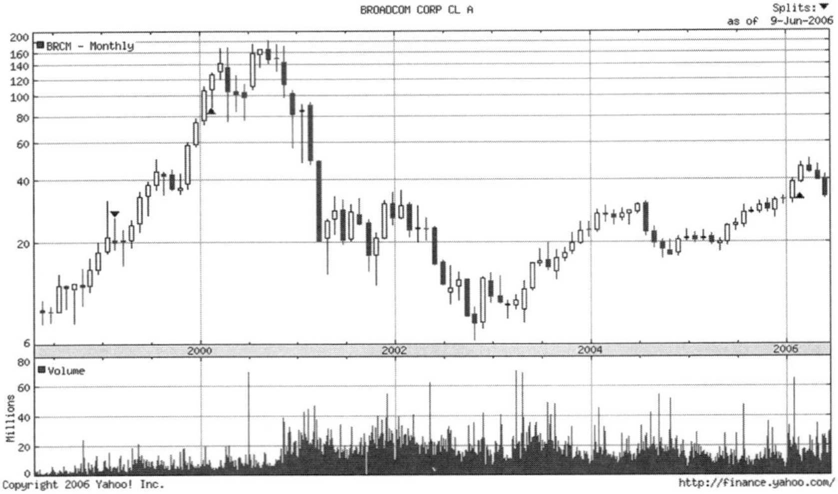

CCUR(Concurrent Computer Corp.)

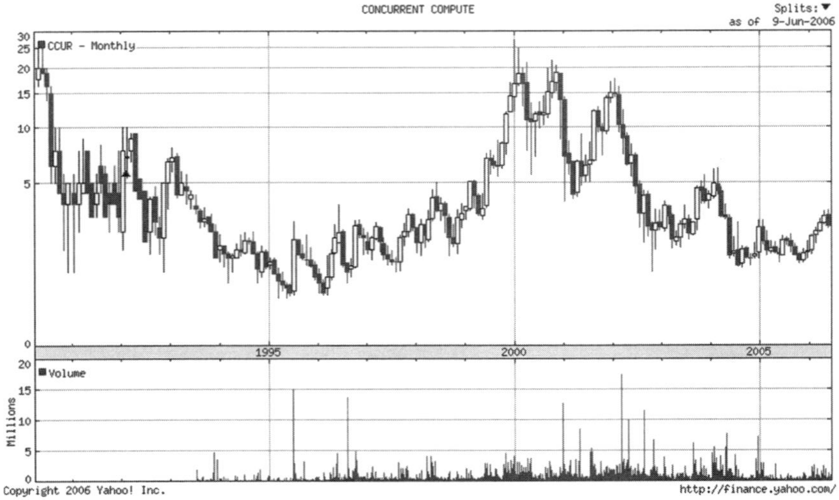

ECIL(ECI Telecom Ltd.)

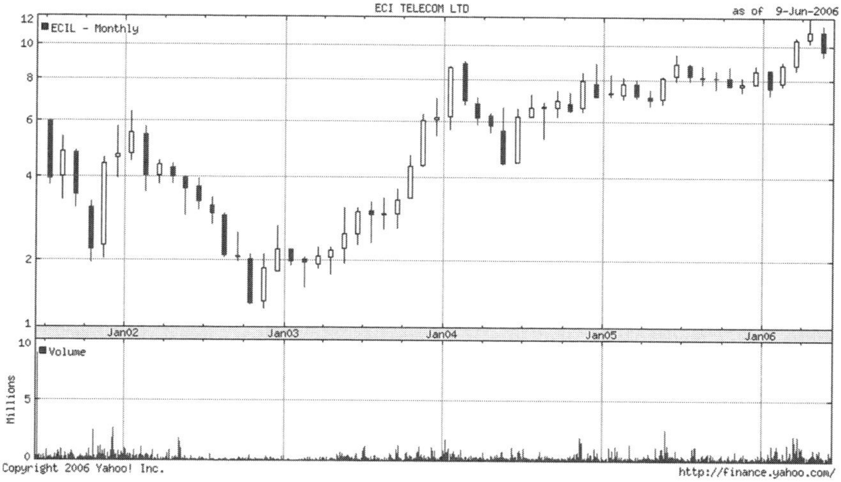

FLSH(M Systems Flash Disk Pioneers Ltd.)

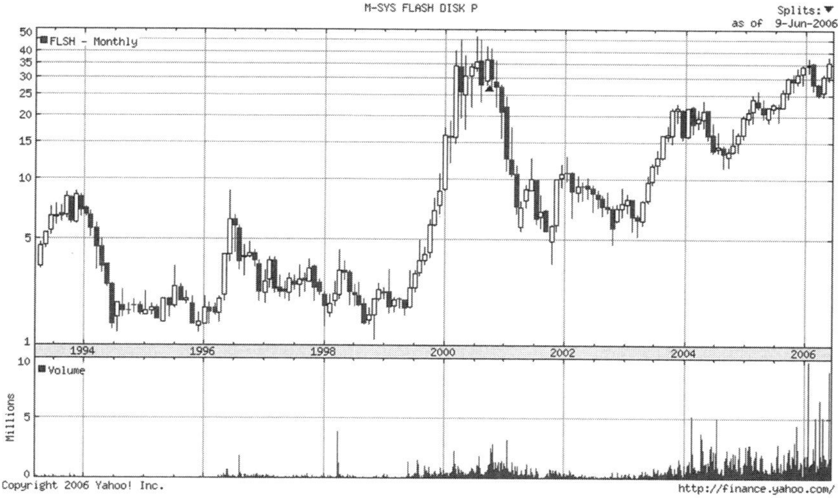

GEMS(Glenayre Technologies, Inc.)

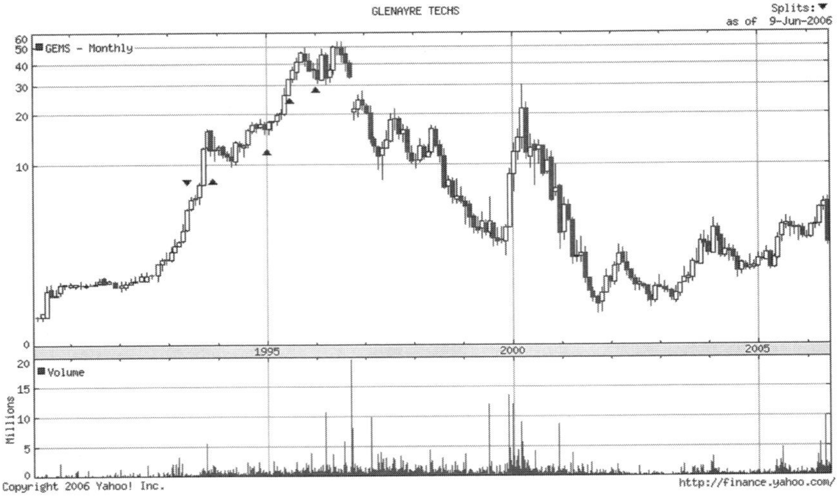

ISIL(Intersil Corp.)

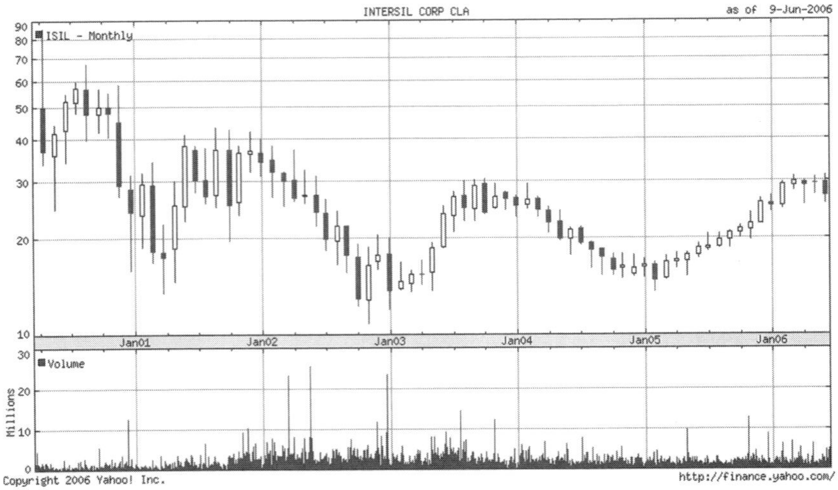

JBL(Jabil Circuit Inc.)

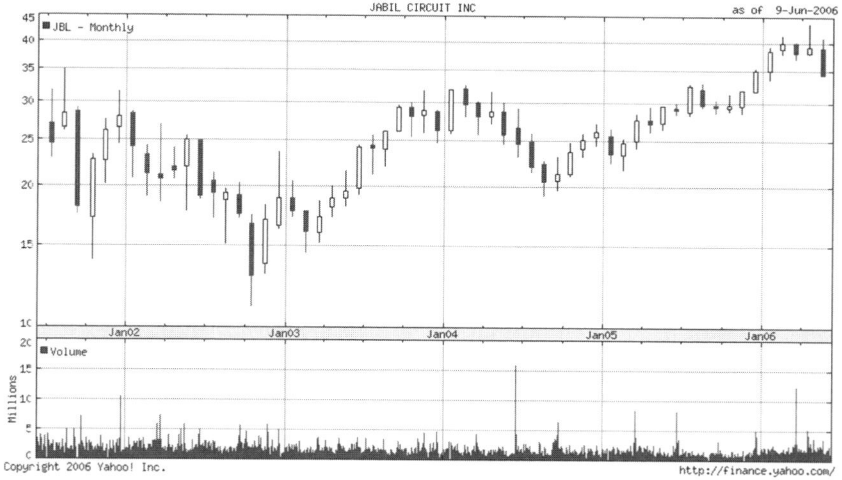

LPTH(LightPath Technologies Inc.)

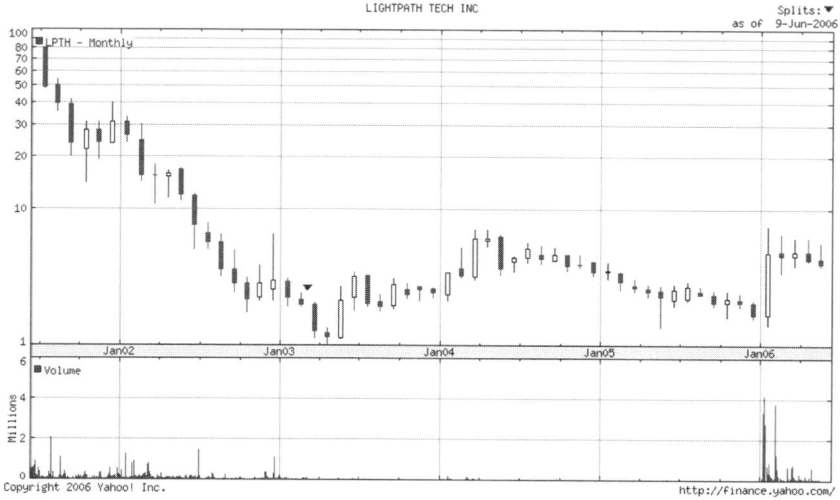

LRCX(LAM Research Corp.)

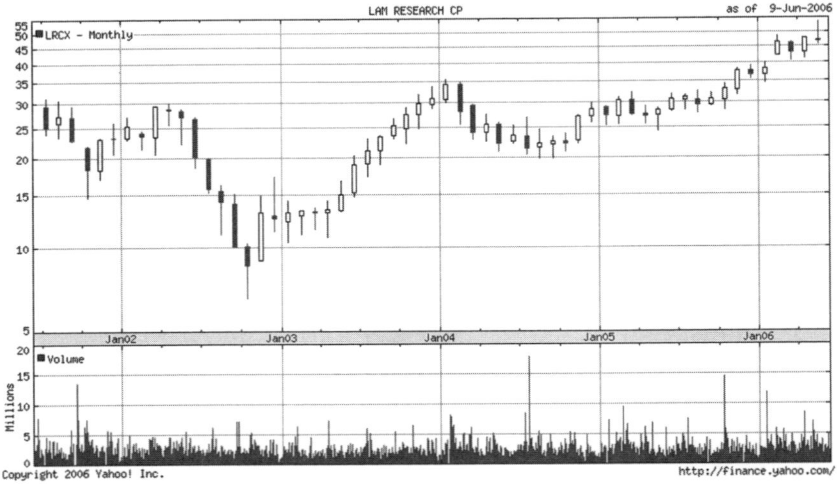

MKSI(MKS Instruments Inc.)

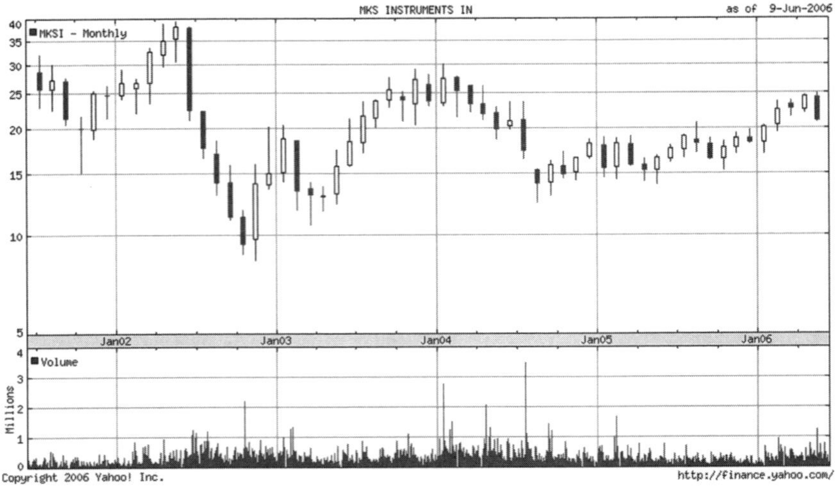

MOLX(Molex Inc.)

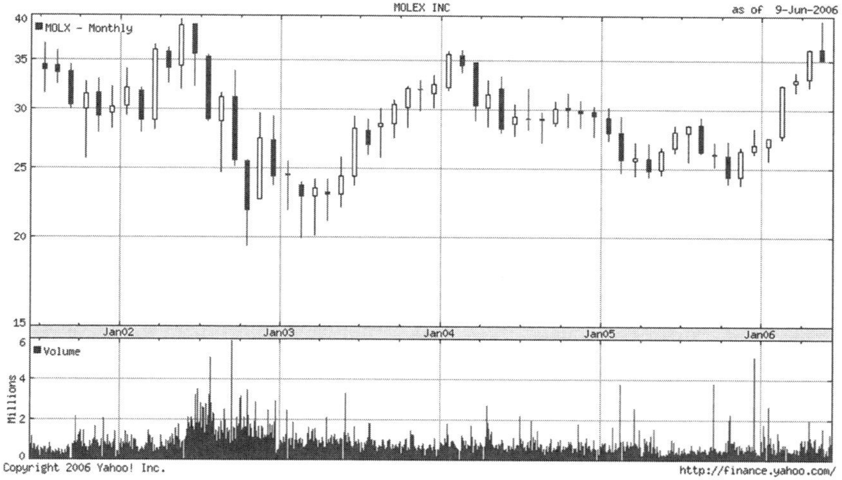

MOT(Motorola Inc.)

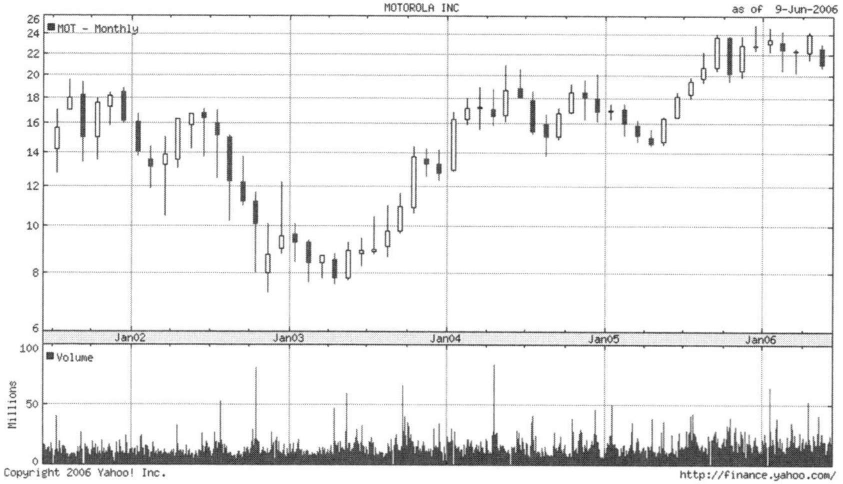

MU(Micron Technology Inc.)

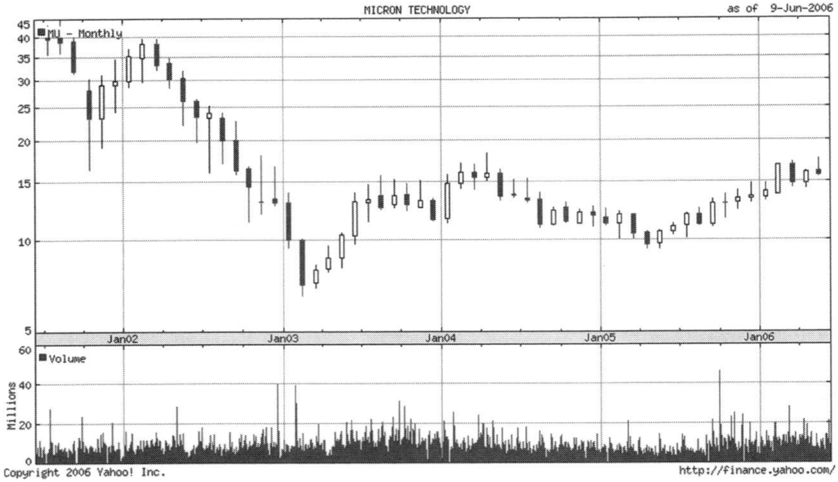

NTAP(Network Appliance Inc.)

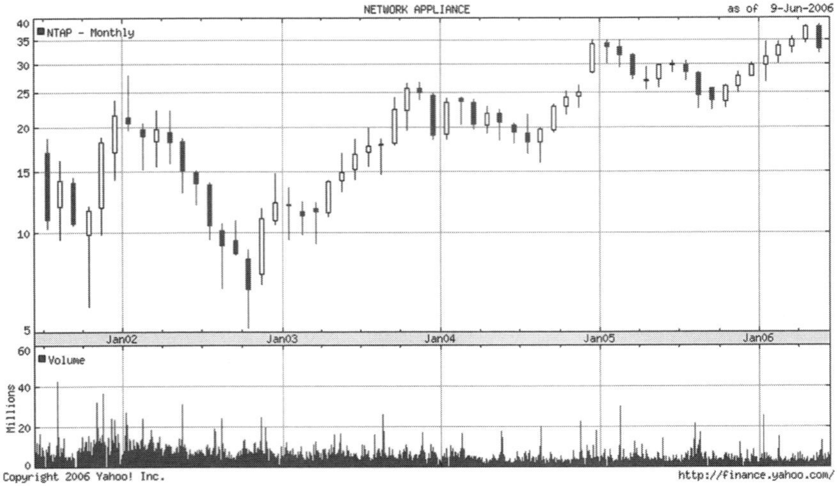

NVDA(NVIDIA Corp.)

OMCL(Omnicell Inc.)

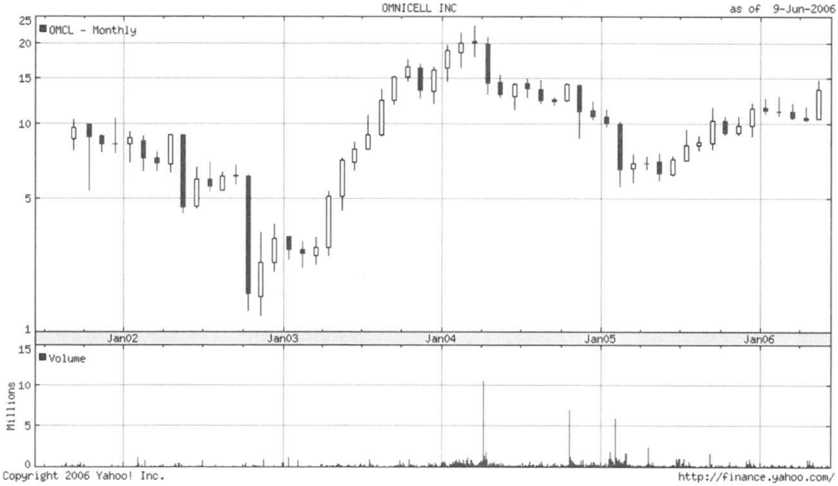

PKE(Park Electrochemical Corp.)

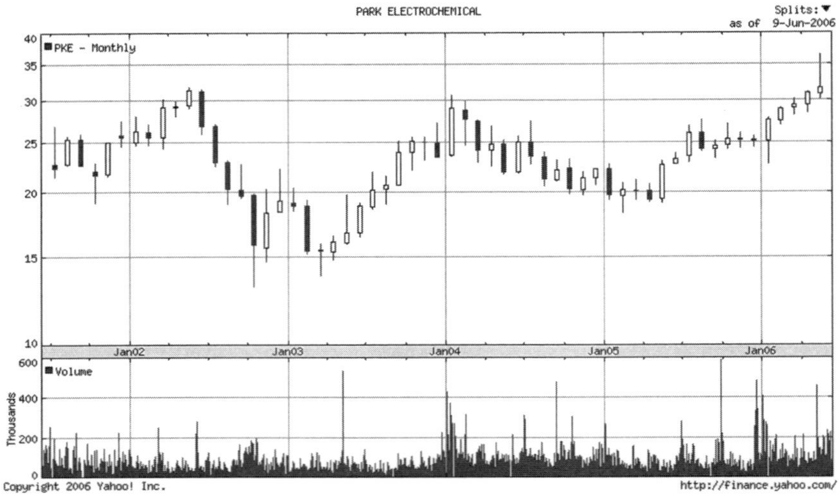

PLXS(Plexus Corp.)

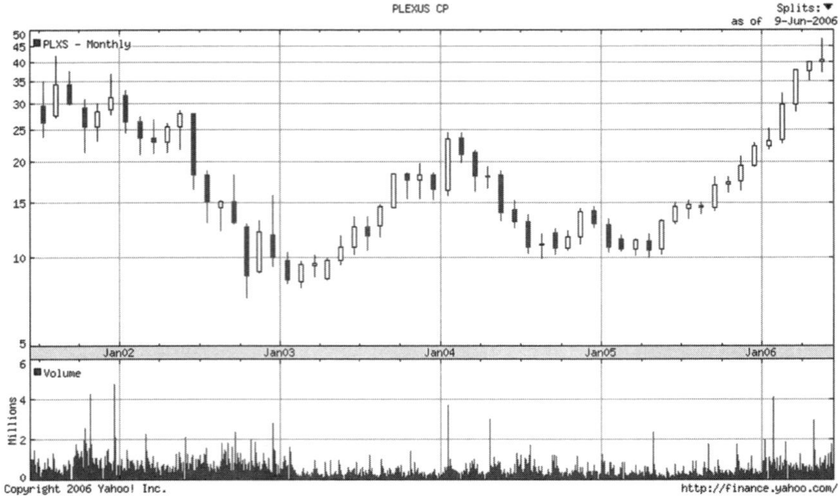

PWAV(Powerwave Technologies Inc.)

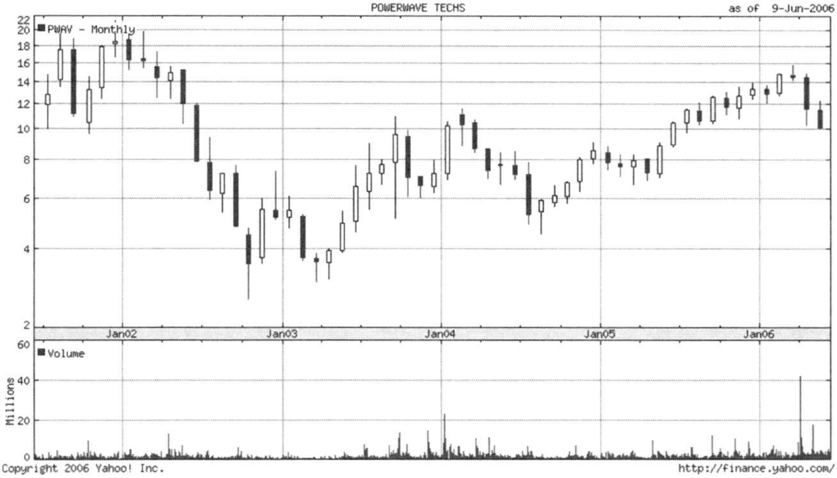

QLGC(QLogic Corp.)

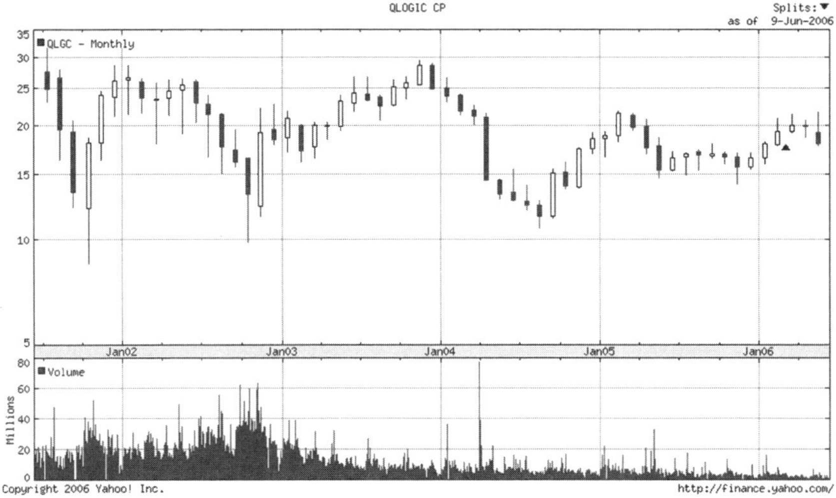

STM(STMicroelectronics NV)

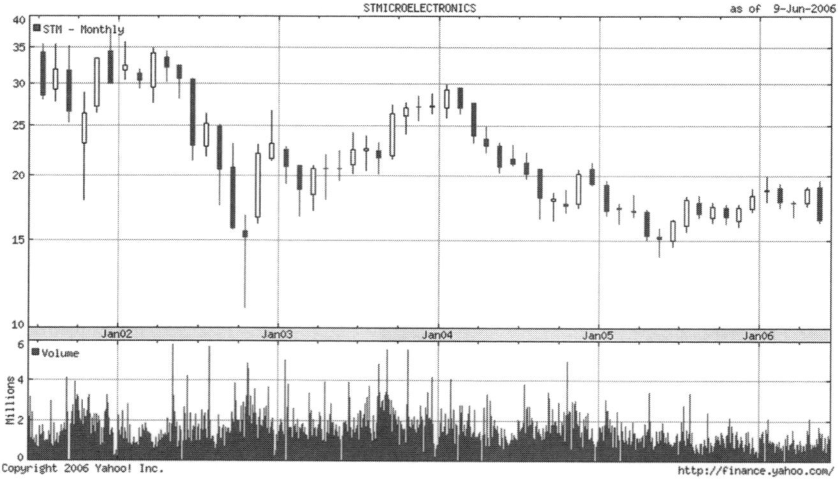

STX(Seagate Technology)

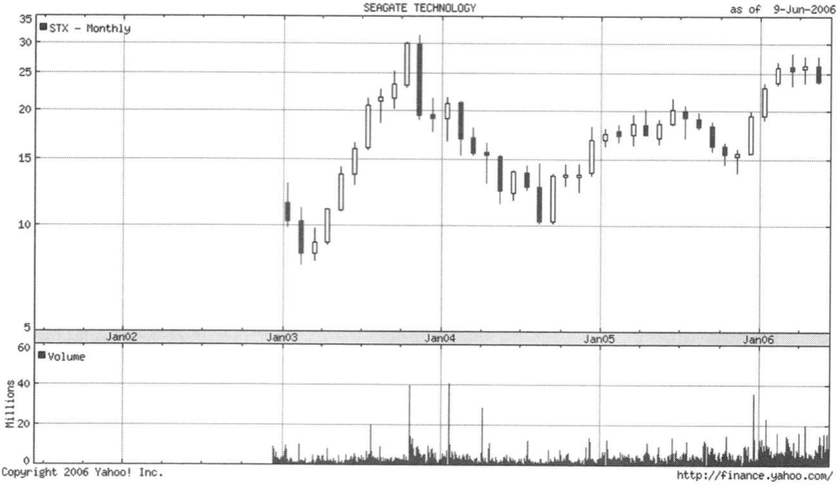

TSM(Taiwan Semiconductor Manufacturing Co. Ltd.)

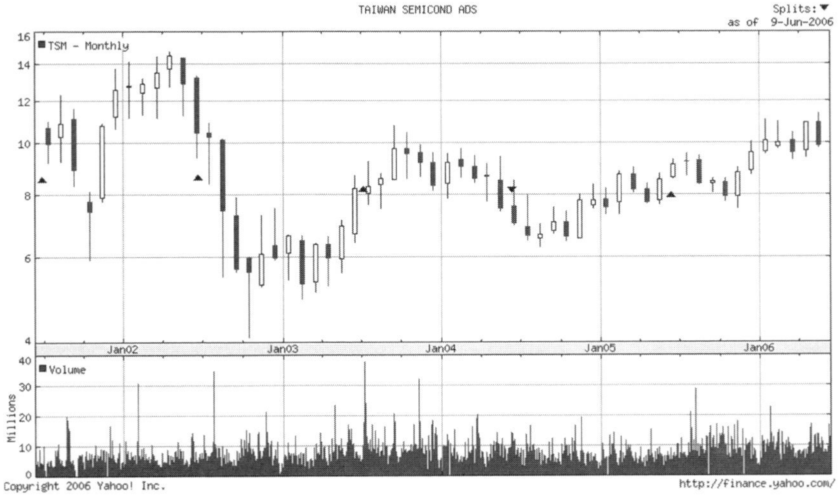

TXN(Texas Instruments Inc.)

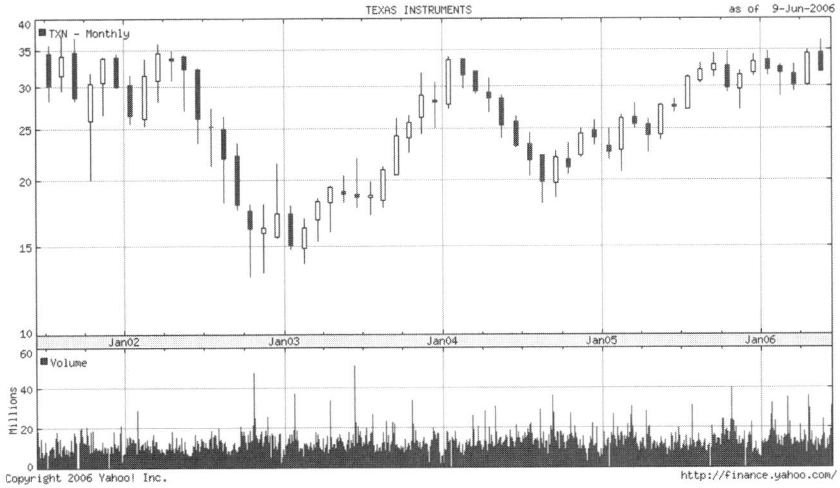

WDC(Western Digital Corp.)

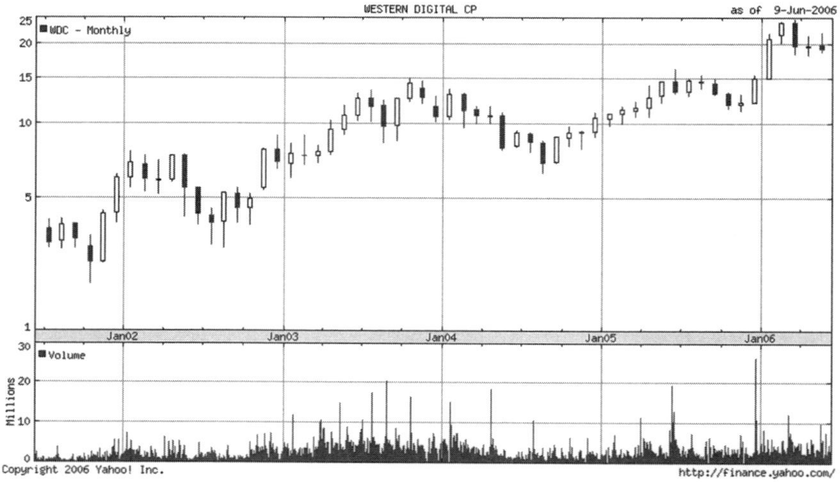

XATA(XATA Corp.)

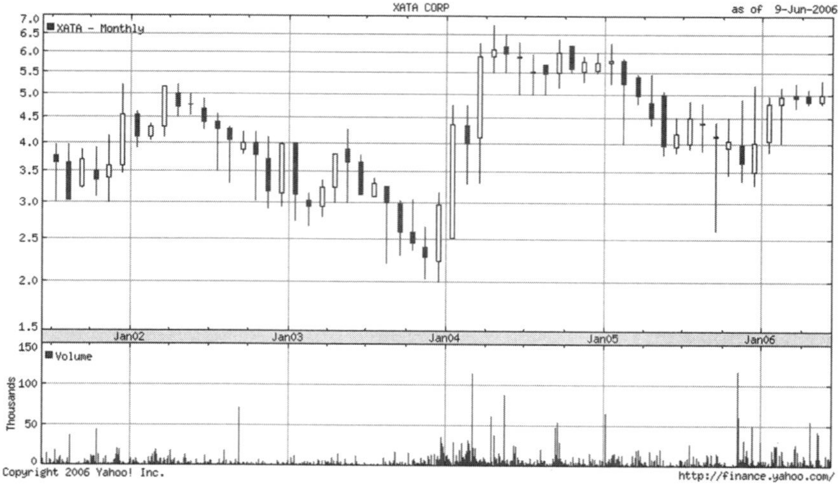

XLNX(Xilinx Inc.)

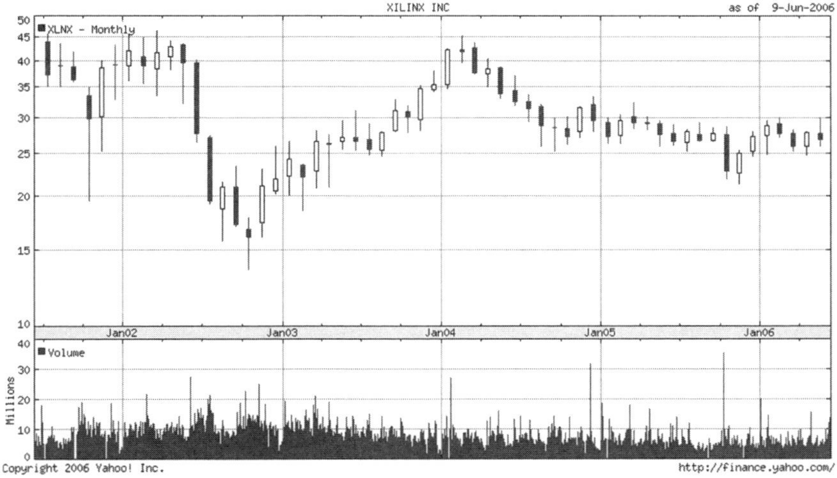

ZL(Zarlink Semiconductor Inc.)

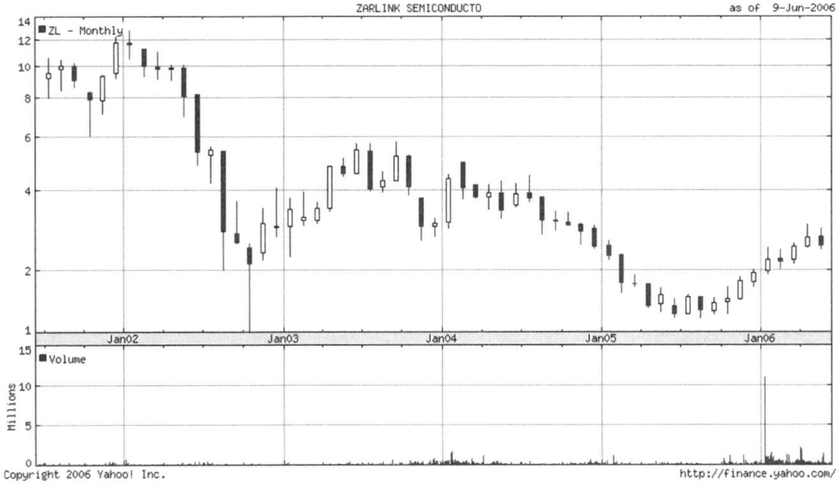

以上、すべてヤフーファイナンスより引用

第3節
個別企業の財務指標等のチェック

さて、シリコンサイクルに株価が合致した銘柄を見つけたら、個別企業の財務、業績面での絞り込みをかけていきましょう。

①ヤフー・ファイナンスで個別企業のティッカーシンボルを入力（ここでは“TXN”と入力）。

②Key Statisticsをクリック

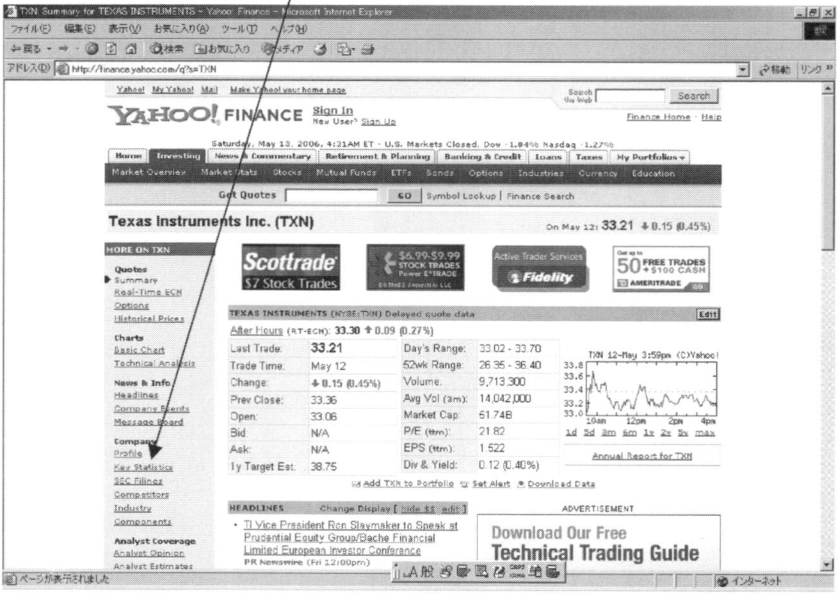

③すると、以下の画面になります。「Key Statistics」の中に第２章で紹介したPBR、ROA、流動比率、EV／EBITDAがすべて網羅されています。大変便利ですね。

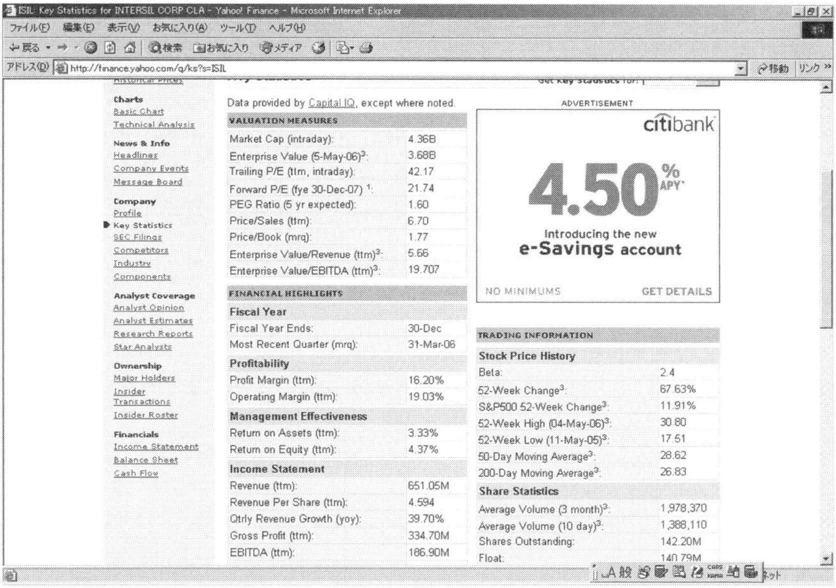

●PBRのチェック

「Price/Book」の欄に出ている数字をチェックします。2.5以下であれば良いでしょう。第２章の日本株の数字と違うではないかと怒られそうですが、アメリカ株式市場の場合、日本市場とは違い割安なまま放置される銘柄が少ないため、そのぶん、高い数値にならざるを得ないのです。

●ROAのチェック

「Return On Asset」の欄に出ている数字をチェックします。４%以上あれば良いでしょう。

● ROEのチェック

「Return On Equity」の欄に出ている数字をチェックします。10%以上あればまず変な会社はないと考えて良いでしょう。

● 流動比率のチェック

「Current Ratio」の欄に出ている数字をチェックします。1.5以上あれば良いでしょう。

以上の条件を満たした会社であれば投資候補としてOKです。

あともうひとつ、第２章でも紹介した資産バリュー株の見つけ方も紹介したいと思います。

● EV／EBITDAのチェック

「Enterprise Value/EBITDA 」の欄の数字をチェックします。
この数字が５以下であれば良いでしょう。

付録 2

シリコンサイクル以外のサイクル

はじめに

シリコンサイクルのほかにも株価を動かすいろんなサイクルが存在します。知っているのといないのとでは大違い。きっと皆さんの投資のお役に立てるかと思います。

注：ここで紹介するサイクルのほとんどは前著『私も絶対サラリーマン投資家になる！』で紹介したものです。とても有効なサイクルばかりですのであらためて紹介（引用）いたします。

第1節
鉱工業生産編

これからご紹介する鉱工業生産の在庫循環グラフは「キチンの波」と呼ばれる約2～3年周期の在庫量の波による景気循環を表すのに適しています。どこかで見覚えのある波形だと思いませんか。そうです、シリコンサイクルによく似た波形を持つグラフです。ハイテク産業が日本の基幹産業であることがこのグラフからも見て取れると思います。つまり、シリコンサイクルを読み解くことは日本経済の分析、予測に一役買うことにもなるのです。

さて、景気サイクルには約2～3年周期の「在庫循環」と呼ばれるものが存在します。経済産業省ホームページから得られる「生産・出荷・在庫指数速報」のエクセルデータの最初のシートにある「鉱工業」に注目します。少し面倒ですが、このデータを加工して在庫循環モメンタムと呼ばれる月ごとの時系列グラフ（いびつな波形になります）を作成して判断します。一般的にグラフ（波形）の頂点が景気の天井、底が景気の底と判断されています。

在庫循環モメンタム＝鉱工業前年同月比出荷変化率－鉱工業前年同月比在庫変化率

上式の値を時系列に並べて折れ線グラフ（波）を作ります。この波の周期が在庫循環となります。折れ線グラフ（波）の作り方については次ページの「在庫循環グラフの作り方」を参照ください。

在庫循環グラフの作り方

鉱工業編

1）データの入手法

①以下のURLのホームページを開いてください。

URL http://www.meti.go.jp/statistics/data/h2afdldj.html#data

経済産業省の統計指標のページにたどり着きます。

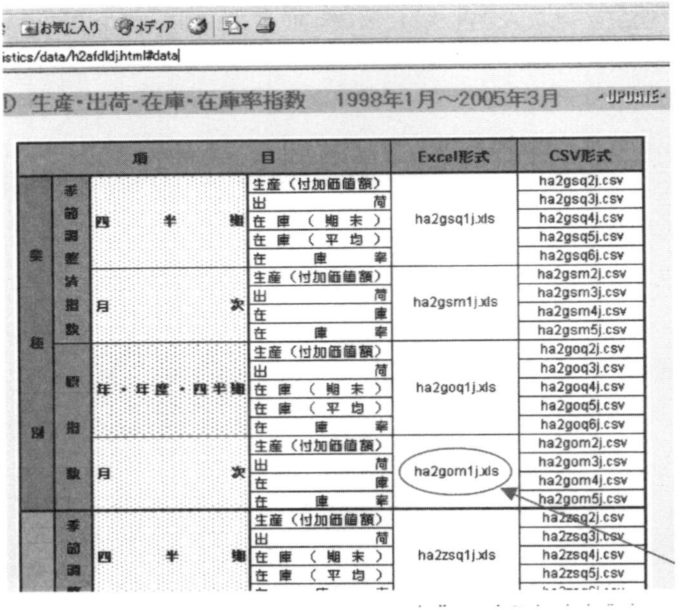

① 生産・出荷・在庫・在庫率指数　1998年1月～2005年3月　- UPDATE -

項目				Excel形式	CSV形式
業種別	季節調整済指数	四半期	生産（付加価値額）	ha2gsq1j.xls	ha2gsq2j.csv
			出荷		ha2gsq3j.csv
			在庫（期末）		ha2gsq4j.csv
			在庫（平均）		ha2gsq5j.csv
			在庫率		ha2gsq6j.csv
		月次	生産（付加価値額）	ha2gsm1j.xls	ha2gsm2j.csv
			出荷		ha2gsm3j.csv
			在庫		ha2gsm4j.csv
			在庫率		ha2gsm5j.csv
	原指数	年・年度・四半期	生産（付加価値額）	ha2goq1j.xls	ha2goq2j.csv
			出荷		ha2goq3j.csv
			在庫（期末）		ha2goq4j.csv
			在庫（平均）		ha2goq5j.csv
			在庫率		ha2goq6j.csv
		月次	生産（付加価値額）	ha2gom1j.xls	ha2gom2j.csv
			出荷		ha2gom3j.csv
			在庫		ha2gom4j.csv
			在庫率		ha2gom5j.csv
	季節調整	四半期	生産（付加価値額）	ha2zsq1j.xls	ha2zsq2j.csv
			出荷		ha2zsq3j.csv
			在庫（期末）		ha2zsq4j.csv
			在庫（平均）		ha2zsq5j.csv

②

②このファイルをダウンロードして開く

③ダウンロードしたファイルを開いて「出荷」のタブをクリック。

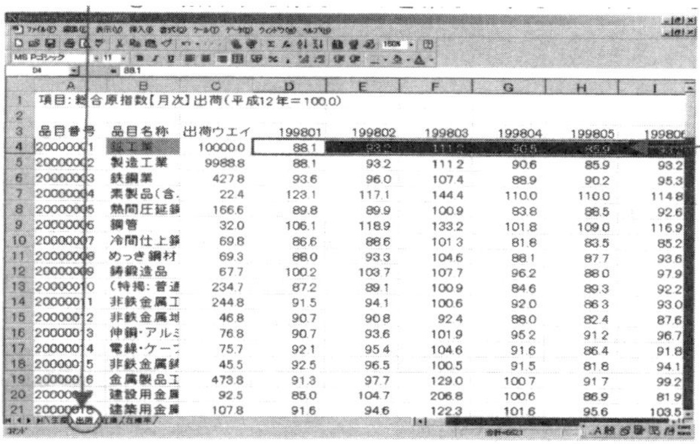

	A	B	C	D	E	F	G	H	I
1	項目:総合原指数【月次】出荷(平成12年=100.0)								
2									
3	品目番号	品目名称	出荷ウエイ	199801	199802	199803	199804	199805	19980
4	20000001	鉱工業	10000.0	88.1	93.2	111.2	90.5	85.9	[illegible]
5	20000002	製造工業	9988.8	88.1	93.2	111.2	90.6	85.9	93.2
6	20000003	鉄鋼業	427.8	93.6	96.0	107.4	88.9	90.2	95.3
7	20000004	素製品(含.	22.4	123.1	117.1	144.4	110.0	110.0	114.8
8	20000005	熱間圧延鋼	166.6	89.8	89.9	100.9	83.8	88.5	92.6
9	20000006	鋼管	32.0	106.1	118.9	133.2	101.8	109.0	116.9
10	20000007	冷間仕上鋼	69.8	86.6	88.6	101.3	81.8	83.5	85.2
11	20000008	めっき鋼材	69.3	88.0	93.3	104.6	88.1	87.7	93.6
12	20000009	鋳鍛造品	67.7	100.2	103.7	107.7	96.2	88.0	97.9
13	20000010	(特掲:普通	234.7	87.2	89.1	100.9	84.6	89.3	92.2
14	20000011	非鉄金属工	244.8	91.5	94.1	100.6	92.0	86.3	93.0
15	20000012	非鉄金属地	46.8	90.7	90.8	92.4	88.0	82.4	87.6
16	20000013	伸銅・アルミ	76.8	90.7	93.6	101.9	95.2	91.2	96.7
17	20000014	電線・ケー	75.7	92.1	95.4	104.6	91.6	86.4	91.8
18	20000015	非鉄金属鋳	45.5	92.5	96.5	100.5	91.5	81.8	94.1
19	20000016	金属製品工	473.8	91.3	97.7	129.0	100.7	91.7	99.2
20	[illegible]	建設用金属	92.5	85.0	104.7	206.8	100.6	86.9	81.9
21	20000018	建築用金属	107.8	91.6	94.6	122.3	101.6	95.6	103.5

④「鉱工業」の月ごとの数字をコピーして次項のグラフの「出荷原指数」に貼り付ける。

⑤ 次は「在庫」のタブをクリック。

⑥ ④と同じく「鉱工業」に月ごとの数字をコピーして次項のグラフの「在庫原指数」に貼り付ける。

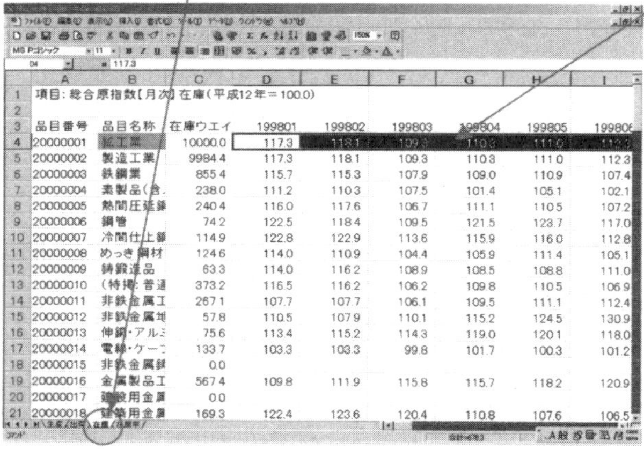

	A	B	C	D	E	F	G	H	I
1	項目:総合原指数【月次】在庫(平成12年=100.0)								
2									
3	品目番号	品目名称	在庫ウエイ	199801	199802	199803	199804	199805	19980
4	20000001	鉱工業	10000.0	117.3	118.1	109.3	110.3	111.0	[illegible]
5	20000002	製造工業	9984.4	117.3	118.1	109.3	110.3	111.0	112.3
6	20000003	鉄鋼業	855.4	115.7	115.3	107.9	109.0	110.9	107.4
7	20000004	素製品(含.	238.0	111.2	110.3	107.5	101.4	105.1	102.1
8	20000005	熱間圧延鋼	240.4	116.0	117.6	106.7	111.1	110.5	107.2
9	20000006	鋼管	74.2	122.5	118.4	109.5	121.5	123.7	117.0
10	20000007	冷間仕上鋼	114.9	122.8	122.9	113.6	115.9	116.0	112.8
11	20000008	めっき鋼材	124.6	114.0	110.9	104.4	105.9	111.4	105.1
12	20000009	鋳鍛造品	63.3	114.0	116.2	108.9	108.5	108.8	111.0
13	20000010	(特掲:普通	373.2	116.5	116.2	106.2	109.8	110.5	106.9
14	20000011	非鉄金属工	267.1	107.7	107.7	106.1	109.5	111.1	112.4
15	20000012	非鉄金属地	57.8	110.5	107.9	110.1	115.2	124.5	130.9
16	20000013	伸銅・アルミ	75.6	113.4	115.2	114.3	119.0	120.1	118.0
17	20000014	電線・ケー	133.7	103.3	103.3	99.8	101.7	100.3	101.2
18	20000015	非鉄金属鋳	0.0						
19	20000016	金属製品工	567.4	109.8	111.9	115.8	115.7	118.2	120.9
20	20000017	建設用金属	0.0						
21	20000018	建築用金属	169.3	122.4	123.6	120.4	110.8	107.6	106.5

2）データ処理　※注：表の数値について。小数点第３位を四捨五入しています。

１９９８（前年）		Jan	Feb	Mar	Apr	May	Jun	Jul	Aug	Sep	Oct	Nov	Dec
出荷	前年同月比出荷変化率												
	出荷原指数												
在庫	前年同月比在庫変化率												
	在庫原指数												

１９９９（今年）		Jan	Feb	Mar	Apr	May	Jun	Jul	Aug	Sep	Oct	Nov
出荷	前年同月比出荷変化率											
	出荷原指数											
在庫	前年同月比在庫変化率											
	在庫原指数											
	在庫循環モメンタム											

⑦

１９９８（前年）		Jan	Feb	Mar	Apr	May	Jun	Jul	Aug	Sep	Oct	Nov	Dec
出荷	前年同月比出荷変化率												
	出荷原指数	88.1	93.2	111.2	90.5	85.9	93.2	96.3	83.3	100.5	93.3	92.9	94.1
在庫	前年同月比在庫変化率												
	在庫原指数	117.3	118.1	109.3	110.3	111.0	112.3	112.8	111.2	105.1	108.4	107.8	104.2

１９９９（今年）		Jan	Feb	Mar	Apr	May	Jun	Jul	Aug	Sep	Oct	Nov
出荷	前年同月比出荷変化率											
	出荷原指数	83.3	90.1	111.1	89.0	84.5	94.6	96.4	87.6	103.4	95.4	99.2
在庫	前年同月比在庫変化率											
	在庫原指数	106.3	106.9	98.4	99.4	101.4	102.5	102.5	101.5	96.8	98.7	100.5
	在庫循環モメンタム											

⑧

⑩

１９９８（前年）		Jan	Feb	Mar	Apr	May	Jun	Jul	Aug	Sep	Oct	Nov	Dec
出荷	前年同月比出荷変化率												
	在庫原指数	88.1	93.2	111.2	90.5	85.9	93.2	96.3	83.3	100.5	93.3	92.9	94.1
在庫	前年同月比在庫変化率												
	在庫原指数	117.3	118.1	109.3	110.3	111.0	112.3	112.8	111.2	105.1	108.4	107.8	104.2

⑨

⑪

１９９９（今年）		Jan	Feb	Mar	Apr	May	Jun	Jul	Aug	Sep	Oct	Nov
出荷	前年同月比出荷変化率	-5.4	-3.3	-0.1	-1.7	-1.6	1.5	0.1	5.2	2.9	2.3	6.8
	在庫原指数	83.3	90.1	111.1	89.0	84.5	94.6	96.4	87.6	103.4	95.4	99.2
在庫	前年同月比在庫変化率											
	在庫原指数	106.3	106.9	98.4	99.4	101.4	102.5	102.5	101.5	96.8	98.7	100.5
	在庫循環モメンタム											

１９９８（前年）		Jan	Feb	Mar	Apr	May	Jun	Jul	Aug	Sep	Oct	Nov	Dec
出荷	前年同月比出荷変化率												
	出荷原指数	88.1	93.2	111.2	90.5	85.9	93.2	96.3	83.3	100.5	93.3	92.9	94.1
在庫	前年同月比在庫変化率												
	在庫原指数	117.3	118.1	109.3	110.3	111.0	112.3	112.8	111.2	105.1	108.4	107.8	104.2

⑫

１９９９（今年）		Jan	Feb	Mar	Apr	May	Jun	Jul	Aug	Sep	Oct	Nov
出荷	前年同月比出荷変化率	-5.4	-3.3	-0.1	-1.7	-1.6	1.5	0.1	5.2	2.9	2.3	6.8
	出荷原指数	83.3	90.1	111.1	89.0	84.5	94.6	96.4	87.6	103.4	95.4	99.2
在庫	前年同月比在庫変化率	-9.4	-9.5	-10.0	-9.9	-8.6	-8.7	-9.1	-8.7	-7.9	-8.9	-6.8
	在庫原指数	106.3	106.9	98.4	99.4	101.4	102.5	102.5	101.5	96.8	98.7	100.5
	在庫循環モメンタム											

	1998（前年）	Jan	Feb	Mar	Apr	May	Jun	Jul	Aug	Sep	Oct	Nov	Dec
出荷	前年同月比出荷変化率												
	出荷原指数	88.1	93.2	111.2	90.5	85.9	93.2	96.3	83.3	100.5	93.3	92.9	94.1
在庫	前年同月比在庫変化率												
	在庫原指数	117.3	118.1	109.3	110.3	111.0	112.3	112.8	111.2	105.1	108.4	107.8	104.2

	1999（今年）	Jan	Feb	Mar	Apr	May	Jun	Jul	Aug	Sep	Oct	Nov	
出荷	前年同月比出荷変化率	-5.4	-3.3	-0.1	-1.7	-1.6	1.5	0.1	5.2	2.9	2.3	6.8	
	出荷原指数	83.3	90.1	111.1	89.0	84.5	94.6	96.4	87.6	103.4	95.4	99.2	
在庫	前年同月比在庫変化率	-9.4	-9.5	-10.0	-9.9	-8.6	-8.7	-9.1	-8.7	-7.9	-8.9	-6.8	
	在庫原指数	106.3	106.9	98.4	99.4	101.4	102.5	102.5	101.5	96.8	98.7	100.5	
	在庫循環モメンタム	4.0	6.2	9.9	8.2	7.0	10.2	9.2	13.9	10.8	11.2	13.6	⑬

⑭在庫循環モメンタムのグラフを作成する。

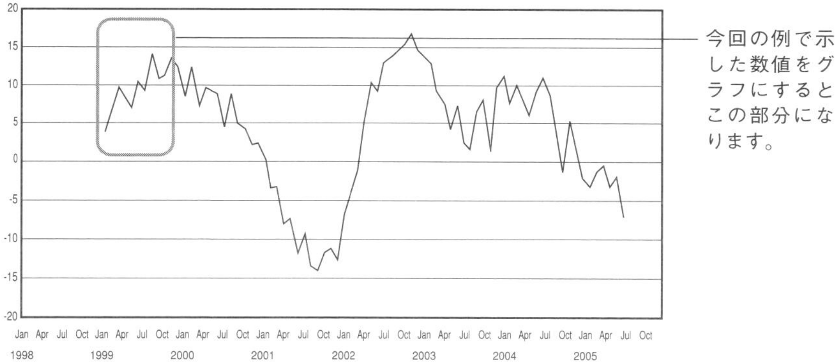

⑦お手数ですがフォーマットを作ってください（もしくはダウンロードしてください。名称は「鉱工業在庫循環」です）。
⑧出荷の数字は出荷原指数に、在庫の数字は在庫原指数にコピーしてください（注：前ページの④ならびに⑥のことをもう一度説明しました）
⑨出荷の前年同月比出荷変化率に“100×（今年のデーター前年のデータ）／前年のデータ”を計算させる式を入れ、値を出します。この例の場合、1月の値は⑩のようになります。そして、2月の値は⑪のようになります。
⑩100×（83.3−88.1）/88.1＝−5.4
⑪100×（90.1−93.2）/93.2＝−3.3
⑫同様に、在庫の前年同月比出荷変化率にも“100×（今年のデーター前年のデータ）／前年のデータ”を計算させる式を入れ、値を出します。
⑬在庫モメンタムに「前年同月比出荷変化率−前年同月比在庫変化率」の式を入力し、値を出します。

第2節
鉄鋼株在庫循環投資＆ガラス株在庫循環投資

鉄鋼株の在庫はゆっくりとした周期で循環します。乗り遅れることの少ない“ある意味”とても手軽な投資対象だと思います実際、私も何度も儲けさせていただきました。

前ページで紹介したホームページからダウンロードしたファイルの「鉄鋼業」の月ごとの数字をコピーしてグラフを作成し、次ページのように実際の株価チャートに重ね合わせてみましょう。なお、ここで使用するエクセルデータの名称は「鉄鋼在庫循環」と「ガラス在庫循環」です。

現在の日時:6月27日 21:44 -- 日本の証券市場は終了しました。

新日本製鐵(株) (東証1部5401) - 関連情報 ニュース・ 企業情報・ 掲示板・ レポート(リサーチ)

取引値 15:00 **255**		前日比 -5 (-1.92%)	前日終値 260	出来高 32,716,000	時価総額 1,735,780百万円
始値 256	高値 257	安値 253	売気配 ---	買気配 ---	発行済株式数 6,806,980,977株
配当利回り 1.96%	1株配当 5.00円	株価収益率 (連) 7.79倍	1株利益 (連) 32.73円	純資産倍率 (連) 1.45倍	1株株主資本 (連) 176.21円
株主資本比率 (連) 30.7%	株主資本利益率 (連) 20.74%	総資産利益率 (連) 5.82%	調整1株益 (連) 32.73円	決算年月 2005年3月	単元株数 1,000株

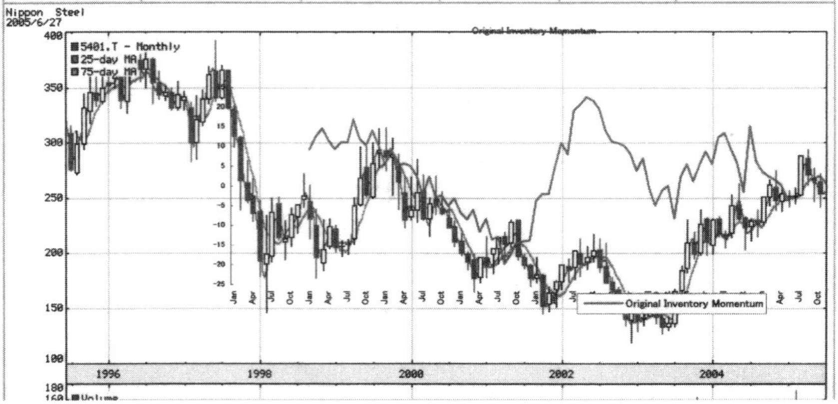

ヤフーファイナンスより引用

さて、今度はガラス株を見ていこうと思います。26ページで紹介したホームページからダウンロードしたファイルの「ガラス・同製品」の月ごとの数字をコピーしてグラフを作成し、次ページのように実際の株価チャートに重ね合わせました。

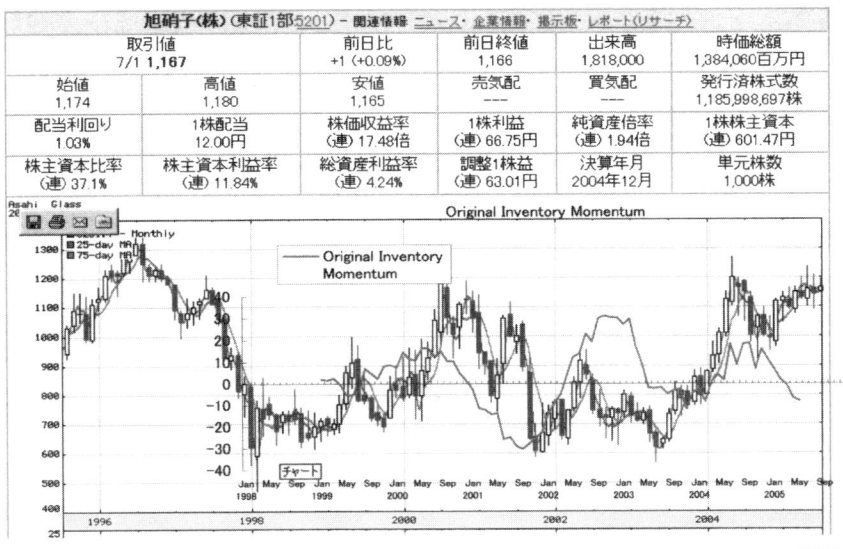

旭硝子(株)（東証1部5201）－ 関連情報 ニュース・ 企業情報・ 掲示板・ レポート（リサーチ）

取引値 7/1 **1,167**		前日比 +1（+0.09%）	前日終値 1,166	出来高 1,818,000	時価総額 1,384,060百万円
始値 1,174	高値 1,180	安値 1,165	売気配 ---	買気配 ---	発行済株式数 1,185,998,697株
配当利回り 1.03%	1株配当 12.00円	株価収益率 （連）17.48倍	1株利益 （連）66.75円	純資産倍率 （連）1.94倍	1株株主資本 （連）601.47円
株主資本比率 （連）37.1%	株主資本利益率 （連）11.84%	総資産利益率 （連）4.24%	調整1株益 （連）63.01円	決算年月 2004年12月	単元株数 1,000株

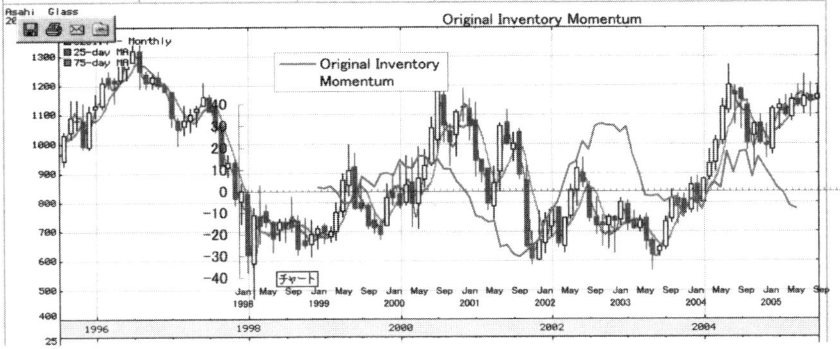

ヤフーファイナンスより引用

いかがですか。鉄鋼株もガラス株も完全にピッタリとはいかないまでも周期のトレンドが合っていることにお気づきかと思います。この作成したグラフの底と天井の見極めさえつけば投資タイミングを外すことはないと思います。先のシリコンサイクルと一緒ですね。なお、ここで紹介した手法は不況のときに特に有効です。

第３節
その他奇妙な株価のサイクル

１）LME亜鉛の実需の値動きと東邦亜鉛の株価の値動き

この両者の値動きは似ています。私はサラリーマンで一日中相場にピッタリ張り付いていられず試せないのですが、短期売買ができる環境にいられる方はLME亜鉛の実需のチャートを正にしてペアトレードとして東邦亜鉛株をトレードしてみてはいかがでしょうか。

■手順

①まずはLME亜鉛の値動きが載っているURLを記します

“Ｚｉｎｃ（亜鉛）”を指定します。

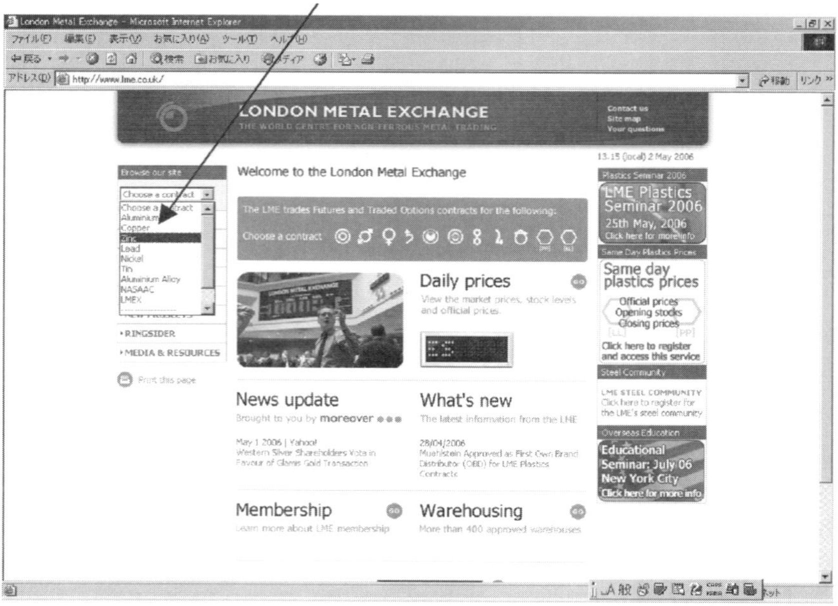

② “Price Graphs” をクリックします。

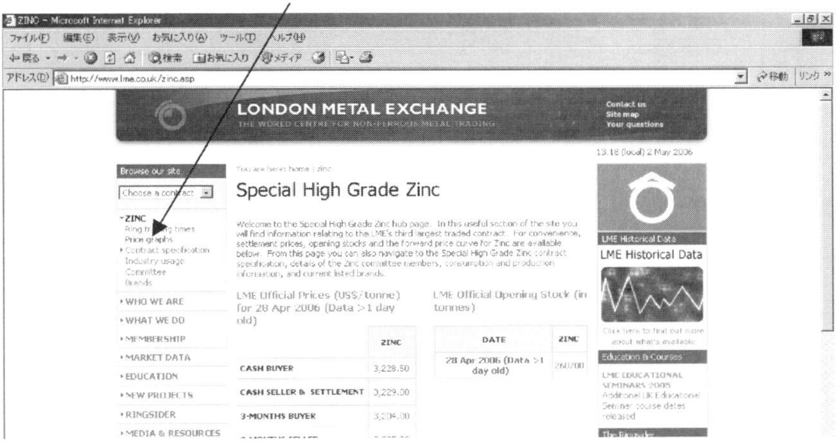

③期間と実需（Cash Buyer）を指定し、「Show」ボタンを押してグラフを表示させます。

期間　　実需　　　“Show”ボタン

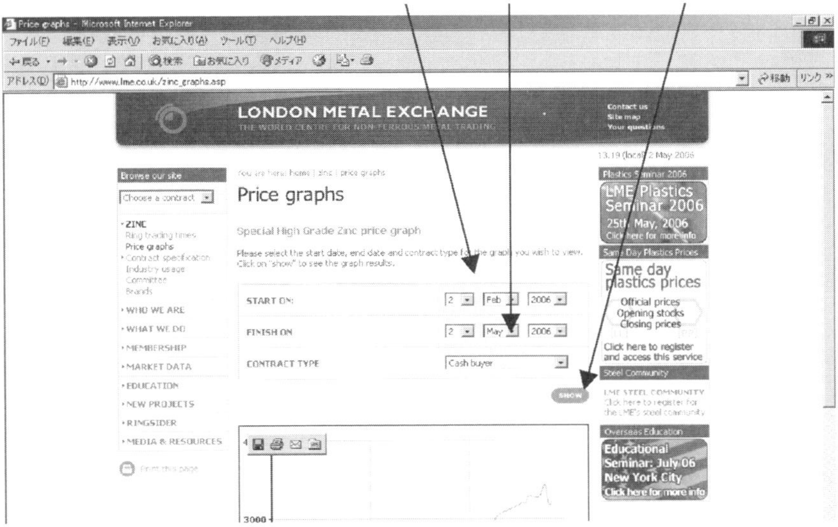

LME亜鉛の実需のチャート

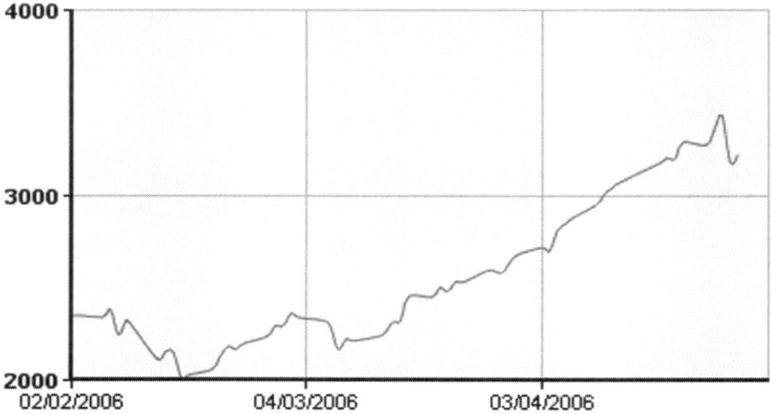

東邦亜鉛の株価チャート

ヤフーファイナンスより引用

2）アルトリアグループの裁判による奇妙な循環

アメリカのタバコのブランドで「フィリップモリス」という銘柄があるのはご存知でしょうか。このアルトリアグループというのはそのタバコメーカーです。アメリカは訴訟社会であると同時に大の嫌煙国家でもあります。その証拠に日本ではタバコ一箱300円ぐらいしますが、アメリカでは州にもよるそうですが900円くらいするそうです。

その両者があいまってか健康被害を理由に数年に一度同社が裁判に訴えられます。訴えられると同時に株価が下がって裁判のほとぼりが冷めるとまた株価が戻ってくるという不思議なサイクルがあります。うまくすると短期間で30%くらいのリターンが高い確率で得られるというおいしい投資法でもあります。

ちなみに同社のティッカーシンボルはMO。覚えやすいですね。

MOの10年株価チャート

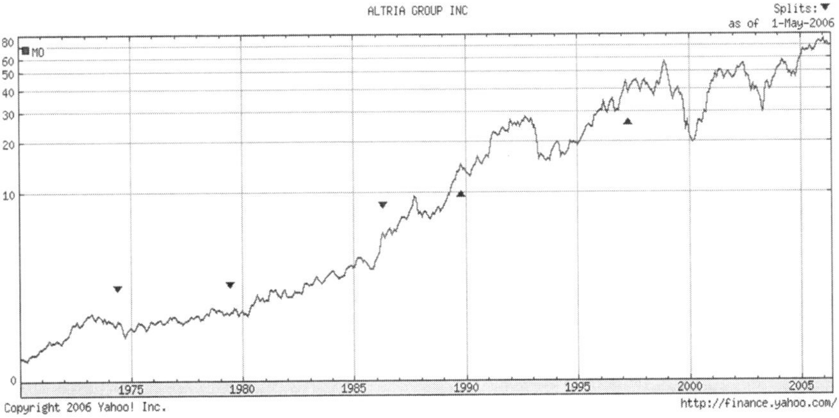

ヤフーファイナンスより引用

第４節

季節要因を利用する

国内外の機関投資家の決算月に税金対策の益出、損切りの売りが集中して株式相場が一時的に低迷することがあります。具体的に言うと、騰落レシオ（本章第１節参照）が70％台以下になるときがあります。そのときが買いのチャンスです。実際、私も、この季節要因を利用して、わずか数ヶ月で株式資産を20％増やしたことがあります。参考までに決算月の表を添付します。

国内外の機関投資家の決算月

	決算月を迎える投資家	売買判断
１月		売り
２月		売り
３月	国内個人投資家（税金）・国内機関投資家・国内証券会社	買い
４月		売り
５月	外国籍（欧州系）機関投資家・証券会社中間決算	買い
６月	外国籍（米系）機関投資家・証券会社中間決算	
７月		様子見
８月		
９月	国内機関投資家・国内証券会社中間決算	買い
１０月		
１１月	外国籍（欧州系）機関投資家・証券会社決算	
１２月	外国籍（米系）機関投資家・証券会社決算	

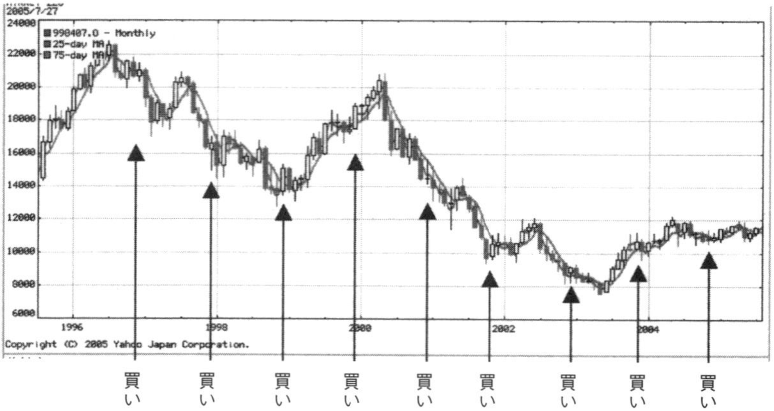

第5節
金利低下時は金融株の買い時

最近の日本では当てはまりませんが、一般に不況になると国債が買われて資金が株から国債に流れていきます。国債が買われると国債価格が上昇して利回りが低下していき、金利が低くなっていきます。そして景気の転換点、つまり不況から好況へと変わるときに資金の流れは逆転し、国債から株式へと流れていきます。

この金利が底を打つ瞬間こそ景気に敏感に反応する業種への株式への投資のチャンスです。とくに金融株がわかりやすくてよいでしょう。なぜなら、この金利が底を打つ瞬間というのはFFレートに代表される政策金利が低くなる瞬間でもあり、中央銀行からお金を借りるコストが安くなる転換点であり収益構造が改善され業績向上が期待されるからです。

参考までに米国10年物国債の金利のチャートとシティバンクでおなじみのシティグループ（C）の株価チャートを記しておきます。

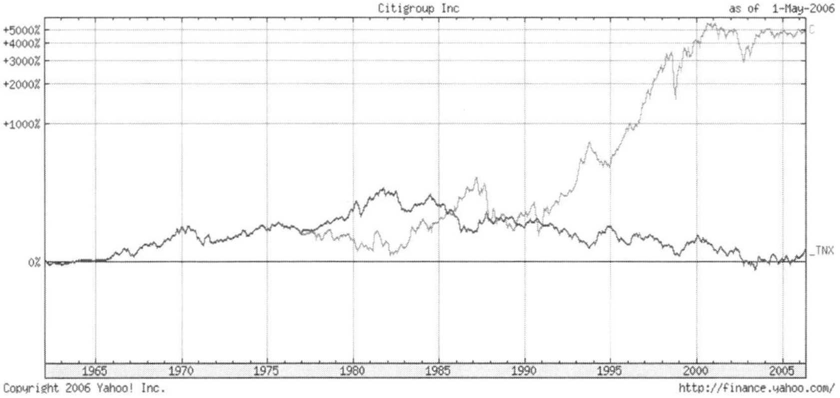

ヤフーファイナンスより引用

毎冬に上がる銘柄

これから紹介する銘柄は毎年12月ごろカクンと下がってまた上昇するという奇妙なクセがあります。そこを狙って投資するのは意外と確実に利益を手にできる方法かもしれません。いくつか載せましたが、ほかにもあるかもしれませんので会社四季報などで探してみてはいかがでしょうか。

日本製麻（3306）

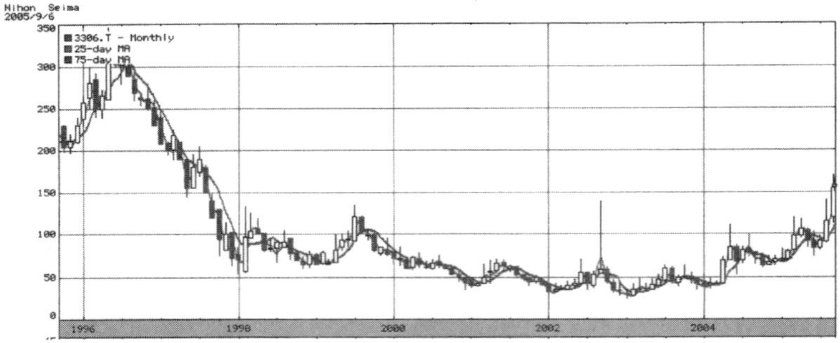

戸田工業（4100）

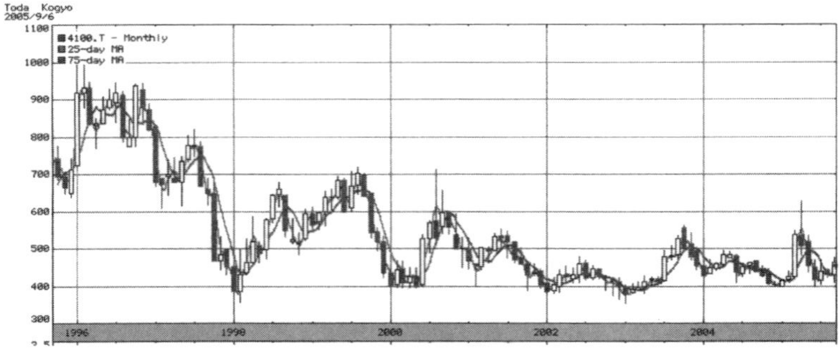

三菱樹脂（4213）

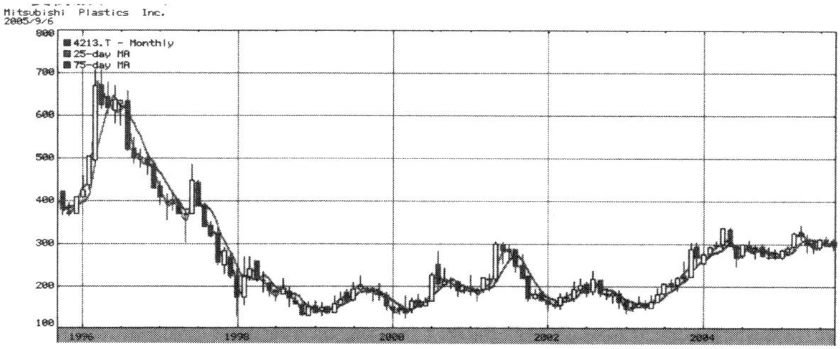

日本山村硝子（5210）

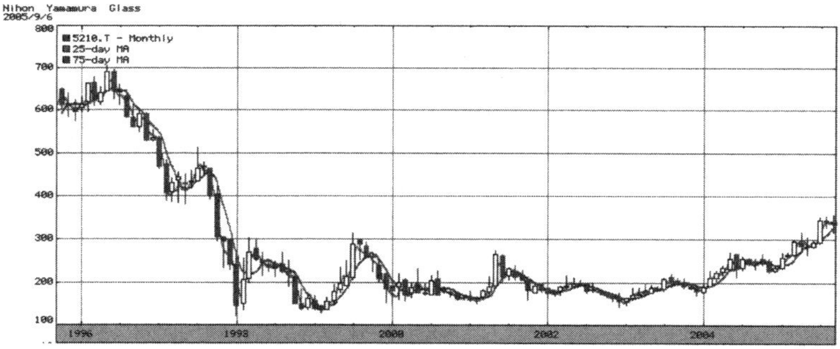

住友軽金属（5738）

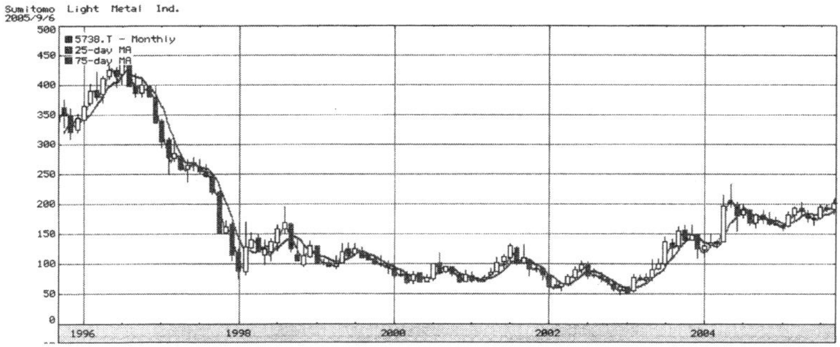

以上、すべてヤフーファイナンスより引用

日精樹脂工業（6293）

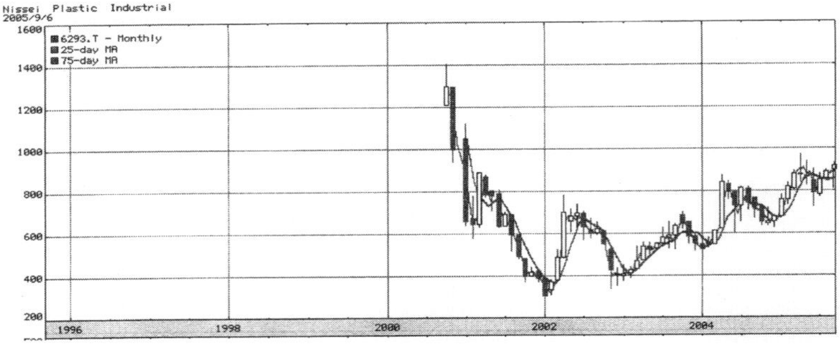

ヤフーファイナンスより引用

ほかにも、以下の企業があります。

日立機電工業（6354）
椿本チェイン（6371）
岩崎電気（6924）
マツダ（7261）
ジョイス（8080）
ゼット（8135）
カナモト（9678）
CEC（9692）
近畿日本ツーリスト（9726）
トラスコ中山（9830）

IPOの裏技

IPOの公募に当たらなくて残念な気分をさせられた方も多いと思います。でも大丈夫です。もうひとつ、IPOで儲ける方法があります。毎年、９月から12月ごろ株式相場は閑散としていますので、そのころにIPOされた銘柄を買うのです。上昇したときに（早ければ翌年の１月ごろ？）利益確定のチャンスが巡ってきます。

以下に2004年の10月から12月にIPOされた一部の銘柄のチャートを載せますのでぜひ確認してみてください（以下のチャートの出典はすべて東洋経済新報社のCD-ROM版会社四季報です）。12月から１月にかけて急激に上げている銘柄が多いことに気づくと思います。

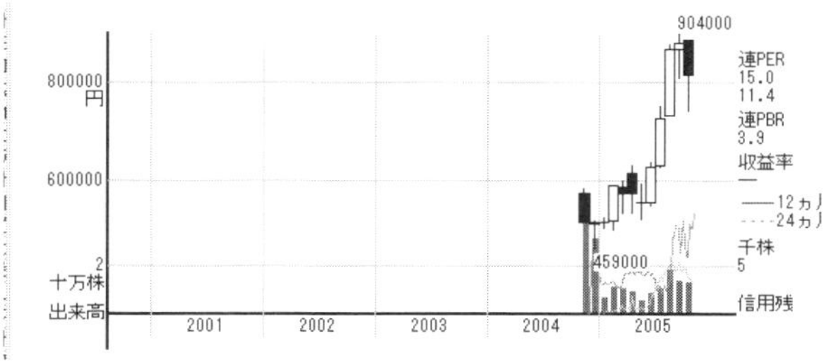

国際石油開発(株)
（1604）

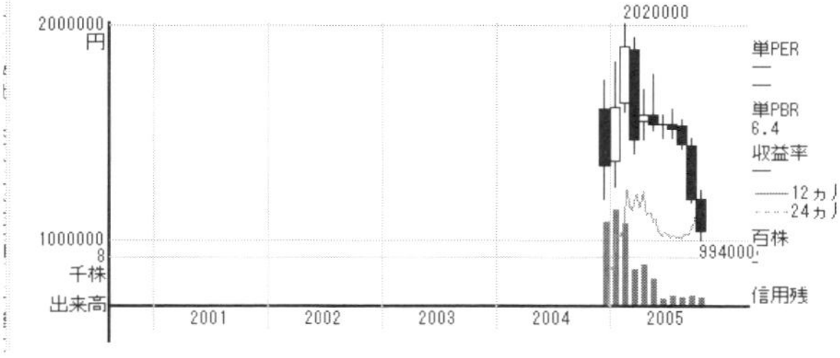

(株)省電舎
（1711）

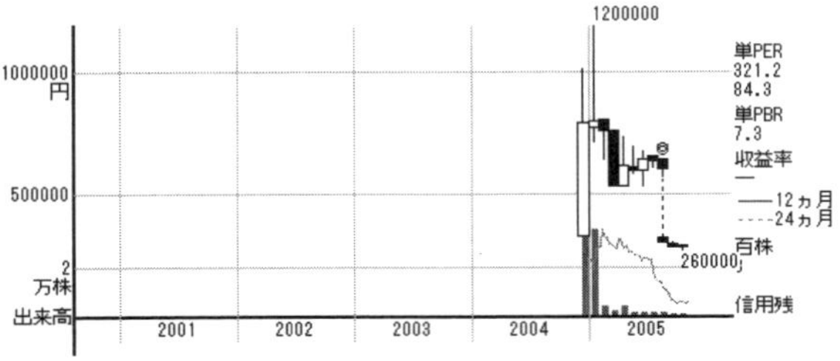

(株)ダイセキ環境ソリューション（1712）

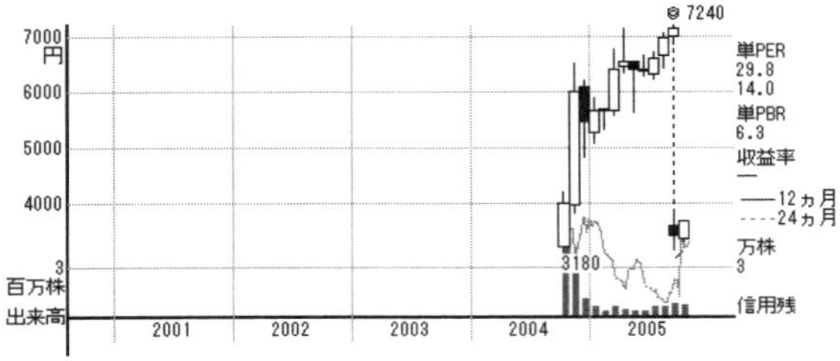

ユニ・チャームペットケア(株)（2059）

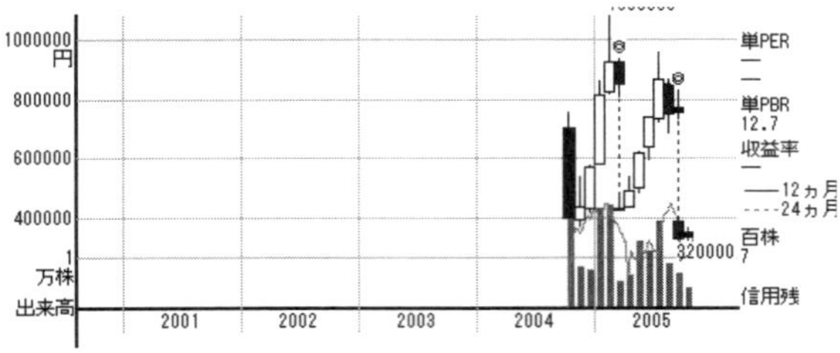

(株)キャリアデザインセンター（2410）

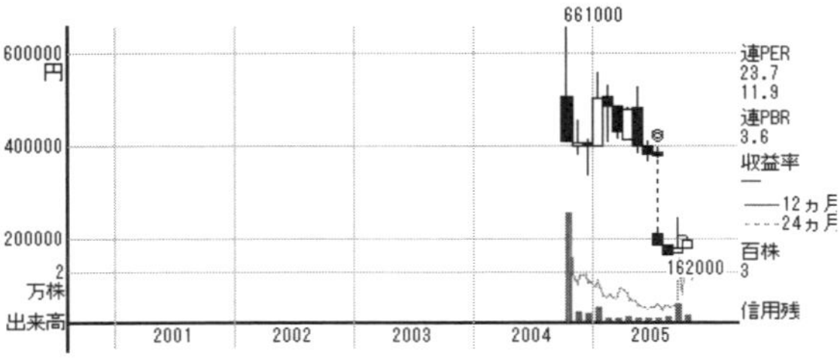

ヒューマンホールディングス(株)（2415）

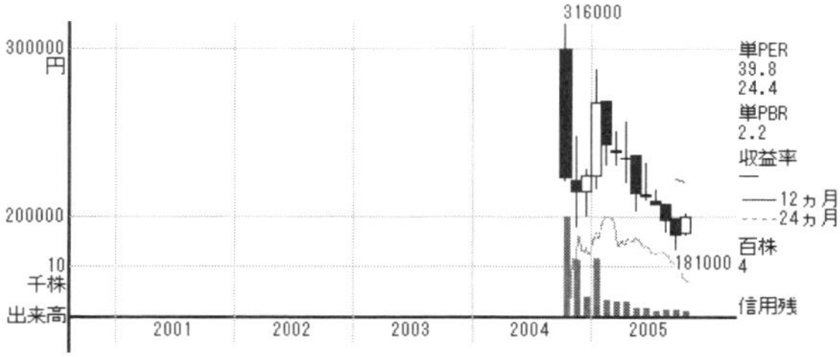

(株)ローソンチケット
(2416)

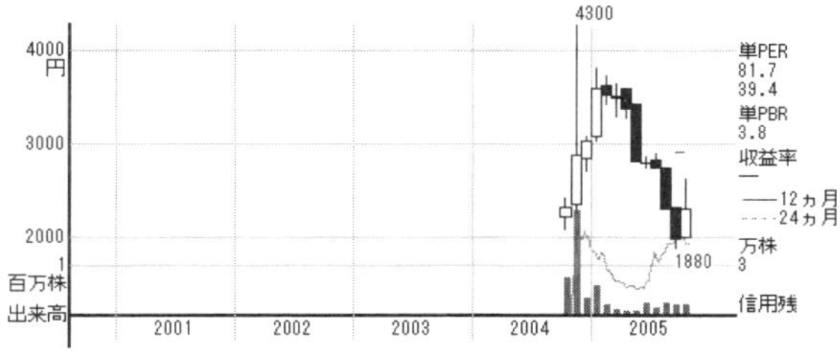

(株)ツヴァイ
(2417)

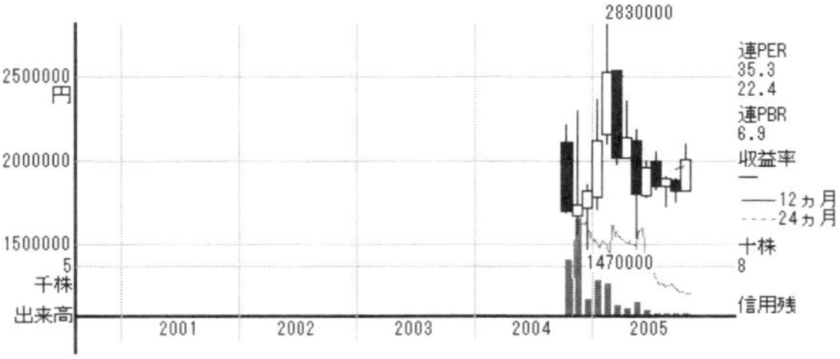

(株)ベストブライダル
(2418)

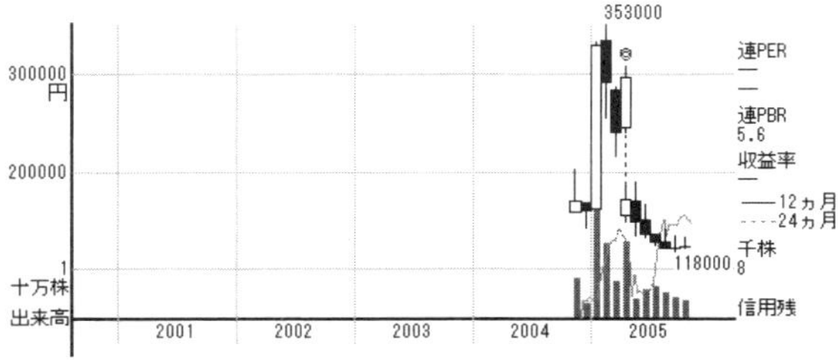

(株)CHINTAI
(2420)

(株)ジェイエムネット
(2423)

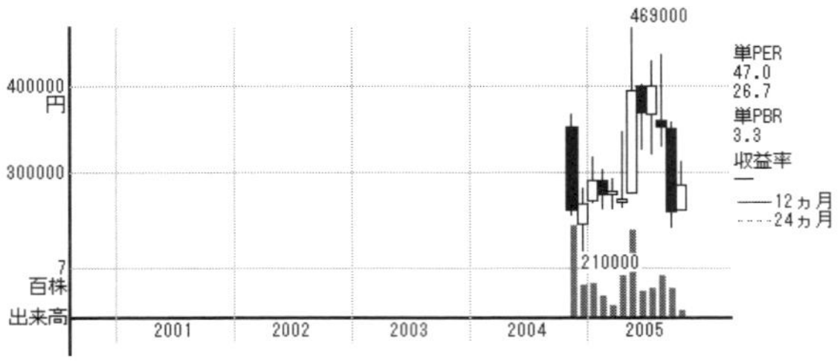

(株)ワンダーコーポレーション
(3344)

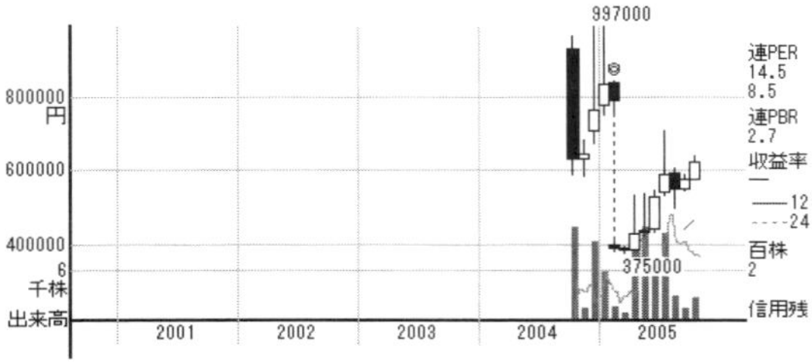

(株)メディカル一光
(3353)

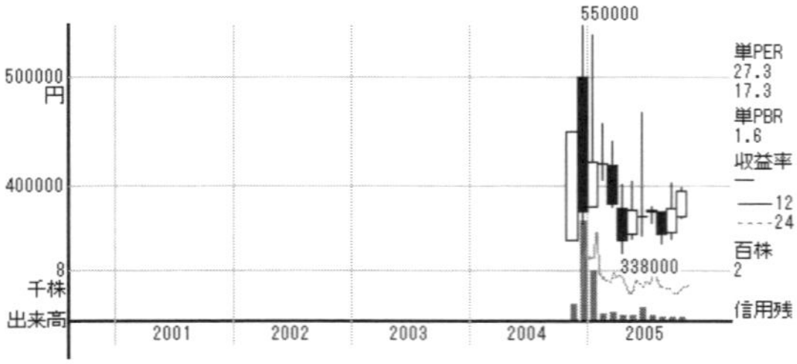

あとがき

いかがだったでしょうか？　政府から得られるデータ、業界団体から得られるデータなどを駆使すれば、値動きの激しい銘柄でも意外と簡単に手堅い投資法が得られて驚いた方もいらっしゃるのではないでしょうか。

この本の執筆を始めたとき、マンションの耐震強度偽装問題が取りざたされていました、これに関して思うことがあります。

事件はある一級建築士が某注文主から「仕事をなくすぞ」と脅されて無茶なコストダウンを図った設計をしたことから始まったといわれています。もし、渦中の一級建築士が株式投資等で経済的自立、あるいは完全とはいえないまでも、ある程度の経済的自立を果たしていたらどうだったでしょうか。仮に脅されて理不尽な仕事の依頼をされても断れたはずです。別の注文主からのまともな仕事だけを受けることができたでしょう。このような苦境に立たされることもなかったと思います。

このことはサラリーマンである私にも当てはまると思いました。他人事ではないのです。経済的自立ができていたら、仮に雇い主である会社側から理不尽な要求があっても平気。断れるはずです。
ほかにもいろんな企業の不祥事が過去にありました。もし、企業の従業員が給料以外による経済的自立ができていたら不祥事発生の抑止力となっていたのではないでしょうか。バブル崩壊の後遺症からか、

「株式投資＝悪」→「仕事のみに打ち込む＝善」

の図式がまだまだ日本人の頭の中にこびりついているようですが、今

回の耐震強度偽装問題で、私はこの図式が非常に危険なものだと感じたのです。こう思うのは私だけでしょうか。

そもそも株価は基本的に企業の業績がベースとなって上下しています。いわば「いかに仕事に打ち込んだか」を表すバロメーターです。そういう意味では「株式投資」と「仕事のみに打ち込む」は相反しないどころか、むしろ密接にリンクしているといえるのではないでしょうか。

「仕事のみに打ち込む」には一見手堅く崇高なイメージがあります。でも、私には大きなリスクが潜んでいるように思えるのです。

それは、健康を損なうリスクです。成人病を患っている人の多くは、仕事上のストレスを原因にしてると思います。

現に不摂生をしなかったにもかかわらず、私の父も仕事からのストレスで糖尿病となり、しまいには、ガンにかかり68歳でその生涯を終えました。

そのことは労働に対しての考えを変え、私が株式投資を始める１つのきっかけとなりました。

日本は世界第２位のGDPを生み出している経済大国です。傲慢な言い方かもしれませんが、私たち日本人は金融資産を運用して給料以外からも収入を得られる特権を持っているのではないかと思うのです。であるならば、その特権をフルに活用すべきだと思うのは私だけではないはずです。当然、何の対価もなくその特権を享受できるわけではありません。経済の先行きを読むのに、銘柄を選定するときに、売買タイミングを探るときに頭脳に汗をかき、資産を失うかもしれないという恐怖と戦うという新たな能力が必要です。そして、この能力は、これからの日本人に求められる能力ではないかと思っています。

株式投資が再び脚光を浴びつつある現在、視野を広げるという意味で、仕事の延長として株式投資を見直してみませんか。収入源をもうひとつ増やす手段としてもいい機会だと思います。

最後に、筆不精の私が再び出版にこぎつけたのは編集者の磯崎氏の尽力による部分が大であり、感謝の言葉が見つかりません。また無名の一介のサラリーマンにすぎない私に再び執筆の機会を与えてくださった、パンローリング代表取締役でいらっしゃる後藤康徳氏にもお礼を述べたいと思います。本当にありがとうございました。

読者の皆さんの成功を祈りつつ、キーボードから手を離したいと思います。

参考文献

　ある投資セミナーを経営されている方から聞いた話で恐縮なのですが、投資で成功するには「本を読む」ことは必須条件だそうです。本を読めない人は投資で成功しないのだそうです。
　本を買うのにお金を惜しむ人がいますが、私には考えられません。本に書いてある知識をもとに投資で利益を上げられれば本の価格などタダに等しいからです。しかも、まずい料理屋で払わされる金額に比べたらなおさらです。有益だと思える本を見つけたら即買うべきです。有益な本は有益なだけに読破するにはエネルギーがいりますが、私たちも頑張っていろんな本を読破しましょう！

『私も絶対サラリーマン投資家になる！』
BART＆よっしー著（パンローリング）

　私の著書です。この本では景気の予測に始まり、セクターの選び方、その中から投資すべき銘柄を選択するトップダウンアプローチと呼ばれる方法を紹介しています。しかもこれだけでなく、スイングトレードと呼ばれる細かな売買手法まで掲載した、値段の割にかなりお得な本です。お持ちでない方はぜひお手にとってみてください。

『不況でも「上がる株」が見つかる』
大竹眞一＆山田清一著（フォレスト出版）

　この本は、企業の成長だけが投資の理由ではなく、シリコンサイクルのような経済的な要因も投資の理由となり得るという、目からうろこの気づきを私に与えてくれた本です。ある意味この本の元ネタとなった本です。

『オンライン投資家の３０万から始める信用取引の本』

阿部智沙子著（東洋経済新報社）

信用取引の基礎知識からその活用法までが凝縮された１冊です。信用取引のイロハからその戦術まで、この１冊さえあればもう信用取引に関する本はいらないといえるくらいの本です。信用取引に興味を持たれた方必読の１冊です！

■著者紹介

Bart

1971年生まれ。埼玉県在住。職業は会社員。2001年より現物株のみの株式投資をはじめ、年間平均利回り約10%超のパフォーマンスで株式資産を増やしつつある。投資哲学は確実にコンスタントに利益を得ること。景気予測からはじめるトップダウンアプローチと呼ばれる投資法と、個別割安株を探すことからはじめるボトムアップアプローチと呼ばれる投資法を駆使してただいま奮闘中！　著書に『私も絶対サラリーマン投資家になる！』（パンローリング刊）がある。

2006年11月 3日　第1刷発行

今まで知られることのなかった“本当”のハイテク株投資

著　者　　Bart
発行者　　後藤康徳
発行所　　パンローリング株式会社
〒160-0023　東京都新宿区西新宿7-21-3-1001
TEL 03-5386-7391　FAX 03-5386-7393
http://www.panrolling.com/
E-mail　info@panrolling.com
装　丁　　堀野七絵
組　版　　株式会社ベイ・イースト・グラフィックス
印刷・製本　　株式会社シナノ

ISBN4-7759-9043-8　　RCK71.5

免責事項

この本で紹介している方法や技術、指標が利益を生む、あるいは損失につながることはない、と仮定してはなりません。過去の結果は必ずしも将来の結果を示したものではありません。この本の実例は教育的な目的のみで用いられるものであり、売買の注文を勧めるものではありません。

＜1＞ 投資・相場を始めたら、カモにならないために最初に必ず読む本！

マーケットの魔術師

ジャック・D・シュワッガー著

「本書を読まずして、投資をすることなかれ」とは世界的なトップトレーダーがみんな口をそろえて言う「投資業界での常識」。

定価2,940円（税込）

新マーケットの魔術師

ジャック・D・シュワッガー著

17人のスーパー・トレーダーたちが洞察に富んだ示唆で、あなたの投資の手助けをしてくれることであろう。

定価2,940円（税込）

マーケットの魔術師 株式編 増補版

ジャック・D・シュワッガー著

だれもが知りたかった「その後のウィザードたちのホントはどうなの？」に、すべて答えた『マーケットの魔術師【株式編】』増補版！

定価2,940円（税込）

マーケットの魔術師 システムトレーダー編

アート・コリンズ著

14人の傑出したトレーダーたちが明かすメカニカルトレーディングのすべて。

定価2,940円（税込）

ヘッジファンドの魔術師

ルイ・ペルス 著

13人の天才マネーマネジャーたちが並外れたリターンを上げた戦略を探る!　　[旧題]インベストメント・スーパースター

定価2,940円（税込）

伝説のマーケットの魔術師たち

ジョン・ボイク 著

伝説的となった偉大な株式トレーダーたちの教えには、現代にも通用する、時代を超えた不変のルールがあった！

定価2,310円（税込）

株の天才たち

ニッキー・ロス著

世界で最も偉大な5人の伝説的ヒーローが伝授する投資成功戦略！
[改題]賢人たちの投資モデル

定価1,890円（税込）

投資苑（とうしえん）

アレキサンダー・エルダー著

精神分析医がプロのトレーダーになって書いた心理学的アプローチ相場本の決定版！　各国で超ロングセラー。

定価6,090円（税込）

ピット・ブル

マーティン・シュワルツ著

チャンピオン・トレーダーに上り詰めたギャンブラーが語る実録「カジノ・ウォール街」。

定価1,890円（税込）

ライアーズ・ポーカー

マイケル・ルイス著

自由奔放で滑稽、あきれ果てるようなウォール街の投資銀行の真実の物語！

定価1,890円（税込）

＜3＞ 順張りか逆張りか、中長期売買法の極意を完全マスターする！

タートルズの秘密
ラッセル・サンズ著

中・長期売買に興味がある人や、アメリカで莫大な資産を築いた本物の
投資手法・戦略を学びたい方必携！

定価20,790円（税込）

カウンターゲーム
アンソニー・M・ガレア＆
ウィリアム・パタロンIII世著
序文：ジム・ロジャーズ

ジム・ロジャーズも絶賛の「逆張り株式投資法」の決定版！
個人でできるグレアム、バフェット流バリュー投資術！

定価2,940円（税込

オニールの成長株発掘法
ウィリアム・
J・オニール著

あの「マーケットの魔術師」が平易な文章で書き下ろした、全米で100万部突
破の大ベストセラー！

定価2,940円（税込

オニールの相場師養成講座
ウィリアム・
J・オニール著

今日の株式市場でお金を儲けて、
そしてお金を守るためのきわめて常識的な戦略。

定価2,940円（税込

オニールの空売り練習帖
ウィリアム・
J・オニール著

売る方法を知らずして、買うべからず。売りの極意を教えます！
「マーケットの魔術師」オニールが空売りの奥義を明かした！

定価2,940円（税込

ウォール街で勝つ法則
ジェームズ・P・
オショーネシー著

『証券分析』以来の名著と誉れ高いベストセラー！
クオンツ（数量分析）のバイブル登場！

定価6,090円（税込

トレンドフォロー入門
マイケル・コベル著

初のトレンドフォロー決定版！
トレンドフォロー・トレーディングに関する初めての本。

定価6,090円（税込

バイ・アンド・ホールド時代の終焉
エド・イースタリング著

買えば儲かる時代は終わった！　高PER、低配当、低インフレ時代の
現在は、バイ・アンド・ホールド投資は不向きである。

定価2,940円（税込）

株式インサイダー投資法
チャールズ・ビダーマン＆
デビッド・サンチ著

利益もPERも見てはいけない！
インサイダーの側についていけ！

定価2,940円（税込

ラリー・ウィリアムズの「インサイダー情報」で儲ける方法
ラリー・ウィリアムズ著

“常勝大手投資家”コマーシャルズについていけ！

定価6,090円（税込

＜4＞ テクニカル分析の真髄を見極め、奥義を知って、プロになる！

投資苑 ／ 投資苑2

アレキサンダー・エルダー著

ベストセラー『投資苑』とその続編 エルダー博士はどこで仕掛け、どこで手仕舞いしているのかが今、明らかになる！

定価各6,090円（税込）

投資苑がわかる203問
投資苑2 Q&A

アレキサンダー・エルダー著

定価各2,940円（税込）

高勝率トレード学のススメ

マーセル・リンク著

高確率な押し・戻り売買と正しくオシレーターを使って、運やツキでなく、将来も勝てるトレーダーになる！

定価6,090円（税込）

シュワッガーのテクニカル分析

ジャック・D・シュワッガー著

シュワッガーが、これから投資を始める人や投資手法を立て直したい人のために書き下ろした実践チャート入門。

定価3,045円（税込）

マーケットのテクニカル秘録

チャールズ・ルボー&デビッド・ルーカス著

プロのトレーダーが世界中のさまざまな市場で使用している洗練されたテクニカル指標の応用法が理解できる。

定価6,090円（税込）

ワイルダーのテクニカル分析入門

J・ウエルズ・ワイルダー・ジュニア著

オシレーターの売買シグナルによるトレード実践法
RSI、ADX開発者自身による伝説の書！

定価10,290円（税込）

マーケットのテクニカル百科 入門編・実践編

ロバート・D・エドワーズ著

アメリカで50年支持され続けている
テクニカル分析の最高峰が大幅刷新！

定価6,090円（税込）

魔術師たちのトレーディングモデル

リック・ベンシニョール著

「トレードの達人である12人の著者たち」が、トレードで成功するためのテクニックと戦略を明らかにしています。

定価6,090円（税込）

ウエンスタインのテクニカル分析入門

スタン・ウエンスタイン著

ホームトレーダーとして一貫してどんなマーケットのときにも利益を上げるためにはベア相場で儲けることが不可欠!

定価2,940円（税込）

デマークのチャート分析テクニック

トーマス・R・デマーク著

いつ仕掛け、いつ手仕舞うのか。
トレンドの転換点が分かれば、勝機が見える!

定価6,090円（税込）

＜5＞ 割安・バリュー株からブレンド投資まで株式投資の王道を学ぶ！

バフェットからの手紙
ローレンス・A・カニンガム

究極・最強のバフェット本――この1冊でバフェットのすべてが分かる。
投資に値する会社こそ生き残る！

定価1,680円（税込）

賢明なる投資家
ベンジャミン・グレアム著

割安株の見つけ方とバリュー投資を成功させる方法。市場低迷の時期こそ、威力を発揮する「バリュー投資のバイブル」

定価3,990円（税込）

新賢明なる投資家　上巻・下巻
ベンジャミン・グレアム、ジェイソン・ツバイク著

時代を超えたグレアムの英知が今、よみがえる！
これは「バリュー投資」の教科書だ！

定価各3,990円（税込）

証券分析【1934年版】
ベンジャミン・グレアム＆デビッド・L・ドッド著

「不朽の傑作」ついに完全邦訳！　本書のメッセージは今でも新鮮でまったく輝きを失っていない！

定価10,290円（税込）

最高経営責任者バフェット
ロバート・P・マイルズ著

あなたも「世界最高のボス」になれる。バークシャー・ハサウェイ大成功の秘密――「無干渉経営方式」とは？

定価2,940円（税込）

マンガ　ウォーレン・バフェット
森生文乃著

世界一おもしろい投資家の世界一もうかる成功のルール。世界一の株式投資家、ウォーレン・バフェット。その成功の秘密とは？

定価1,680円（税込）

賢明なる投資家【財務諸表編】
ベンジャミン・グレアム＆スペンサー・B・メレディス著

ベア・マーケットでの最強かつ基本的な手引き書であり、
「賢明なる投資家」になるための必読書！

定価3,990円（税込）

投資家のための粉飾決算入門
チャールズ・W・マルフォード著

「第二のエンロン」株を持っていませんか?
株式ファンダメンタル分析に必携の書

定価6,090円（税込）

バイアウト
リック・リッカートセン著

もし会社を買収したいと考えたことがあるなら、本書からMBOを成功させるために必要なノウハウを得られるはずだ!

定価6,090円（税込）

株の天才たち
ニッキー・ロス著

世界で最も偉大な5人の伝説的ヒーローが伝授する
投資成功戦略！　　　［旧題］賢人たちの投資モデル

定価1,890円（税込）

＜6＞裁量を一切排除するトレーディングシステムの作り方・考え方！

究極のトレーディングガイド

ジョン・R・ヒル＆
ジョージ・プルート著

トレーダーにとって本当に役に立つコンピューター・トレーディングシステムの開発ノウハウをあますところなく公開！

定価5,040円（税込）

マーケットの魔術師　システムトレーダー編

アート・コリンズ著

14人の傑出したトレーダーたちが明かすメカニカルトレーディングのすべて。

定価2,940円（税込）

魔術師たちの心理学

バン・K・タープ著

「秘密を公開しすぎる」との声があがった
偉大なトレーダーになるための“ルール”、ここにあり！

定価2,940円（税込）

トレーディングシステム徹底比較

ラーズ・ケストナー著

本書の付録は、日本の全銘柄（商品・株価指数・債先）の検証結果も掲載され、プロアマ垂涎のデータが満載されている。

定価20,790円（税込）

売買システム入門

トゥーシャー・シャンデ著

相場金融工学の考え方→作り方→評価法
日本初！これが「勝つトレーディング・システム」の全解説だ！

定価8,190円（税込）

トレーディングシステム入門

トーマス・ストリズマン著

どんな時間枠でトレードするトレーダーにも、ついに収益をもたらす“勝つ”方法論に目覚める時がやってくる！

定価6,090円（税込）

トレーディングシステムの開発と検証と最適化

ロバート・パルド著

過去を検証しないで、あなたはトレードできますか？
トレーディングシステムを開発しようと思っている人、必読の書！

定価6,090円（税込）

投資家のためのリスクマネジメント

ケニス・L・グラント著

あなたは、リスクをとりすぎていませんか？それとも、とらないために苦戦していませんか？リスクの取り方を教えます！

定価6,090円（税込）

投資家のためのマネーマネジメント

ラルフ・ビンス著

投資とギャンブルの絶妙な融合！
資金管理のバイブル！

定価6,090円（税込）

EXCELとVBAで学ぶ先端ファイナンスの世界

メアリー・ジャクソン＆
マイク・ストーントン著

もうEXCELなしで相場は張れない！
EXCELでラクラク売買検証！

定価6,090円（税込）

＜7＞「相場は心理」…大衆と己の心理を知らずして、相場は張れない！

投資苑（とうしえん）

アレキサンダー・エルダー著

アメリカのほか世界8カ国で翻訳され、各国で超ロングセラー。精神分析医がプロのトレーダーになって書いた心理学的アプローチ相場本の決定版！

定価6,090円（税込）

投資苑　2　トレーディングルームにようこそ

アレキサンダー・エルダー著

世界的ベストセラー『投資苑』の続編、ついに刊行！
エルダー博士はどこで仕掛け、どこで手仕舞いしているのか今、明らかになる！

定価6,090円（税込）

投資苑がわかる203問

アレキサンダー・エルダー著

初心者からできるトレード3大要素（心理・戦略・資金管理）完全征服問題集！　楽しく問題を解きながら、高度なトレーディングの基礎が身につく！

定価2,940円（税込）

投資苑2　Q＆A

アレキサンダー・エルダー著

こんなに『投資苑2』が分かっていいのだろうか！
「実際にトレードするのはQ&Aを読んでからにしてください」（by　エルダー博士）

定価2,940円（税込

ゾーン――相場心理学入門

マーク・ダグラス著

マーケットで優位性を得るために欠かせない、新しい次元の心理状態を習得できる。「ゾーン」の力を最大限に活用しよう。

定価2,940円（税

マンガ　投資の心理学

青木俊郎著

頭では分かっているけれど、つい負け癖を繰り返してしまう人へ、投資家心理を理解して成功するための心構えを解説。

定価1,260円（税込）

魔術師たちの心理学

バン・K・タープ著

「秘密を公開しすぎる」との声があがった偉大なトレーダーになるための“ルール”、ここにあり！

定価2,940円（税込）

株式投資は心理戦争

デビッド・N・ドレマン著

「市場から見放されている銘柄のほうが人気銘柄よりも儲けられる！」――最近実施されたコンピューター調査ではこんな分析結果が出ている！

定価2,940円（税込）

●海外ウィザードが講演したセミナー・ビデオ＆DVD（日本語字幕付き）●

『オズの短期売買入門』　（67分）
トニー・オズ　8,190円（税込）

トレードの成功は、どこで仕掛け、どこで仕切るかがすべて。短期トレードの魔術師オズが、自らの売買を例に仕掛けと仕切りの解説。その他、どこで買い増し、売り増すのか、短期トレーダーを悩ますすべての問題に答える洞察の深いトレードアドバイスが満載。

『ターナーの短期売買入門』　（80分）
トニ・ターナー　9,240円（税込）

株式投資の常識（＝買い先行）を覆し、下落相場でも稼ぐことができる「空売り」と、トレーディングで最大の決断である仕切りタイミングの奥義を具体的な事例を示しながら解説。市場とトレーダーの心理を理解するトニ・ターナーのテクニックがここにある。

『魔術師たちの心理学セミナー』　（67分）
バン・K・タープ　8,190円（税込）

優秀なトレーダーとして最も大切な要素は責任能力。この責任感を認識してこそ、上のステージに進むことができる。貪欲・恐怖・高揚など、トレーディングというプロセスで発生するすべての感情を100%コントロールする具体的な方法についてタープ教授が解き明かす。

『魔術師たちのコーチングセミナー』　（88分）
アリ・キエフ　8,190円（税込）

優秀なトレーダーとは、困惑、ストレス、不安、不確実性、間違いなど、普通は避けて通りたい感情を直視できる人たちである。問題を直視する姿勢をアリ・キエフが伝授し、それによって相場に集中することを可能にし、素直に相場を 「聞き取る」ことができるようになる。

『マーケットの魔術師 マーク・クック』（96分）
マーク・クック　6,090円（税込）

マーケットの魔術師で、一流のオプションデイトレーダーであるクックが、勝つためのトレーディング・プラン、相場の選び方、リスクのとり方、収益目標の立て方、自分をコントロールする方法など、13のステップであなたのためのトレードプランを完成してくれる。

『シュワッガーが語るマーケットの魔術師』（63分）
ジャック・D・シュワッガー　5,040円（税込）

トップトレーダーたちはなぜ短期間で何百万ドルも稼ぐことができるのか。彼らはどんな信念を持ち、どんなスタイルでトレードを行っているのか。ベストセラー『マーケットの魔術師』３部作の著者ジャック・シュワッガーが、彼らの成功の秘訣と驚くべきストーリーを公開。

『ジョン・マーフィーの儲かるチャート分析』（121分）
ジョン・J・マーフィー　8,190円（税込）

トレンドライン、ギャップ、移動平均……を使いこなせていますか？　テクニカル分析の大家がトレンドのつかみ方、相場の反転の見分け方などを主体に、簡単で使いやすいテクニカル分析の手法を解説。テクニカルの組み合わせで相場の読みをより確実なものにする！

『ジョン・ヒルのトレーディングシステム検証のススメ』（95分）
ジョン・ヒル　8,190円（税込）

トレーダーはコンピューターに何を求め、どんなシステムを選択すべきなの？　『究極のトレーディングガイド』の著者ジョン・ヒルが、確実な利益が期待できるトレーディングシステムの活用・構築方法について語る。さらにトレンドやパターンの分析についても解説。

『クーパーの短期売買入門～ヒットエンドラン短期売買法～』(90分)
ジェフ・クーパー　8,190円（税込）

短期売買の名著『ヒットエンドラン株式売買法』の著者ジェフ・クーパーが自らが発見した爆発的な価格動向を導く仕掛けを次から次へと紹介。「価格」という相場の主を真摯に見つめた実践者のためのセミナー。成功に裏打ちされたオリジナルパターンが満載！

『エリオット波動～勝つための仕掛けと手仕舞い～』　（119分）
ロバート・プレクター　8,190円（税込）

「５波で上昇、３波で下落」「フィボナッチ係数」から成り立つエリオット波動の伝道師プレクターによる「エリオット波動による投資術（絶対勝てる市場参入・退出のタイミング戦略）」。波動理論を使った市場の変化の時とそれを支えるテクニカル指標の見方を公開。

●パンローリング発行

●海外ウィザードが講演したセミナー・ビデオ＆DVD（日本語字幕付き）●

『ガースタインの銘柄スクリーニング法』（84分）
マーク・ガースタイン　8,190円（税込）

株式投資を始めたときに、だれもが遭遇する疑問に対して、検討に値する銘柄の選別法から、実際の売買タイミングまで、４つのステップに従って銘柄選択および売買の極意を伝える。高度な数学の知識も、専門的な経営判断も必要ない。銘柄選択の極意をマスターしてほしい。

『マクミランのオプション売買入門』（96分）
ラリー・マクミラン　8,190円（税込）

オプション取引の「教授」マクミラン氏のセミナーを初めての日本語版化。オプション取引の心得から、オプションを「センチメント指標」として使う方法、ボラティリティ取引、プット・コール・レシオを売買に適用するなど具体的なノウハウの数々が満載。

『ネルソン・フリーバーグのシステム売買 検証と構築』（96分）
ネルソン・フリーバーグ　8,190円（税込）

ツバイクの４％モデル指標、ワイルダーのボラティリティ・システム、ペンタッドストックタイミング・モデル、市場間債券先物モデルのシステムなど、古くから検証され続け保証済みのさまざまなシステムについて詳述。さまざまなシステムの検証結果と、具体的なハイリターン・ローリスクの戦略例を示すオリジナルの売買システム、構築についても述べている。

『バーンスタインのパターントレード入門』（104分）
ジェイク・バーンスタイン　8,190円（税込）

簡単なことを知り、実行するだけで、必ず成功できるやり方とはなんであろうか。それは「市場のパターンを知ること」である。講師のジェイク・バーンスタインの説くこの季節パターンに従えば、市場で勝ち続けることも夢ではない。ぜひそれを知り、実行し、大きな成功を収めていただきたい。

『ネイテンバーグのオプションボラティリティ戦略』（96分）
シェルダン・ネイテンバーグ　8,190円（税込）

「トレーダーズ・ホール・オブ・フェイム」受賞者のシェルダン・ネイテンバーグ氏が株式オプションの仕組みを解説。重要なのは、価格変動率とその役割を知り、オプションの価値を見極めること。そして市場が「間違った価値」を付けたときこそがチャンスなのだと教えてくれる。

『ジョン・マーフィーの値上がる業種を探せ』（94分）
ジョン・J・マーフィー　8,190円（税込）

ジョン・マーフィーの専門であるテクニカル分析とは少し異なり、市場同士の関係とセクター循環がテーマ。また、講演の最後には「告白タイム」と称して、テクニカルとファンダメンタルズの違いや共通点についても熱く語っている。①市場の関係、②セクター循環、③ファンダメンタルズとテクニカル!

『アラン・ファーレイの収益を拡大する「仕掛け」と「仕切り」の法則』（101分）
アラン・ファーレイ　8,190円（税込）

スイングトレードの巨人アラン・ファーレイが、「仕掛け」と「仕切り」の極意を解説する。トレーディングのプロセスを確認し、有効な取引戦略を設定・遂行するためのヒントに満ちた101分。

『成功を導くトレーダー、10の鉄則』（99分）
ジョージ・クレイマン　5,040円（税込）

25年に及ぶ独自の経験とW・D・ギャンなどトレーディングのパイオニア達の足跡から、クラインマンが成功のためのルールを解説する。成功のための10則（取引過剰、懐疑心、ナンピン、資金管理、トレンド、含み益、相場に聞く積極性、ピラミッド型ポジション、ニュースと相場展開）。

『マーク・ラーソンのテクニカル指標』（91分）
マーク・ラーソン　5,040円（税込）

移動平均、売買高、MACDなどのテクニカル指標を使いこなして、トレーディングに良い効果をもたらそう！　そのコツの数々をラーソンが解説する。

『マクミランのオプション戦略の落とし穴』（106分）
ラリー・マクミラン　8,190円（税込）

オプション取引の第一人者、マクミランが基本的な戦略の問題点と改善方法を分かりやすく解説したセミナー。オプション取引とは無縁なトレーダーにとっても、プット・コール・レシオ、ボラティリティ、オプションそのものを指標にして、原市場の「売り」「買い」のサインを読み取る方法などを紹介している。

話題の新刊が続々登場！現代の錬金術師シリーズ

為替の中心ロンドンで見た。ちょっとニュースな出来事
柳基善著

ジャーナリスト嶌信彦も推薦の一冊。
関係者以外知ることのできない舞台裏とは如何に？

定価1,260円（税込）

年収300万円の私を月収300万円の私に変えた投資戦略
石川臨太郎著

カンニング投資法で、マネして、ラクして、稼ぎましょう。
夕刊フジにコラム連載中の著者の本。

定価1,890円（税込）

潜在意識を活用した最強の投資術入門
石川臨太郎著

年収3000万円を稼ぎ出した現代の錬金術師が明かす「プラス思考＋株式投資＋不動産投資＝幸せ」の方程式とは？

定価2,940円（税込）

矢口新の相場力アップドリル　株式編
矢口 新著

A社が日経225に採用されたとします。このことをきっかけに相場はどう動くと思いますか？

定価1,890円（税込）

矢口新の相場力アップドリル　為替編
矢口 新著

アメリカの連銀議長が金利上げを示唆したとします。
このことをきっかけに相場はどう動くと思いますか？

定価1,575円（税込）

私はこうして投資を学んだ
増田丞美著

実際に投資で利益を上げている著者が今現在、実際に利益を上げている考え方＆手法を大胆にも公開！

定価1,890円（税込）

投資家から「自立する」投資家へ
山本潤著

大人気メルマガ『億の近道』理事の書き下ろし。企業の真の実力を知る技術と企業のトリックに打ち勝つ心構えを紹介！

定価5,040円（税込）

景気予測から始める株式投資入門
村田雅志著

UFJ総研エコノミストが書き下ろした「超」高効率のトップダウンアプローチ法を紹介！

定価3,465円（税込）

株式トレーダーへの「ひとこと」ヒント集
東保裕之著

『株式投資　これだけはやってはいけない』『株式投資　これだけ心得帖』の著者である東保裕之氏が株式トレーダーに贈るヒント集。

定価1,050円（税込）

魔術師が贈る55のメッセージ
パンローリング編

巨万の富を築いたトップトレーダーたちの“生”の言葉でつづる「座右の銘」。ままならない“今”を抜け出すためのヒント、ここにあり。

定価1,050円（税込）

よくわかる！シリーズ

割安株も成長株も検索が自由自在 !!

「会社四季報」で 銘柄スクリーニング入門

著者 鈴木一之　　DVD 138 分収録　定価 3,990 円 (税込)

知っているようで知らない『会社四季報』の活用術。その利用は投資家だけでなく、企業や経済、社会を知るための本としても多く使われています。
会社四季報のその活用法は多種多様であり、その使い方次第では、素晴らしい成果を得られることができます。本セミナーではその着眼点や誤った判断方法など鈴木一之氏が自らの成功体験を元にして会社四季報の活用術を解説します。

過去の業績から成長株を探す
資産を 2 年で 40 倍にしたウィリアム・オニールの手法を大公開 !!

大化けする成長株を発掘する方法

著者 鈴木一之　　DVD 83 分収録　定価 3,990 円 (税込)

大化けする成長株を発掘することは、さほど困難ではない。その投資法とは、利益・増益の確認、株価の位置やトレンド、時価総額など誰もが学習すれば確認できるものばかりだからだ。さらに日本でも上場企業の四半期決算の義務付けにより、成長株の発掘の精度が高められるようになったのは朗報であろう。また本編は前回感謝祭の第二作目としてとして、手仕舞いのタイミングについても詳述する。手仕舞いのタイミングは空売りの定義としても使えるだろう。

世界中のトップトレーダーたちが愛用する、日本古来の分析手法

ローソク足と酒田五法

著者 清水洋介　　DVD 75 分収録　定価 2,940 円 (税込)

白や黒の縦長の長方形、そこから上下に伸びる線。株価分析において基本となる「ローソク足」は、江戸時代から今日まで脈々と受け継がれています。「ローソク足」を読み解けば投資家心理が判り、投資家心理が判れば相場の方向性が見えてくるものなのです。その「ローソク足チャート」分析の真髄が「酒田五法」。経験則から生み出された、投資家心理を読み解くためのより実践的な分析手法を、分かりやすく解説します。

4 つの組み合わせで株がよくわかる

テクニカル分析 MM 法

著者 増田正美　　DVD 67 分収録　定価 3,990 円 (税込)

MM 法は売買銘柄の検索や売買参入点を慎重に判断する。それゆえ出現頻度は高くない。しかし、だからこそ個人投資家向けの手法なのだとご理解いただきたい。個人投資家が投資するのは自分のポケットマネー。したがって真剣勝負である。真剣勝負に他人と同じ武器で勝てるだろうか？ 優れた武器が必要ではないだろうか？ しかし、たとえ優れていても、その使い方を知らずに、また修練せずに真剣勝負に勝てるだろうか？ 武器は常に磨くべきであり、準備しすぎということはない。

詳しくは…
http://www.tradersshop.com/